März 2021

Du bist so ...

Du bist genug.

♡

kailash

Lars Amend

WHERE IS THE LOVE?

WIE ICH MICH AUF DIE SUCHE
NACH DER LIEBE MACHTE

Sollte diese Publikation Links auf Webseiten Dritter enthalten,
so übernehmen wir für deren Inhalte keine Haftung,
da wir uns diese nicht zu eigen machen, sondern lediglich
auf deren Stand zum Zeitpunkt der Erstveröffentlichung verweisen.

 Dieses Buch ist auch als E-Book erhältlich.

MIX
Papier aus verantwor-
tungsvollen Quellen
FSC
www.fsc.org
FSC® C014496

Penguin Random House Verlagsgruppe FSC® N001967

1. Auflage
© 2021 Kailash Verlag, München
in der Penguin Random House Verlagsgruppe GmbH
Neumarkter Str. 28, 81673 München
Lektorat: Diane Zilliges
Satz: Satzwerk Huber, Germering
Umschlaggestaltung: Daniela Hofner,
ki 36 Editorial Design, München
Autorenfoto: Melanie Koravitsch
Umschlagmotiv: freepic (Pinsel)
Druck und Bindung: GGP Media GmbH, Pößneck
Printed in Germany
ISBN 978-3-424-63184-5
www.kailash-verlag.de

Besuchen Sie den Kailash Verlag im Netz
MOMENTS of Happiness   LitLounge.tv   SINN SUCHER

Inhalt

Für die Menschen, die am 19. Februar 2020
in Hanau Opfer eines rassistisch motivierten
Anschlages wurden:

Ferhat Unvar
Mercedes Kierpacz
Sedat Gürbüz
Gökhan Gültekin
Hamza Kurtović
Kaloyan Velkov
Vili Viorel Păun
Said Nesar Hashemi
Fatih Saraçoğlu

Ihr seid nicht vergessen.

Dieses Buch ist das letzte einer Trilogie. Nach *Why Not?* und *It's All Good* hältst du nun *Where Is The Love?* in deinen Händen. Es ist kein Ratgeber. Falls du Antworten suchst, ich habe keine. Falls du nach deinem Sinn im Leben suchst, wirst du auf den kommenden Seiten nichts dazu finden. Auch werde ich nicht das Rätsel der Liebe lüften oder das Geheimnis einer glücklichen Beziehung entschlüsseln. Ich habe keine Ahnung. Von nichts. Sorry!

Was du aber in diesem Buch finden wirst, sind die Gedanken eines Träumers, der sich aufgemacht hat, die Liebe in sein Leben zu lassen. Mit etwas Glück inspirieren dich meine Geschichten und kleinen Abenteuer und helfen dir, weiter deinen Weg zu gehen. Du hältst hier meine Wahrheit in deinen Händen.
Vielleicht ist aber auch alles nur ein Traum …

In Liebe,
Dein Lars

Ein unmoralisches Angebot

»Was für ein herrliches Leben hatte ich!
Ich wünschte nur, ich hätte es früher bemerkt.«
Colette

Es gab einmal einen Jungen, dem die ganze Welt offenstand. Er hatte alle Freiheiten, zu tun oder zu lassen, was er wollte. Es gab keinerlei Einschränkungen. Alles, was er tun musste, war, sich für eine Sache zu entscheiden und sich voll und ganz darauf zu konzentrieren. Also setzte er sich vor eine leere Leinwand und begann zu malen. Der Junge lernte schnell. Mit jedem Pinselstrich wurde er besser, die Linienführung wurde präziser und sein gestalterischer Ausdruck klarer. Schritt für Schritt erschuf der Junge sein erstes kleines Meisterwerk. Als er schließlich fertig war, trat er einen Schritt zurück, um sein Bild zu begutachten. Er lächelte zufrieden und sein kleines Herz füllte sich mit Freude und Stolz. Es war nicht zu übersehen, dass er eine besondere Gabe hatte. Er war ein Künstler, der gerade seine Berufung gefunden hatte.

Der Junge spürte sofort diese magische Verbindung zwischen sich, den Farben und der Leinwand. Er fühlte wie ein Künstler, dachte wie ein Künstler, lebte wie ein Künstler. Vor einer leeren Leinwand blühte er auf, an diesem Ort stand für ihn die Zeit still. Die Malerei war sein Lebenselixier.

Doch je länger er darüber nachdachte, was er in dieser Garage eigentlich tat, die sein Vater extra für ihn leergeräumt hatte, damit er dort sein kleines Atelier einrichten konnte, desto unsicherer und ängstlicher wurde er. Natürlich erkannte er seine Fähigkeiten als Maler, aber letztlich, so seine Gedanken, bewegte er nur etwas Farbe auf einer Leinwand umher.

»Soll es das gewesen sein? Soll ich so mein Leben verbringen? Es gibt diese große weite Welt da draußen mit tausenden von Möglichkeiten – und ich tunke nur einen Pinsel in einen Farbkasten?« Diese Gedanken machten den Jungen traurig, weil er plötzlich nicht mehr die Freude und den Seelenfrieden spürte, die er durch die Malerei so oft empfunden hatte, sondern nur noch an all die verlockenden Möglichkeiten dachte, die er währenddessen verpasste. Ein weiterer Gedanke setzte sich in seinem Kopf fest: »Was, wenn ich mich eines Tages dazu entschließen sollte, doch etwas anderes aus meinem Leben zu machen? Dann wären all die Stunden, die ich mit dem Malen verbracht habe, ja nur verschwendete Zeit gewesen!«

Von seinen ängstlichen Gedanken über eine ungewisse Zukunft völlig verunsichert blickte er ein letztes Mal auf seine Leinwand und verließ das Atelier. Zu seinem Vater sagte er nur in einem Nebensatz, dass er die Garage ab sofort wieder für seine Werkzeuge verwenden könne. Der Junge dachte weiter über seine schier unlösbare Situation und all die vielen Optionen im Leben nach, ging zur Schule und dachte noch mehr nach, machte Abitur und kam aus dem Denken gar nicht mehr heraus. Alle Signale, die das Universum ihm schickte, damit er wieder mit dem Malen beginnen würde, prallten vollständig an dem Jungen ab. Er nahm sie nicht mal mehr wahr, weil er zu sehr damit beschäftigt war, über seine Zukunft nachzudenken. Wofür sollte er sich nur entscheiden? Es schien ihm unmöglich, auf diese Frage eine Antwort zu finden. Medizin studieren oder Architektur oder Journalismus oder vielleicht doch Jura? Oder etwas ganz anderes: Betriebswirtschaft vielleicht und später ein Entrepreneur werden? Oder eine handwerkliche Ausbildung als Kunstschreiner oder Bootsbauer oder vielleicht doch eher Kindererzieher oder Influencer? Oder wie wäre es mit Surflehrer auf einer schönen Sonneninsel? Der arme Junge war völlig ratlos. Er schaffte es nicht, sich für eine Option zu entscheiden, weil er bei all den Möglichkeiten zu viel Angst hatte, die falsche Wahl zu treffen.

An seinem vierzigsten Geburtstag begann der Junge zu weinen. Er hatte nun so lange über seine grenzenlose Freiheit nachgedacht und war derart fasziniert von der Tatsache, *alles* tun zu können, dass er letztlich maßlos überfordert war. Seine Gedanken raubten ihm jegliche Energie und so war er während all der Jahre lediglich von einem lockeren Gelegenheitsjob zum nächsten gesprungen. Immerhin hatte er auf dieser Reise eines zu ahnen begonnen: Im Leben geht es nicht um die Möglichkeiten, die man hat, denn: *Alles ist möglich.* Vielmehr geht es darum, sich auszuprobieren, Wege zu gehen und sie wieder zu verlassen, sein wahres Ich zu erkennen und das Talent zu aktivieren, das in jedem von uns schlummert. Es geht darum, eine echte Entscheidung zu treffen und dabei zu bleiben. Aber wie soll das funktionieren, wenn man auf diesem Weg keine Fehler machen und sofort am Ziel sein will?

Es geht darum, etwas zu tun, das dich dazu bewegt, an jedem Morgen deines Lebens mit einem Lächeln das Bett zu verlassen. Es geht darum, deine Optionen abzuwägen und dann aktiv zu entscheiden, was du willst oder eben nicht willst.

Der Junge, der nun kein Junge mehr war, musste einen Weg finden, um seiner Traurigkeit ein Ende zu bereiten. Er erinnerte sich an die schönste Zeit seines Lebens zurück, kaufte sich wieder eine Leinwand, Pinsel und Farbe, setzte sich damit in den Park und begann zu malen. Ein Strich führte zum nächsten, genau wie damals in der Garage seines Vaters, als der Junge wirklich noch einer war. Er strahlte und sein Herz füllte sich mit jedem Pinselstrich wieder mit Glück und Seelenfrieden. Nach all den Jahren der Unsicherheit fühlte er sich endlich wieder lebendig und war wieder stolz auf sich, weil er die Kontrolle über sein Leben zurückerobert hatte. Als er am Abend mit seinem Bild fertig war, trat er einen Schritt zurück, um es zu begutachten. So wie damals. Ihm liefen Tränen der Freude über seine Wangen, weil er nun wusste, dass ihm noch ein halbes Leben bleiben würde, um diese Magie Tag für Tag genießen zu dürfen. Er hatte begriffen, dass er für immer unglücklich geblieben wäre, hätte er weiter an die vergeudeten Jahre seiner Vergangenheit oder die ungewissen Jahre seiner Zukunft gedacht. Der einzige Ausweg aus diesem Dilemma lag in der Gegenwart und wie er seine Lebenszeit im Jetzt verbrachte. Er wurde nicht der berühmte Maler, der er vielleicht hätte werden können, aber ein Mann, der an seinem vierzigsten Geburtstag eine Entscheidung traf, durch die er das wertvollste Geschenk seines Lebens zurückbekam: den Schlüssel zu seinem Glück.

Stell dir vor, Pablo Picasso wäre dieser Junge gewesen oder Jean-Michel Basquiat oder Salvador Dalí? Was wäre der Kunstwelt entgangen? Oder stell dir vor, dieser Junge wäre ein Mädchen gewesen und wir hätten nie die Werke von Marina Abramović, Frida Kahlo oder Marie »Madame« Tussaud bestaunen können. Ob du zwanzig, vierzig oder siebzig Jahre alt bist, spielt keine Rolle. Was zählt, ist der nächste Atemzug, der nächste Tag, deine nächste Entscheidung. Nehmen wir an, du bist fünfundfünfzig Jahre jung, bist aktiv und fühlst dich gesund. Wenn alles halbwegs normal läuft, liegen ab diesem Zeitpunkt noch dreißig oder sogar vierzig Sommer vor dir. Es ist mir schleierhaft, wie man mit dieser Perspektive sagen kann: »Es ist zu spät. Ich bin zu alt!« Ich sage laut und deutlich: Nein, bist du nicht. Du machst nur den gleichen Fehler wie einst der kleine Junge: Du glaubst deinen eigenen angstvollen Gedanken. Doch wie er hast auch du die Wahl, an jedem Tag deines Lebens eine neue Entscheidung zu treffen. Die Frage ist nur, und sie wird dir sicherlich bekannt vorkommen: Wie sehr willst du es?

Ich klappte den Laptop zu, ließ mich nach hinten in mein Kopfkissen fallen und starrte wie so oft die Decke meiner Kreuzberger Wohnung an, an der es aber nichts Neues zu entdecken gab. Ich stellte mir die gleiche Frage wie in dem Text, den ich gerade geschrieben hatte: Wie sehr willst du dein Leben ändern und diesen einen Schritt gehen, der notwendig wäre? Wie sehr bist du bereit, die Dinge, die in deinem Leben nicht rund laufen, wirklich anzugehen? Bist du bereit, alte Gewohnheiten aufzugeben, um Raum für neue zu schaffen? Bist du bereit, deine Traurigkeit endlich gegen Fröhlichkeit zu tauschen?

Wie gern hätte ich mich in dem Moment umgedreht und die Geschichte des kleinen Jungen und all meine Gedanken dazu mit jemandem geteilt. Die Vorstellung, dass es irgendwo da draußen jemanden geben könnte, der alles darüber hören möchte, ohne mir dabei die Luft zum Atmen zu nehmen, war wunderschön und unglaublich traurig zugleich. Traurig deswegen, weil ich einen solchen Menschen nicht kannte und weil außer mir niemand in meinem Bett lag, dem ich die Geschichte hätte erzählen können. Ich hatte nur meine Gedanken und die leeren Seiten in meinem Laptop.

Ein bisschen fühlte ich mich sogar wie dieser kleine Junge. Wer weiß, vielleicht war ich es ja. Seine leere Leinwand entsprach meinem leeren Herzen. Auch ich hatte vor langer Zeit aufgehört, mein Leben mit dieser besonderen Farbe zu füllen – der Liebe eines anderen Menschen. Auch ich hatte alle Möglichkeiten, doch anstatt mich auf einen einzigen Menschen festzulegen und mit ihm als Dream-Team den Weg gemeinsam zu gehen, um daraus Kraft, Lebensmut und noch mehr Liebe zu schöpfen, hatte ich mich dazu entschieden, mein Herz zu verschließen und lieber als ewiger Junggeselle von Wolke zu Wolke zu springen – frei wie der Wind, ohne Verpflichtungen und für jeglichen frivolen Spaß zu haben, um bloß für eine weitere Nacht der Leere zu entfliehen. Für meine Berufung, ein erfolgreiches Leben als Schriftsteller zu führen und als Life Coach anderen Menschen zu helfen, ihre Ziele zu erreichen, glücklich zu werden und ihre Träume zu leben, tat ich alles. Wenn es jedoch darum ging, in meinem eigenen Leben Platz für das Schönste, Wichtigste und Kraftvollste zu schaffen, nach dem ich mich insgeheim so sehr sehnte, war ich völlig blind und auf beiden Ohren taub.

Zwei Nachrichten

Ich schaltete den Fernseher ein, ließ mich von einer Dokumentation über schwarze Löcher im Universum berieseln und griff nach meinem iPhone. Auf meinem Instagram-Account beantwortete ich einige Fragen und gab meinen Followern wie jeden Tag ein paar Tipps an die Hand. Als ich nach dreißig Minuten damit fertig war, wechselte ich mit einem Klick rüber zu Facebook. Dort befanden sich derart viele ungelesene Nachrichten, dass ich eigentlich sofort wieder offline gehen wollte. Ich scrollte dann aber doch durch die Nachrichten, klickte hier und da auch ein paar an, schickte Herzchen und Smileys zurück, war aber nicht so richtig bei der Sache.

Das änderte sich schlagartig, als ich eine Nachricht öffnete, die bereits seit einigen Tagen ungelesen in meinem Postfach lag.

Huhu, wie geht es dir?
Larsi, ich hoffe, alles ist wunderbar. Ich werde im Folgenden etwas unüblich vorgehen. Ich habe das auch noch nie vorher gemacht, aber ich kenne nicht sonderlich viele Männer, von denen ich GLAUBE, dass sie VERSTEHEN, was ich im Folgenden schreibe. Ich meine rein spirituell, rein mit dem Herzen.
Kurz zur Vorgeschichte: Meine Cousine hat »It's All Good« von dir gelesen und mich vor einiger Zeit angerufen, um mir zu sagen, dass sich das Lesen deines Buches wie ein Gespräch mit mir anfühle. Wir seien »vom selben Schlag« und daher meine Annahme, dass du verstehen wirst, was ich dir jetzt schreibe (du siehst schon, ich vertraue meiner Cousine blind). Ich habe keines deiner Bücher gelesen (ich hoffe, du verzeihst 😊), also schreibe ich dir hier gerade

nicht als Fan, sondern einfach als Mensch (nicht, dass Fans keine Menschen sind, haha). Durch meine Cousine habe ich mitbekommen, dass es ein Buch von dir gibt, in dem du einem kranken Kind Wünsche erfüllst, und ich habe mich gefragt, was du dir wohl wünschen würdest, wenn dir selbst einmal ein Wunscherfüller begegnen würde?

In diesem Zuge habe ich mich dann auch gefragt, was ich mir wünschen würde, wenn ich so einen Wunscherfüller treffen würde. Klar würde ich mir von Barack Obama als Wunscherfüller etwas anderes wünschen als vom Chef der EZB oder vom Dalai Lama. Aber wenn ich ganz frei wählen könnte und der Wunsch nur mich und mein Leben betreffen dürfte, wäre es folgender Wunsch: Ich wünsche mir, zwei Monate meines Lebens so zu leben und zu lieben, als ob ich und der Wunscherfüller wüssten, dass wir in zwei Monaten sterben. Einmal im Leben ein »all in« an Liebe erfahren. Einmal im Leben Liebe als Priorität erleben.

Ich bin dieser Welt so überdrüssig und vor allem der Männer darin, denen Job, Karriere, andere Frauen, Autos, Businessflüge, Steuereinsparungen und mehr Schein als Sein wichtiger sind als das, was in meinen Augen wirklich die Essenz allen Seins ist: Liebe.

Wie kann es sein, dass die Liebe ständig nach hinten geschoben wird, dass tolle Ausflüge in die schönsten Altstädte dieser Erde nicht gemacht werden, weil man am Wochenende Business macht? Wie kann es sein, dass tiefe Gespräche nicht geführt werden, weil man von den Bedingungen des Jobs zu müde ist? Wie kann es sein, dass man nicht tanzen geht, weil es zu aufwendig ist, sich ein bisschen schick zu machen? Nicht zu vergessen, das Schlafdefizit, das man die gesamte Woche hätte. Ist den spaßigen Abend nicht wert. Komm, wir bleiben lieber zu Hause. Wie kann es sein, dass man nicht mehr man selbst sein kann, authentisch, mit all seinen Fehlern, nur weil man gefallen will, um die Erwartungen anderer zu erfüllen? Wie kann es sein, dass Beziehungen weggeworfen werden, weil sie nicht perfekt sind und weil das Gras woanders immer grüner erscheint? Vielleicht passt diese andere Person noch ein bisschen besser zu mir... nur kein Dopamin vergeuden. Nicht zu viel investieren, damit man bei der nächsten Person noch genug übrig hat.

Ich weiß, man kann alles lieben: seinen Job, seine Familie, seine Tiere ... Aber ich weiß einfach, dass die Liebe, die man seinem Partner gibt, WUNDERSAM ist. Die Wonne liegt im Geben, sich auf die Zeit zusammen freuen. Man macht jemanden zum Zentrum, nicht aus einem Mangelzustand heraus, sondern aus FÜLLE, weil die Dinge, die man allein macht, zusammen einfach noch mehr Spaß machen, noch tiefer, noch toller sind. Wie schön muss es sein, diese Liebe zu geben und auch zu bekommen? Zwei Blumen, die auch vom jeweiligen Gegenüber gegossen werden, die wachsen und gedeihen.

Ich bin der Phrasen »Unsere Zeit kommt noch«, »Du musst geduldig sein«, »Man muss kleine Schritte machen« so überdrüssig. Ich will leben, ich will lieben, JETZT! So intensiv, als ob ich in zwei Monaten sterbe. Und genauso zurückgeliebt werden. Was nach den zwei Monaten ist, who knows? Darüber wird nicht nachgedacht. Es geht nur um den Moment im Jetzt. Es geht auch nicht darum, sein Leben aufzugeben in der besagten Zeit, es wird mit allem weitergemacht, was man halt so macht. Aber für zwei Monate ist der Fokus diese Beziehung. Ich will das wirklich einmal im Leben erlebt haben. Ja, das würde ich mir von einem Wunscherfüller wünschen. Zwei Monate »all in« für die Liebe, die Beziehung, den Partner. In der festen Überzeugung, dass man bei all dem Geben am allermeisten selbst profitiert. Es ist also nicht nur ein Geschenk für den Wünschenden, sondern auch für den, der den Wunsch erfüllt.

Vielleicht ist es ein unmoralisches Angebot, und falls es in deinem Leben eine Person gibt, die bereits Empfängerin deiner Liebe ist, entschuldige ich mich von Herzen bei dir und ihr. Ich schreibe dir das auch nicht im Sinne einer plumpen Anmache, sondern vielmehr, weil ich glaube (oder hoffe), dass du diese Zeilen mit deinem Herzen liest und verstehst, was sich dahinter verbirgt. Es geht darum, zwei Monate einfach Ich zu sein, Du zu sein. Ohne die üblichen Spielchen und völlig ohne Zukunftsgedanken. Vielleicht ist das alles auch gar nichts für dich und es hat seinen Grund, warum du mit über vierzig lieber Single bist (falls du es bist), und vielleicht hast du auch gar keine Zeit oder Lust dazu ... und dennoch ... Ich MUSSTE dir das alles mal sagen ... vielleicht sterben wir ja in zwei Monaten ... Ich wollte einfach nicht länger warten.

Feel hugged, lieber Lars. Ich hoffe, du denkst nicht, dass ich völlig behämmert bin oder dich auf den Arm nehme. Ich fürchte, ich meine das alles völlig ernst. 😵

Byebye

A.

Siebzehn Stunden später hatte sie mir erneut geschrieben:

Oh Gott, ich habe versucht, diese absolut zu ehrliche Nachricht wieder zu löschen, bevor du sie liest, aber das geht offenbar nur zehn Minuten nach dem Senden. 🙈 Ich wollte sie nicht löschen, weil ich nicht meine, was ich geschrieben habe, sondern weil ich sie einem random Mann gesendet habe, den ich nicht mal kenne. Nur wegen dem Gefühl in mir, dass er den Sinn dahinter erkennt, weil meine Cousine meinte, wir seien uns so ähnlich in dem, wie wir leben, wie wir sprechen, einfach wie wir sind. Ich glaube, ich ging davon aus, dass wir dann gezwungenermaßen auch ähnlich fühlen müssten – nicht füreinander (wir kennen uns ja nicht), sondern der Welt gegenüber.
Jesses Gott, ich HOFFE, du denkst nicht: »Alte, mach mal low. Was bist du denn für ein Groupie?«, und rufst schon die Polizei (auch wenn ich es beim Lesen selbst gedacht habe und mir an deiner Stelle ratzifatzi mal Pfefferspray zulegen würde). Ich glaube, ich habe gestern nach der Meditation irgendwie eine Art von »Highzustand« gehabt und WARUM AUCH IMMER hatte ich das Gefühl, dass du, lieber Lars, der Mensch bist, der diese tiefen Gedanken am ehesten nachvollziehen kann. Ich verstehe allerdings, wenn du bei der »Ich ruf die Bullen«-Variante bleibst. 😂 Ganz ehrlich, ich habe mich selten so geschämt. Nun gut, die Sache lässt sich nicht mehr löschen und tief im Inneren meine ich jedes Wort genau so, wie ich es geschrieben habe. Nur, dass du jetzt mein tiefstes, gestörtes Inneres kennst, noch bevor du auch nur ansatzweise mich kennst, erscheint mir, mit einer Nacht Schlaf dazwischen, nun doch etwas too much. 😅

Feel hugged, Lars. Ich hoffe, du kannst ruhig schlafen, ansonsten gibt's Pfefferspray in jeder gut ausgestatteten Apotheke. 😄😄😄

Mein erster Gedanke, nachdem ich die beiden Nachrichten gelesen hatte, war: Hat sie mich wirklich *Larsi* genannt? An jedem anderen Tag hätte ich an dieser Stelle schon nicht mehr weitergelesen. Immerhin schrieb sie nicht *Larsi Hasi* oder noch schlimmer *Larsi Schnucki*, aber dennoch: *Larsi*. Echt jetzt? Direkt im ersten Satz? Und was sollten all die Smileys im Text? Kannte sie die Regeln nicht? Ein dezenter Smiley an der passenden Stelle wäre ja noch okay gewesen, aber gleich acht? In persönlichen Briefen, auch wenn sie über Facebook verschickt werden, haben Smileys nichts verloren. In meinen Augen rauben sie einem Text immer seine volle Kraft. Auch wenn der Affe, der sich die Augen zuhält, wirklich zu süß ist. Mein zweiter Gedanke: Wow, wie mutig von ihr, mir so einen verrückten wie ungewöhnlichen Brief zu schreiben. So eine Idee hätte tatsächlich auch von mir stammen können. Mein dritter Gedanke: Wie sieht sie eigentlich aus? Auf ihrem Facebook-Profil befanden sich lediglich fünf Fotos, die ich, wie auf einem Dating-Portal, auch im Schnelldurchgang durchgeklickt hatte – allesamt Schnappschüsse aus dem Alltag, die nicht wirklich aussagekräftig waren. Trotzdem hatte ich mir schon eine Meinung über sie gebildet: Nicht mein Typ. Ganz hübsch und sympathisch, aber viel zu normal. Tendenz: Langweilig. Outfit-Level: Shopping-Center. Gesamteindruck: Lieb, aber lauchig!

Dann checkte ich die Eckdaten auf ihrer Facebook-Seite, um meinen Gesamteindruck zu untermauern, konnte aber nichts Brauchbares finden. Keine Angaben über Beruf, Alter und

Wohnort. Ich gab ihren Fantasienamen auf Instagram ein – keine Treffer. Ich sah mir die Fotos noch einmal genauer an. Es war nicht ein Selfie dabei. Über keinem Foto lag ein Filter. Sie war kaum geschminkt. Auf ihrem Profilfoto war sie allein abgebildet – sie lächelte und hatte Schnee in ihren Haaren, auf den restlichen vier Fotos war sie zusammen mit Freunden oder Familienmitgliedern zu sehen. Sie war definitiv kein cooles Berlin-City-Insta-Girl und irgendwie genau das Gegenteil von den Frauen, mit denen ich mich normalerweise traf. Ich gab ihr eine 5 von 10. Mein Interesse war gleich null.

Wann beginnt mein Leben?

Ich legte mein Handy zur Seite und sprang aus dem Bett auf, um mir in der Küche einen Espresso zuzubereiten. Der Duft der frisch gemahlenen Bohnen erfüllte den Raum, und ich beobachtete den braunen Rohrzucker, wie er langsam durch die dicke goldbraune Crema auf den Boden der warmen Espressotasse sank. Ein kleines Achtsamkeitsritual, das ich mir angewöhnt hatte. Ich setzte mich, nahm einen kleinen Schluck und dachte über die Situation nach – über mich, meine Reaktion und meine Gedanken über eine fremde Frau, die mir überhaupt nicht gefielen. Ich nahm meinen Notizblock, der an seinem gewohnten Platz auf dem Küchentisch lag, schlug eine neue Seite auf und begann zu schreiben:

Meine Gedanken sind nur meine Gedanken. Die Vorstellung, die ich von einem anderen Menschen habe, ist nur eine Idee, die in meiner Fantasie existiert und lediglich auf vagen Annahmen basiert. Es ist ungerecht, diese Idee zu nehmen und sie über einen Menschen zu stülpen. Ich beraube ihn damit seiner wahren Schönheit. Nur weil ich etwas denke, heißt das nicht, dass es wahr sein muss. Meine Gedanken sind nur meine Gedanken.

Ich dachte lange über diesen Gedankengang nach und erinnerte mich schließlich an einen Text, den ich einmal für meinen Podcast geschrieben hatte. Ich ging in mein Arbeitszimmer, um ihn zu suchen, brauchte aber eine Weile, um ihn unter den vielen Papierstapeln zu finden. Dann setzte ich mich an den Schreibtisch und las ein bisschen in den Text hinein.

Kommt es dir auch manchmal so vor, dass die wirklich interessanten Menschen nicht heute, sondern in einer Welt vor unserer Zeit gelebt haben? Ich rede von dieser Zeit vor Facebook, Google, Tinder und Instagram. Einer Zeit, in der man nicht sofort alles über jeden im Internet herausfinden konnte, in der es noch echte Geheimnisse gab, in der man noch richtig suchen musste, um etwas zu finden. Und kommt es dir auch manchmal so vor, dass alles, was wir heute erleben, nur noch eine Kopie von etwas ist, was es schon einmal gab? Dass die spannenden Geschichten alle schon erzählt wurden?

Natürlich trügt diese Wahrnehmung, aber was tun, wenn es sich doch viel zu oft genau so anfühlt? Wenn ich mit Freunden zusammensitze, höre ich immer wieder, wie sie sich darüber beklagen, dass heutzutage alles so fürchterlich schnell gehen müsse. Dauert etwas länger als drei Minuten, verlieren viele schon die Aufmerksamkeit und klicken weiter. Antwortet ein vermeintlicher Verehrer nicht innerhalb eines Tages (oder einer Stunde) auf eine Nachricht, löschen wir ihn und schreiben eben dem Nächsten. Warum sich Mühe geben?

Warum geduldig sein? Warum nachfragen? Warum warten? Weil wir es verlernt haben. Weil es zu viele Informationen gibt, zu viel Fake, zu viele News. Weil die unendliche Auswahl an Menschen und Möglichkeiten uns gleichzeitig unendlich überfordert. Weil wir nicht mehr zwischen Wichtig und Unwichtig unterscheiden können. Weil wir zu abgelenkt sind. Weil es kaum noch Mysterien gibt. Weil wir glauben, dass so etwas wie Magie heutzutage nicht mehr existiert. Und weil wir auf die Frage »Hast du schon einmal versucht, mit deinem Herzen zu sehen und nicht mit deinen Augen?« lediglich desillusioniert mit dem Kopf schütteln, gar nicht mehr richtig zuhören und schon zum nächsten Termin oder Date eilen. Auch ich bin nicht frei von dieser Schuld. Und du? Frage dich selbst: Warum schließen wir unsere Augen, wenn wir beten, meditieren, küssen oder träumen? Weil die schönsten Dinge des Lebens eben nur mit dem Herzen gesehen werden können. Das wusste schon der Kleine Prinz. Aber was ist mit dir?

Nach einer Lesung in Marburg vor einigen Jahren kamen ein paar Menschen zu mir, um sich ihre Bücher signieren zu lassen und auf den schönen Abend anzustoßen. Ein älterer Herr mit Hut und Zigarette kramte ein recht zerfleddertes Manuskript aus seinem noch zerfledderteren Rucksack hervor und übergab es mir mit den Worten: »Hier, mein Junge. Damit du mal was Anständiges zu lesen hast auf deiner Weiterreise. Warte, ich schreib dir noch meine Handynummer auf. Du wirst sicher viele Fragen haben.« Bevor ich reagieren konnte, nahm er mir sein Manuskript wieder aus den Händen. Ich war so von seiner Aktion überrascht, dass ich lachend in die Runde rief: »Also, wenn mir noch jemand heimlich seine Handynummer zustecken möchte, jetzt wäre eine passende Gelegenheit.«

Vor mir stand eine junge Frau, vielleicht Mitte zwanzig, unscheinbar gekleidet, die ihr Gesicht hinter einem riesigen Schal verbarg. Mit ruhiger Stimme sagte sie: »Ich würde dir gern meine Handynummer geben. Aber das ist unmöglich!«

»Aha, direkt unmöglich«, lächelte ich und nahm parallel das Manuskript des Mannes zum zweiten Mal entgegen.

»Es ist deswegen unmöglich, weil ich kein Handy besitze.«

»Echt jetzt? Kein Handy?«

Ich war verwundert.

»Nein«, sagte sie und nahm ihren Schal ab.

»Aber einen Namen hast du, damit man dich bei Facebook oder Instagram findet.«

»Dort bin ich auch nicht«, lächelte sie zurück.

»Und wie kommunizierst du mit deinen Freunden?«

»Ich habe ein Haustelefon«, antwortete sie. »Man kann auch einfach bei mir klingeln. Wenn ich zu Hause bin, strecke ich meinen Kopf aus dem Fenster. Die Sprechanlage klemmt nämlich manchmal. Oder, und das mag ich am liebsten, man schreibt mir einen Brief und verschickt ihn mit der Post. So wie die Menschen das früher gemacht haben.«

Sie wickelte sich ihren Schal langsam wieder um den Hals, wünschte mir noch einen schönen Abend, drehte sich um und ging.

Ich muss gestehen, dass ich schwer beeindruckt war. Auch heute noch, Jahre später, denke ich hin und wieder über dieses Erlebnis nach. Was machte diesen Augenblick so besonders? Es war die Ungewissheit und die Tatsache, dass ich nicht mit ein paar wenigen Klicks alles über sie in Erfahrung bringen konnte: keine Urlaubsfotos, keine weitergeleiteten Links, keine Angaben über Lieblingsmusiker oder persönliche Interessen. Nichts! Sie hatte damit ein echtes Alleinstellungsmerkmal und das machte sie automatisch interessant. Ihre Online-Abwesenheit reichte aus, um augenblicklich meine Fantasie anzuregen. Was für eine tolle Frau, die ein Leben ganz nach ihren Vorstellungen lebt, die nicht alles mitmacht, nur weil alle es machen; die versucht, ihren eigenen ganz persönlichen Weg zu gehen. Absolut wunderbar!

An diesem Abend in Marburg habe ich gelernt, dass es gar nicht so schlimm ist, gegen den Strom zu schwimmen und anders zu sein. Mach es einfach wie sie, dachte ich damals: Nutze deine Einzigartigkeit, um Interesse zu wecken. Mach die Menschen neugierig auf dich, indem du nicht alles sofort von dir preisgibst. Wenn man sich nämlich anstrengen und einen gewissen Aufwand betreiben muss, um mit dir in persönlichen Kontakt zu treten, werden die Menschen die Zeit mit dir automatisch als wertvoller erachten, weil sie vorher aktiv etwas dafür tun mussten. Und nebenbei bemerkt: Es ist nie verkehrt, eine mystische Aura der Ungewissheit zu verströmen. Ein weiser Mann verriet mir einst die beiden größten Geheimnisse eines aufregenden Lebens: 1. Erzähle niemals alles, was du weißt, und 2. ...

Lass dich von dem, was du glaubst zu sehen,
nicht täuschen!

Es gibt Menschen, die in den sozialen Medien nur wenige Follower, dafür aber im echten Leben sehr viele Freunde haben. Es gibt Menschen, die sehr viele Follower haben, dafür aber sehr wenige echte Freunde. Es gibt Menschen, deren Posts viele tausend Likes bekommen und die einsam und traurig zu Hause sitzen. Es gibt Menschen, die mit ihren Partnern auf Facebook und Instagram überglücklich aussehen, die aber nur eine inszenierte Fassade leben und denen es in Wahrheit gar nicht gut geht. Es gibt Menschen, die von ihren Partnern überhaupt keine Fotos posten und eine glückliche Beziehung führen. Es gibt Menschen, die sich privat sehr gut kennen, aber in der Öffentlichkeit als Fremde auftreten. Es gibt Menschen, die bis zum Hals in Schulden stecken, aber nach außen ein prunkvolles Leben inszenieren. Die Menschen zeigen dir nur, was sie dir erlauben zu sehen. Instagram ist eine neue Form des Unterhaltungsfernsehens, eine Plattform für Selbstinszenierung, eine Marketing-Show.

Ich kenne so viele Frauen, die neidisch und eifersüchtig auf andere Frauen sind, oftmals sogar auf ihre eigenen besten Freundinnen. Warum? Weil sie sich vergleichen und sagen: »Alle bekommen Kinder oder heiraten, bauen ein Haus oder kaufen eine Wohnung. Alle sind glücklich, und ich? Ich bin einfach nur traurig und bleibe für immer allein.« Kennst du solche Gedanken? Klickst du dich auch durch diese Fotos auf Facebook und Instagram und siehst nur noch eine schöne, heile Welt voller Babys, glücklicher Traumpaare und Flitterwochen, die nach Hollywood-Filmen aussehen? Nickst du gerade? Stell dir vor, all diese Menschen, denen das Glück scheinbar in den Schoß gefallen ist und mit denen du am liebsten tauschen würdest, weil du annimmst, dass ihr Leben so viel besser sei als dein eigenes, hätten vorher diesen Brief von mir gelesen:

Hey du!
Ich will gar nicht lange um den heißen Brei herumreden: Hast du wirklich das Gefühl, deinen Seelenverwandten gefunden zu haben? Ich rede von diesem einen Menschen, der den Unterschied ausmacht, bei dem du ganz Du sein

kannst und dem du alles anvertrauen kannst, was durch deinen Kopf geistert, auch die peinlichsten Wünsche und krassesten Sehnsüchte? Ja, ich meine diesen einen besonderen Menschen, der all deine Werte teilt und mit dem du den ganzen Tag schweigend auf dem Sofa liegen kannst, ohne dass dir auch nur eine Sekunde langweilig wird. Dieser eine Mensch, auf den alle ihr Leben lang warten. Ist er da? Hast du ihn gefunden? Sei ehrlich zu dir!

Oder ist es nicht vielmehr so, dass du einige wirklich schöne Jahre mit diesem Menschen verbracht hast und jetzt eben der nächste logische Schritt ansteht: (A) Trennung, (B) Heirat oder (C) Baby! Natürlich hast du über alle Optionen schon längst nachgedacht. Allerdings willst du den letzten Jahren rückblickend einen Sinn geben und sie auf gar keinen Fall sinnlos verschwendet haben – was in deiner Vorstellung eine Katastrophe wäre, also setzt du alles auf eine Karte und wählst zwischen Option B und C. Natürlich tust du das, weil du ja möchtest, dass es in deinem Leben vorangeht. Du hast schon so viel Zeit und Energie in diese Beziehung investiert, dass du unbedingt diesen Schritt nach vorn gehen musst und nicht zwei nach hinten. Das wäre in deiner Vorstellung eine absolute Katastrophe. Vielleicht bist du schon über dreißig und dieser Mensch an deiner Seite ist auch wirklich toll. Außerdem ist er derjenige, der in diesem Augenblick zur Verfügung steht. Du hast ihn in einer Phase deines Lebens getroffen, in der die meisten Menschen, die du kennst, eben heiraten oder Kinder kriegen oder Häuser bauen, also überlegst du nicht lange und machst es auch. Alle freuen sich darüber – deine Eltern und Großeltern, deine Freunde und Kollegen. Aber was ist mit dir? Geht es dir wirklich gut mit dieser Entscheidung oder fühlst du ganz tief in dir drinnen, dass du möglicherweise deine persönlichen Werte, Wünsche, Bedürfnisse und Sehnsüchte vernachlässigst, wenn du jetzt Ja sagst? Bist es wirklich du, der diese Entscheidung trifft, oder ist es nur eine Seite von dir, die versucht, den Erwartungen anderer gerecht zu werden, um dafür, als Gegenleistung, geliebt zu werden?

Wie lautet deine Antwort?

Nur Liebe für dich!

Dein Lars

Wie betrachtest du jetzt deine Gedanken, nachdem du diesen Brief gelesen hast? Möchtest du immer noch tauschen? Merkst du, wie deine eigenen Gefühle, Sehnsüchte und Bedürfnisse deine Perspektive verzerren?

Ich legte mein Manuskript aus den Händen und öffnete erneut die beiden verrückten und ungewöhnlichen Nachrichten der fremden Frau auf Facebook. Nachdem ich sie mir zum dritten Mal durchgelesen hatte, musste ich plötzlich an eines meiner Lieblingszitate von Marc Aurel, dem berühmten römischen Kaiser und Philosophen, denken, der sagte: »Nicht den Tod sollte man fürchten, sondern dass man nie beginnen wird, zu leben.« Ich klappte meinen Laptop wieder zu, nahm das Manuskript vom Schreibtisch und ging zurück in die Küche. Wann würde ich mit meinem Leben beginnen? Wann würde ich der Liebe eine Chance geben? Wann würde ich diesen einen Schritt gehen, zu dem ich schon lange nicht mehr angesetzt hatte? Ich atmete durch, setzte mich an den Küchentisch und las an einer späteren Stelle im Manuskript weiter, was ich einst an mich selbst geschrieben hatte.

Stell dir vor, du wachst eines Tages auf, bist fünfundachtzig Jahre alt und realisierst, dass du nie die Regeln gebrochen hast, die andere aufgestellt haben; dass du nie den Mut hattest, der Welt deine echte Geschichte zu erzählen; dass du nie den Roman geschrieben hast, der immer in deinem Kopf geschlummert hat; dass du nie diesen einen Liebesbrief abgeschickt hast; dass du diese eine Reise nie unternommen hast; dass du dich nie für diesen einen Traumjob beworben hast; dass du dich mit diesem einen Menschen nie versöhnt hast; dass du nie versucht hast, diese eine Geschäftsidee mit der Welt zu teilen; dass du diesen einen großen Traum nie in die Tat umgesetzt hast; dass du nie von ganzem Herzen geliebt hast, dass du deine tiefsten Wünsche stets auf morgen verschoben hast. Bevor du wieder eine Erklärung dafür suchst, es heute wieder nicht anzugehen, stell dir bitte nur für einen kurzen Augenblick dieses Bild vor! Es wird dir dein Herz brechen.

Ich weiß nicht, wie oft ich die folgenden Worte schon zu mir selbst gesagt oder lautstark in die Welt hinausgerufen habe: NOCH IST ES NICHT ZU SPÄT! Noch besteht die Möglichkeit, deinem Leben ein Happy End zu geben. Stell dir vor, wie du heute damit beginnst. »Nimm eine Idee und lass sie nicht mehr los. Mach diese Idee zu deinem Leben – denke daran, träume davon, lebe mit dieser Idee. Lass dein Gehirn, deine Muskeln, deine Nerven und jeden Teil deines Körpers von dieser Idee durchdringen, sei mit all deinen Sinnen diese Idee und lass alle anderen Ideen weg. Das ist der Weg zum Erfolg.«[1]

---

1   Raja-Yoga & Patanjali Yoga-Sutra by Swami Vivekananda (1893)

Diese zauberhaften und sehr klaren Worte stammen von Swami Vivekananda.

Ich habe drei Fragen an dich:

1. Welche Idee hast du für dein Leben?
2. Was hast du in der vergangenen Woche dafür getan?
3. Was tust du heute dafür?

Die Tatsache, dass du noch nicht dort bist, wo du gern sein möchtest, sollte doch Motivation genug sein. Findest du nicht? Denke immer daran: Der Moment, an dem du aufhörst, darüber nachzudenken, was andere von dir halten, ist der wichtigste deines Lebens! Sei wachsam, höre auf die Stimme deines Herzens und lass dich nicht von außen verunsichern. Wenn großartige Möglichkeiten dein Leben kreuzen – und das tun sie jeden Tag –, steht das nämlich nirgendwo. Du bekommst keine Erinnerungsmail, bei der im Betreff steht: »Achtung, großartige Möglichkeit!« Es gibt nichts Schöneres, als deine eigene authentische Wahrheit zu leben, die dich von innen voller Zufriedenheit strahlen lässt.

In meiner aktuellen Welt strahlte ich nicht. Mir ging es nicht schlecht, aber ich strahlte eben nicht, und zwischen dem, was ich einst zu Papier gebracht hatte, und meiner tatsächlichen Lebensrealität, so wie ich sie wahrnahm, lagen keine Welten, sondern Galaxien. Marc Zuckerberg, der Gründer von Facebook, also genau jener Plattform, auf der ich dieses unmoralische Angebot erhalten hatte, sagte einmal: »In einer Welt, die sich schnell verändert, ist die einzige Strategie, die dich garantiert zum Scheitern bringt, die, keine Risiken einzugehen.« Die fremde Frau war gerade so ein Risiko eingegangen, indem sie ihr Herz geöffnet und mir ihre tiefsten und ehrlichsten Sehnsüchte offenbart hatte. Sie hatte sich verletzlich gezeigt und etwas getan, was aus der Sicht der Gesellschaft als nicht normal angesehen und somit eher abschätzig bewertet werden würde. In meinen Augen hatte sie mit ihrer Nachricht – unabhängig vom ersten Eindruck, den sie bei mir hinterlassen hatte – jedoch großen Mut bewiesen.

Ich überlegte, was ich ihr antworten könnte, aber dann rief einer meiner besten Kumpels an, meine Gedanken zerstreuten sich und ich widmete mich wieder anderen Dingen. Die Tage vergingen, neue Informationen füllten meinen Kopf und schließlich vergaß ich ihre Nachricht vollständig. Aus den Augen, aus dem Sinn. Wie das eben so ist im Leben.

Fantasie und Wirklichkeit

»Das Größte, was ich von Frauen gelernt habe, ist, über meine Verwundbarkeiten und Unsicherheiten als Stärke zu sprechen.«
Mac Miller

Ich konnte mich nicht erinnern, wann ich das letzte Mal verliebt war. So richtig. Mit Herzklopfen und Schmetterlingen im Bauch und stundenlangen Telefonaten, die mit den Worten endeten:
»Leg du auf!«
»Nein, du!«
»Okay, wir zählen bis fünf, dann legen wir gemeinsam auf.«
»Hey, du hast gar nicht aufgelegt.«
»Du aber auch nicht.«
»Ach, du …!«
Ich wusste nicht, wann ich das letzte Mal für eine Frau ein Mixtape aufgenommen oder einen Liebesbrief geschrieben habe. Wann war ich mal für die Möglichkeit eines einzigen Kusses spontan in eine andere Stadt gefahren oder bis ans Ende der Welt geflogen, nur weil die Frau meiner Träume zufällig in dem

Augenblick dort wohnte, studierte oder arbeitete? Wann hatte ich das letzte Mal etwas absurd Verrücktes für die Liebe getan, ausprobiert oder riskiert? Wann hatte ich das letzte Mal jemandem »Hey, Baby« ins Ohr geflüstert und es wirklich so gemeint? Wann hatte ich bei einer neuen WhatsApp-Nachricht gehofft, dass sie von ihr stammt, mir bei jedem Anruf gewünscht, dass ihr Name auf dem Display erscheint? Ich konnte mich beim besten Willen nicht erinnern.

Von den letzten Frauen, mit denen ich geschlafen habe, war ich, wenn ich ganz ehrlich bin, in keine einzige länger als eine Nacht verliebt. Wir haben uns einfach immer treiben lassen, berauscht von der Magie des Augenblicks, haben in unseren Köpfen eine Abfolge von fantastischen Hollywood-Momenten erschaffen, stets in der Hoffnung, dass am Ende ein gemeinsames Happy End dabei herauskommen könnte – was aber nie geschah, weil wir es doch nicht genug wollten. Es war schön, der Zauber war intensiv, aber jedes Mal sehr schnell verflogen. Mal hielt das Feuer eine Nacht, mal ein paar Monate. Vielleicht gab es diese Wärme auch nie wirklich und das Flackern der Flammen war nur eine wiederkehrende Illusion, die von vornherein zum Scheitern verurteilt war. Wer weiß das schon so genau?

Ich wollte nie Herzen brechen, ich wollte nur meine Liebe verschenken, ohne dafür eine Gegenleistung zu erwarten. Ich war immer ehrlich, habe immer viel gegeben, habe nie geschauspielert, um dafür etwas zu bekommen. Wenn ich jemandem etwas vorgemacht habe, dann höchstens mir selbst. Aber wie lange geht so etwas gut? Wie lange kann man blindlings einer Wunschvorstellung hinterherrennen, die schon rein rechnerisch gar nicht existieren kann? Die Frauen, mit denen ich mich traf, waren toll und absolut liebreizende Geschöpfe, selten älter als dreiundzwanzig, von Beruf Model oder hätten es sein können. Aber schon am Morgen danach, wenn die sexuelle Anziehung nachließ, verloren sie ihren Reiz für mich, so wunderschön sie auch waren. Ich weiß, dass dieser Gedanke nicht fair ist, aber ich muss einfach ehrlich zu mir sein: Wenn es den Sex nicht gegeben hätte, wäre ich in den meisten Fällen wohl nicht an ihnen interessiert gewesen und wäre definitiv allein aufgewacht – und zwar ohne Kopfschmerzen. Ich wartete immer auf diese eine Frau, die mich am Morgen danach nicht nur sexuell, sondern auch intellektuell, kulturell und vor allem spirituell aus den Socken hauen würde. Es gab sie aber nicht.

In einer perfekten Welt würde sie für uns Frühstück machen, dabei nur mein T-Shirt von letzter Nacht tragen und das neue J.-Cole-Album auflegen. Sie würde die guten Neunzigerjahre, HipHop und R&B mögen und Erykah Badu ebenso lieben wie Mobb Deep. Ich könnte mit ihr über die Bücher von Eckhart Tolle und Paulo Coelho philosophieren und über die Abenteuer von Charles Bukowski und Hank Moody lachen. Über Kanye West würde sie sagen, dass Genie und Wahnsinn eben kaum zu unterscheiden seien, und beim Stichwort »Monaco Franze« würde sie zuckersüß schmunzeln und mir ein »Servus Spatzerl« hinterherrufen. Sie wäre finanziell unabhängig, würde mitten im Leben stehen und selbstbewusst ihr eigenes Ding machen, natürlich stilsicher, niemals langweilig, aber auch kein Partygirl. Zu Weihnachten würde sie mir zwei Karten für das Champions-League-Finale schenken und mir lächelnd ins Ohr flüstern: »Viel Spaß mit deinem besten Kumpel. Lasst es krachen. Nur der F.C.B.!«

Erwartungen, die so unanständig hoch waren, dass sie unmöglich zu erfüllen waren. Diese Frau meiner Fantasie konnte es gar nicht geben, und vielleicht suchte ich genau aus diesem Grund nach ihrem Abbild – um nie wirklich Ja sagen zu müssen, um für mich immer wieder eine Entschuldigung zu haben, um erneut weiterziehen zu können. Wäre meine Traumfrau eine Stellenausschreibung, dann müsste sie jung sein, schön und klug und gleichzeitig die Lebenserfahrung einer alten weisen Seele mitbringen, von der ich jeden Tag würde lernen können. In meinen einundvierzig Jahren auf dieser wunderschönen Erde ist mir noch nie eine Frau begegnet, die auch nur annähernd diese Rolle hätte erfüllen können. Nicht eine! Und selbst wenn es sie tatsächlich gäbe, was sollte so eine Traumfrau dann mit einem Typen wie mir anfangen wollen, der, wenn es um die Liebe geht, ganz offensichtlich nicht alle Tassen im Schrank hat? Denn umgekehrt, das war mir völlig klar, würde ich vergleichbare Erwartungen ebenfalls niemals erfüllen können.

Dieses Leben, das so herrlich verrückt ist, legt einem schon komische Aufgaben vor die Füße. In meinen beruflichen Rollen als Life Coach, Speaker, Podcaster oder Bestsellerautor weiß ich nämlich ganz genau, wie das alles funktioniert. Ich wohne im coolen Berlin und führe ein superinteressantes Leben – erfolgreiche Geschäftsleute und Popstars suchen meine Nähe und öffnen sich mir, um ihre persönlichsten Probleme zu besprechen, die sie sonst vor der Welt zu verstecken versuchen. Ich halte Keynote-Vorträge vor tausenden Menschen, rette Ehen, bringe zerstrittene Familienmitglieder wieder zusammen, coache meine Klienten vor wichtigen Terminen, bin undercover bei ersten Dates dabei, um wertvolle Tipps zu geben, und fungiere immer wieder als buchstäblicher Retter in der Not. Der Inhalt meines beruflichen Lebens besteht hauptsächlich darin, anderen Menschen zu ihrem persönlichen Glück zu verhelfen. Bei anderen weiß ich ganz genau und bis ins letzte Detail, was zu tun ist. Ich kann Situationen blitzschnell erfassen, analysieren und lebensnahe Lösungen anbieten. Mir macht das auch einen

Heidenspaß. Zu sehen, wie jemand dank meines Zutuns plötzlich ein erfüllteres Leben führt, ist unfassbar schön. Bei jedem Erfolg, bei jedem noch so kleinen Fortschritt meiner Klienten geht mir das Herz auf. Genau deswegen mache ich das alles – um auf meinem Weg glückliche Menschen zu hinterlassen, die allesamt sagen würden: »Wegen dir habe ich nicht aufgegeben. Ich bin jetzt an einem besseren Ort. Danke, Lars.«

> »Und es kam der Tag, da das Risiko, in der Knospe zu verharren,
> schmerzlicher wurde als das Risiko zu blühen.«
> *Anaïs Nin*

In den letzten zehn Jahren hat mir diese Form der Liebe immer gereicht. Sie hat mich erfüllt. Wie ein Lebenselixier hat sie mich jeden Tag weiter angetrieben und innerlich wachsen lassen. Alles war gut. Ich fühlte mich gut. Der spirituelle Weg, auf dem ich mich befand, mit all seinen Abzweigungen, fühlte sich richtig an. Die Spießigkeit der anderen war mir immer suspekt und fast schon zuwider. So wollte ich nicht sein, so angepasst und langweilig. All die Lügen, unerfüllten Wünsche und Heucheleien, die ich bei so vielen Paaren beobachten konnte, auch in meinem Bekanntenkreis. Man bekam Kinder und heiratete, gaukelte anderen eine schöne heile Welt vor, sagte sich selbst aber nicht die Wahrheit, weil das schicke Kartenhaus, das man für die Außenwelt aufgebaut hatte, dann nicht mehr lange existieren würde. In so einem selbstgeschaffenen Gefängnis wollte ich nie leben.

Wie man aus einem fahrenden Zug aussteigt

Stefanie war unglücklich. Ihre Nachricht an mich begann mit diesen Sätzen: »Seit fünfzehn Jahren überlege ich hin und her, ob ich mich von meinem Mann trennen soll. Ich bin nicht glücklich mit ihm. Er ist es einfach nicht. Aber dann denke ich mir, wenn ich jetzt gehe, dann waren diese Jahre völlig umsonst. Diesen Gedanken finde ich furchtbar. Also bleibe ich, immerhin haben wir ein Haus zusammen, einen gemeinsamen Freundeskreis und so weiter. Ich hoffe einfach, dass es vielleicht doch noch ein gutes Ende nimmt.«

Nicht wenige Menschen befinden sich in ähnlichen Situationen. Sie treffen keine Entscheidung, weil sie Angst davor haben, den sicheren Hafen zu verlassen und den Status quo zu verlieren, an den sie sich gewöhnt haben, selbst wenn er sie zutiefst unglücklich macht. Sie finden nicht den Mut, ihre Wahrheit laut auszusprechen, möchten nicht als die oder der Schuldige gelten, selbst wenn sie wissen, dass sie mit jedem Tag, der vergeht, ein bisschen trauriger, verbitterter und einsamer werden.

Stefanie weiß seit fünfzehn Jahren, dass sie in einem falschen Leben feststeckt. Ihr Herz sagt es ihr jeden Morgen, wenn sie in den Spiegel blickt. Doch anstatt etwas zu ändern, belügt sie sich weiter und erfindet immer neue absurde Rechtfertigungen, damit sie nicht völlig unter dieser selbstauferlegten seelischen Last zerbricht. Es ist ja nicht nur die Beziehung selbst, die unter ihrer Verweigerungshaltung leidet. Ihr ganzes Leben leidet darunter. Über jedem Spaziergang im Wald, jedem Treffen mit den besten Freundinnen, jedem Kinobesuch, jedem Urlaub, jedem Abendessen, jedem Sonnenuntergang klebt der bittere Beigeschmack eines vergeudeten Lebens.

Während ich ihre Mail an mich las und über ihre Situation nachdachte, stellte ich mir folgendes Bild vor: Du steigst aus Versehen in einen Zug ein, der nach Norden fährt. Du musst jedoch in die entgegengesetzte Richtung, in den Süden. Solche kleinen Fehler passieren uns ständig im Leben, privat wie beruflich. Der große Fehler, für den du sehr teuer bezahlen wirst, ist jedoch der, zu wissen, dass du in die falsche Richtung fährst, und trotzdem sitzen zu bleiben. Ich weiß, wie du dich in diesem Augenblick fühlst. Es war nicht einfach für dich, diesen Zug noch zu erwischen. Du musstest dich dafür ganz schön abhetzen und bist jetzt völlig außer Atem. Und ich weiß auch, dass du einen schönen Sitzplatz gefunden hast – am Fenster, mit Heizung, in Fahrtrichtung, mit Ausblick. Und ja, mir ist völlig bewusst, dass es draußen dunkel, kalt und windig ist und dass die ersten Regentropfen bereits gegen die Fensterscheibe prasseln. Aber ich weiß auch, dass die Wahrheit stets die Wahrheit bleibt: Du befindest dich im falschen Zug und noch länger darin sitzen zu bleiben, so sehr du dir es auch wünschen magst, macht den Zug nicht richtiger. Um wirklich dorthin zu gelangen, wo du hingehörst, wo deine Seele Frieden findet, wirst du aufstehen und diesen Zug an der nächsten Station verlassen müssen.

Ich ging mit meinem Laptop in die Küche, bereitete mir einen Espresso zu, schickte Stefanie mein Gedankenspiel und fügte dann noch folgende Antwort hinzu:

Liebe Stefanie,
es ist an der Zeit, die Notbremse zu ziehen. Nimm deine Sachen, spring aus dem Zug, verlasse deine Komfortzone und fang wieder an zu leben. Sei für eine Weile pleite. Verliere ein paar Freunde. Hab ein paar schlaflose Nächte. Zieh für eine kurze Zeit wieder bei deinen Eltern ein, wenn

es sein muss. Schalte zwei Gänge runter, atme durch und erfinde dich neu. Und bitte, schreib den nächsten Satz auf einen Zettel und hänge ihn dorthin, wo du ihn ab sofort jeden Tag sehen kannst:

»Meine aktuelle Situation ist nicht meine endgültige Situation!«

Glaube an dich und hab den Mut, diese eine Entscheidung zu treffen, die dein Herz wieder mit Liebe, Hoffnung und Zuversicht erfüllt. Keine Sorge, im Alter von dreißig, vierzig oder fünfzig Jahren noch immer auf einer durchgelegenen Matratze zu schlafen, die irgendwo auf dem Boden einer kleinen Ein-Zimmer-Wohnung liegt, weil die finanzielle Absicherung noch nicht gegeben ist, ist nicht weiter schlimm. Soll ich dir verraten, was wirklich schlimm ist? Jeden Morgen in einem superkomfortablen Himmelbett aufzuwachen, neben einem Menschen, den du nicht (mehr) liebst, aber trotzdem geheiratet hast, und dann vielleicht auch noch zu einem Job zu fahren, den du hasst. Du wirst in diesem Bett liegen, umgeben von all der Bequemlichkeit, und dir nichts sehnlicher wünschen als eine alte durchgelegene Matratze. Du gehst kein Risiko ein, wenn du deinen Träumen folgst. Sie werden dich immer beschützen und dir in Momenten, in denen du am wenigsten damit rechnest, die richtigen Türen öffnen. Allerdings gehst du ein enormes Risiko ein, wenn du es nicht tust.

Falls du dich weiter belügst, wie du dich immer belogen hast, und weiter so denkst, wie du immer gedacht hast, wirst du auch weiter so handeln, wie du immer gehandelt hast. Und falls du weiter so handelst, wie du immer gehandelt hast, wirst du auch weiter das bekommen, was du immer bekommen hast. Kurz: Nichts wird sich in deinem Leben ändern und dein Zug wird weiter in die falsche Richtung fahren. Auf wen oder was wartest du denn? Wer muss an deine Tür klopfen, um dir das Okay zu geben, endlich dein Leben zu leben? Ernsthaft, wer muss kommen, damit du keine Angst mehr hast? Seit fünfzehn Jahren wartest du auf den einen Tag, an dem dir jemand die Erlaubnis erteilt, Du sein zu dürfen. Seit fünfzehn Jahren hoffst du darauf, dass dir jemand die wichtigste Entscheidung deines Lebens abnimmt. Aber wer soll das sein – deine Mutter, dein Ehemann, Yoda? Ich sage dir ganz deutlich: Niemand wird kommen und dir diese Entscheidung abnehmen. Wartest du weiter darauf, wirst du für immer warten.

Ich habe ein Zitat von Joanne K. Rowling für dich. Du weißt schon, sie hat Harry Potter erfunden, als sie pleite, arbeitslos und alleinerziehend war. Sie sagte:»Viel mehr als unsere Fähigkeiten sind es unsere Entscheidungen, die zeigen, wer wir wirklich sind.« Ich gebe die Frage an dich weiter. Wer bist du wirklich? Und wer willst du sein? Stell dir vor, ein geheimnisvoller Fremder würde zu dir kommen und dir ein großes Buch überreichen. Du würdest ein bisschen darin blättern und nach ein paar Seiten verdutzt feststellen, dass in diesem Buch dein ganzes Leben geschrieben steht. Jetzt frage dich: Würdest du deine Biografie bis zum Ende lesen wollen oder hättest du Angst davor? Wäre dein Herz beim Umblättern der Seiten voller Vorfreude oder voller Scham? Du kennst die Antwort. Die gute Nachricht lautet: Du allein hast die Macht, deinem Leben ein neues Ende zu geben. Das große Finale wurde noch nicht geschrieben. Die letzten Kapitel bestehen noch immer aus leeren Seiten, und ein Happy End, das weißt du, ist noch immer möglich. Ich weiß, dass dir das alles große Sorgen bereitet. Mir geht es nicht anders. Glaubst du, ich habe keine Angst? Natürlich habe ich Angst. Alle haben Angst. Aber ich verrate dir jetzt eine weitere Wahrheit, an die du vielleicht noch nicht gedacht hast: Du hast nicht vor der ungewissen Zukunft Angst, sondern davor, dass sich deine Vergangenheit Tag für Tag wiederholt.

Lass diesen Satz in Ruhe sacken und wiederhole ihn gern ein paar Mal: Du hast nicht vor der ungewissen Zukunft Angst, sondern davor, dass sich deine Vergangenheit Tag für Tag wiederholt. Du hast nicht vor der ungewissen Zukunft Angst, sondern davor, dass sich deine Vergangenheit Tag für Tag wiederholt. Du hast nicht vor der ungewissen Zukunft Angst, sondern davor, dass sich deine Vergangenheit Tag für Tag wiederholt.

Beginne jetzt.
Beginne mit Angst.
Beginne mit Zweifeln.
Beginne mit zittrigen Händen.
Beginne mit unsicherer Stimme.
Beginne mit wackligen Knien.
Beginne und höre nicht auf.
Beginne mit dem, was du hast.

Fang einfach an ... und höre auf Oprah Winfrey! In ihrem wunderbaren Buch *Was ich vom Leben gelernt habe* schreibt sie:»Mut zeigt sich nicht daran, ob Sie ein Ziel erreichen oder nicht, sondern daran, ob Sie sich immer wieder aufrappeln, ganz gleich, wie oft Sie schon auf die Nase gefallen sind. Ich weiß, dass das nicht leicht ist, aber ich weiß auch noch etwas: Wer den Mut hat, aufzustehen und seinen kühnsten Träumen nachzujagen, wird vom Leben mit wunderbaren Abenteuern belohnt. Und was ist schon kühn? Wo immer Sie gerade stehen, Sie sind genau jetzt nur einen einzigen entschlossenen Schritt entfernt von einem neuen Anfang.«[2]

Denke immer daran: Deine aktuellen Umstände beschreiben nicht, wohin du es schaffen kannst, sie beschreiben nur, von wo aus du beginnst. Es ist ein Ausgangspunkt, ein Neubeginn. Nicht mehr, nicht weniger. Aber bevor du nun in deine rosige Zukunft aufbrichst, musst du eine unangenehme, aber wichtige Entscheidung treffen. Diese Entscheidung treffen zu müssen, wird sich vielleicht falsch und ungerecht anfühlen und auf den ersten Blick scheint kein positiver Ausgang der Geschichte auf dich zu warten, dennoch wirst du eine Wahl treffen müssen. Ich habe vier Schritte ausgemacht, die dir während dieses Entscheidungsprozesses helfen können:

1. Nichts beschönigen

Die Situation ist scheiße, und das kannst du auch gern in dieser Klarheit laut aussprechen:»Scheiße, scheiße, scheiße!« Es ist völlig klar, dass du lieber nicht in dieser Situation sein möchtest und dich gerade nicht in dem

---

2   Oprah Winfrey: Was ich vom Leben gelernt habe, Fischer 2015, Seite 123

Leben befindest, das du dir für dich erhofft hast. Jetzt gilt es jedoch, alle Emotionen diesbezüglich für einen Moment beiseitezuschieben und diese Situation einfach nur als Tatsache anzuerkennen. Es ist, wie es ist. Natürlich kannst du im Laufe des Entscheidungsprozesses immer wieder zu diesem Punkt zurückkehren (und dich darüber ärgern), was ich natürlich nicht empfehle, aber lass nicht zu, dass diese negativen Gefühle Einfluss auf die kommenden Schritte haben werden.

2. Berücksichtige deinen Aufwand
Mach dir jetzt eine Liste mit all den Dingen, die du getan hast, um an diesen Punkt deines Lebens zu kommen: all die harte Arbeit und die emotionalen Investitionen, die du gemacht hast, die Entbehrungen und Aufopferungen. Sei ruhig richtig gründlich und schreib dir die Seele aus dem Leib. Lass nichts aus. Und jetzt, nachdem du alles ordentlich aufgeschrieben hast, nimm diese Liste und zerreiße sie. Zünde sie an und löse sie in dunklen Rauch auf. Löse sie komplett auf – auch in deinem Kopf bleibt nichts davon übrig. Ich weiß, das ist eine harte Aufgabe, vor allem, wenn auf der Liste sehr viel Persönliches steht, geplatzte Hoffnungen und zerstörte Träume, aber vergiss bitte nicht, dass du jetzt nicht auf die gleiche Art und Weise entscheiden darfst, wie du es früher getan hast. All die Investitionen, die keine Früchte trugen, all dein »verbranntes« Geld, deine unerwiderte Liebe und deine wertvolle Lebenszeit dürfen keinen Zusammenhang mit dieser einen wichtigen Entscheidung haben, die du jetzt zu treffen hast.

3. Betrachte deine Optionen

Ich möchte ehrlich sein: Keine von ihnen wird dich wirklich glücklich machen. Wahrscheinlich wird an diesem Punkt des Entscheidungsprozesses keine Euphorie aufkommen, keine Aufbruchstimmung, kein »Hurra, let's go!«. Keine Option, die grob skizziert, was du jetzt zu tun hast, wird dein Herz zum Tanzen bringen. Es bleibt immer ein gewisses Maß an Unbehagen. Das ist völlig in Ordnung. Doch es liegen nun mal nur diese Optionen auf dem Tisch, und du musst das Beste daraus machen. Also: Schreib sie alle auf, so detailliert wie möglich.

4. Betrachte jede Option hinsichtlich der Zukunft, nicht der Vergangenheit

Zur Erinnerung: Ignoriere all die Investitionen, die keine Früchte trugen, deine Kosten, deine verlorene Lebenszeit, deine vergebene Liebesmühe und was du glaubst zu verdienen. Ich weiß, dass du von allen guten Dingen dieser Welt nur das Beste verdienst, und ich wünsche es dir auch von Herzen – aber lassen wir die Gefühle auch an dieser Stelle für einen Moment beiseite. Basierend auf den Optionen, die vor dir auf dem Tisch liegen, von welcher versprichst du dir ab sofort die längste Serie an glücklichen Tagen, Wochen, Monaten und Jahren? Das ist deine Wahl. Nimm sie an, sieh nicht mehr zurück und geh den ersten Schritt in dein neues Leben.

Nur Liebe für dich!
Dein Lars

»Wenn es doch nur so einfach wäre!«

Wenn ich Briefe wie diesen verschicke, in denen ich ganz konkrete Hilfestellungen gebe, um eine Situation zu lösen, kommen viele Menschen an den Punkt des erneuten Widerstandes, der oft mit dem Satz beginnt: »Wenn es doch nur so einfach wäre!« Die Vorstellung von dem, was auf sie zukommt, ist so gewaltig, dass sie auf der Stelle versuchen, so schnell wie möglich aus dieser gedanklichen Stresssituation zu entfliehen. Und wie machen sie das am einfachsten? Indem sie nach plausiblen Gründen suchen, um doch nicht handeln zu müssen. Gern wird an dieser Stelle auch der Überbringer der Botschaft angegriffen: »Lars, du hast gut reden. Du hast keine Kinder, du hast keine Verantwortung für ein anderes Leben. So einfach ist das alles nicht. Und überhaupt, was weißt du schon?«

Es stimmt, ich habe leider noch keine Kinder und trage demnach auch noch keine Verantwortung für ein anderes Leben. Und ich würde auch niemals behaupten, dass die notwendigen Veränderungen, über die wir reden, einfach sind. Das sind sie nicht. Ganz und gar nicht. Und ja, ich weiß tatsächlich nichts. Ich würde sogar noch einen Schritt weitergehen und behaupten, dass ich überhaupt gar nichts weiß. Ich bin selbst ein Suchender. Das ist keine Koketterie. Was weiß ich schon vom Leben? Aber ich habe einen Vater, der ziemlich viel weiß und von dem ich ein bisschen lernen durfte.

In den 1970er-Jahren hat mein Vater geheiratet. Mit seiner Frau hat er zwei Kinder bekommen und in Langgöns, einem Dorf in Mittelhessen, ein Haus für seine junge Familie gebaut. Zu jener Zeit hat er schon als Lehrer gearbeitet und meine Mutter finanziell unterstützt, damit auch sie ihren Abschluss an der

Universität machen konnte. Sie wollte ebenfalls an eine Schule gehen, um als Lehrerin zu arbeiten. Allerdings merkte meine Mutter ziemlich schnell, dass der Lehrberuf ihr langfristig keine Erfüllung bringen würde, und orientierte sich um. Sie fing an, in Frankfurt am Main an der Börse zu arbeiten, blieb immer häufiger immer länger weg und überließ den Alltag mit den Kindern mehr oder weniger meinem Vater. Als ich zehn Jahre alt war, ließen sie sich scheiden. Es war völlig klar, dass mein vier Jahre älterer Bruder und ich bei meinem Vater bleiben würden, auch um unser gewohntes Umfeld nicht verlassen zu müssen. Aus der Sicht meines Vaters sah die Situation nun folgendermaßen aus: Er musste sich allein um zwei Kinder kümmern und die monatlichen Raten für das Haus nun ebenfalls allein abbezahlen. Der Kredit für das Haus betrug eine halbe Million DM – eine Menge Geld, wenn plötzlich ein komplettes Gehalt wegfiel, das fest eingeplant war. Dazu kam, dass ich als Kind ständig krank war und nahezu immer Nachhilfe brauchte, um in der Schule halbwegs mitzukommen.

Was hat mein Vater also gemacht? Er ist die Vier-Punkte-Liste durchgegangen. Punkt 1 und Punkt 2 waren einfach: Seine Situation als alleinerziehender Vater, der eine halbe Million an Schulden abzubezahlen hatte, war scheiße. Mehr als scheiße. Es war ein Monsterhaufen Riesenscheiße. Nachdem er diese Tatsache allerdings als solche akzeptiert hatte, hat er sich strategisch an die Punkte 3 und 4 gemacht und sein ganzes Leben neu organisiert. Als Lehrer war er ungefähr bis halb zwei an der Schule. Um die monatliche Schuldentilgung an die Bank bezahlen zu können, gab er danach Kindern aus dem Dorf Nachhilfe und übersetzte für Firmen aus der Region Industrietexte ins Englische und Französische. Mein Vater hat gearbeitet, gearbeitet und noch mehr gearbeitet. Da es keine Großeltern gab, die um die Ecke wohnten, um auf meinen Bruder und mich aufzupassen, ging ich nach der Schule mit zu Klassenkameraden, wo ich manchmal auch zu Mittag gegessen habe. Mein Vater hat seine Situation in der Nachbarschaft erklärt und überall im Dorf um Hilfe gebeten. Manche der Nachbarn haben ihm geholfen, manche nicht.

Fakt ist, mein Vater hat alles getan, was notwendig war, um das Beste aus dieser neuen Situation zu machen, ohne den Spaß am Leben zu verlieren. Er hat sogar bei der Bank einen Extrakredit aufgenommen, damit wir sowohl im Sommer als auch im Winter in den Urlaub fahren konnten. Als Lehrer, der auch Sport unterrichtete, wusste er, dass man gewisse Dinge mit seinen Kindern unbedingt machen muss, wenn sie noch jung sind, zum Beispiel in die Berge fahren, um das Skilaufen zu lernen. Er hat alles dafür getan, damit wir ein gutes Leben haben. Für meinen Vater war das vor allem am Anfang der Umbruchphase superhart, aber für uns Kinder hat es sich nie so angefühlt. Aus der heutigen Sicht würde ich sogar sagen, dass die Trennung meiner Eltern die beste Entscheidung für uns alle war – auch für meinen Bruder und mich. Meine Eltern haben einfach nicht zusammengepasst. Punkt!

>>Es geht nicht darum, was dir im Leben passiert,
sondern wie du darauf reagierst.<<
Epiktet

Oftmals werden allerdings die Kinder vorgeschoben, um keine Entscheidung treffen zu müssen. Als mir Kathrin auf Instagram schrieb, dass sie in ihrer Beziehung todunglücklich sei, sich aber

nicht trennen könne, da ihre Kinder das niemals verkraften würden, stellte ich ihr daraufhin drei Fragen:
Warum kannst du dich nicht trennen?
Woher weißt du, dass deine Kinder das nicht verkraften würden?
Wie sähe die Alternative aus?

Es stellte sich auch hier heraus, dass die Kinder gar nicht das wahre Problem waren, sondern nur dazu dienten, Kathrins Ängste zu kaschieren. Als ich ein bisschen nachbohrte, fielen plötzlich Sätze wie: »Meine Eltern und meine Großmutter wären sehr enttäuscht, wenn ich mich scheiden ließe« und »Ich bin sehr traditionell aufgewachsen, weswegen eine Trennung für mich eine herbe Niederlage wäre« und »Mein ganzes Leben müsste neu organisiert werden« und »Was sollen denn die Leute aus dem Reitverein denken, in dem wir beide aktive Mitglieder sind?«

Ich setzte mich an den Schreibtisch, klappte wieder meinen Laptop auf und schrieb meine Gedanken auf:

Ein Hauptgrund, warum so viele Menschen auch in ihren Beziehungen unglücklich sind, ist, dass sie die Meinung anderer höher bewerten als ihre eigene. Wenn du glaubst, dass deine Eltern überzogene Erwartungen an dich haben, die du nicht erfüllen kannst oder willst, rede mit ihnen darüber. Sei einfach mal ehrlich zu ihnen und sprich deine Wahrheit ganz konkret aus. Rede mit der Person, die dich zurückhält. Das kann dein Vater, dein Partner oder deine Großmutter sein. Hab den Mut, diese Unterhaltung zu führen, und du wirst sehen, dass sehr schnell sehr viel Druck von deinen Schultern fallen wird. Deine Eltern sind keine Gottheiten, die mit der ultimativen Erkenntnis ausgestattet wurden. Sie sind menschliche Wesen, die Fehler machen, die Angst haben und die von ziemlich vielen Dingen schlicht und ergreifend keinen blassen Schimmer haben. Natürlich kann man sich das als Kind nicht vorstellen – aber ja, auch deine Eltern sind fehlbar und die Wahrscheinlichkeit, dass sie bei dir im Laufe der Jahre erziehungsmäßig etwas vermasselt haben, ist ebenfalls ziemlich hoch. Vielleicht haben sie dich nicht genug geliebt, nicht genug wertgeschätzt und dich zu einem unsicheren Menschen erzogen. Vielleicht haben sie dir durch ihr Verhalten den Glaubenssatz eingeimpft, dass du nicht gut genug bist, weil sie sich selbst auch nicht als gut genug empfanden. Menschen, die in ihrem eigenen Leid gefangen sind, versuchen oftmals eben nicht, diesem Leid zu entfliehen, sondern suchen nach Menschen, die sie in dieses Elend mit hineinziehen können. Und oft sind das leider die Kinder, die sich noch nicht wehren können.

Das eigentliche Problem ist aber, dass du viel zu viel Angst davor hast, was du von anderen zu hören bekommen könntest. Dieser Gedanke macht dich fertig, obwohl du nicht einmal sicher sagen kannst, was genau sie von deiner Idee (Hochzeit, Scheidung, Kündigung, Umzug, berufliche Neuorientierung oder was auch immer) halten werden. Lieber lässt du dir von anderen Menschen weiter dein Leben diktieren. Du darfst nicht vergessen: Deine Familie sieht dein Leben aus ihrem Blickwinkel. Deine Mutter, dein Vater, deine Großeltern – jeder Mensch hat seine eigene ganz persönliche Wahrheit, wenn er auf dein Leben schaut. Wie soll deine Mutter deine Situation jemals wahrhaftig verstehen können? Sie steckt nicht in deinem Kopf. Sie sieht nicht, was du siehst, fühlt nicht, was du fühlst. Ihre Sehnsüchte sind nicht deine. Selbst wenn sie es versucht, sie wird dich nie komplett verstehen können.

Warum also hörst du auf sie, wenn sie dich davon abbringen möchte, den Traumjob im Ausland anzunehmen und zu dir sagt »Mach das besser nicht. Das ist viel zu riskant. Such dir lieber was Sicheres hier in der Nähe.«? Warum hörst du auf deine Großmutter, wenn sie dir rät, dich auf keinen Fall von deinem Mann zu trennen, selbst wenn du jede Nacht in dein Kopfkissen weinst? Was immer diese Menschen zu dir sagen, es ist lediglich ihre eigene Wunschvorstellung von deinem nächsten Kapitel. Frag dich immer, warum sie tun, was sie tun, und sagen, was sie sagen. Wechsle für einen Augenblick die Perspektive und versuche, dich in ihre Lage zu versetzen. Wenn deine Mutter möchte, dass du dir einen »normalen« Job in der Nähe suchst und deinen Traumjob an einem weit entfernten Ort an den Nagel hängst, dann geht es vielleicht gar nicht um den Job. Vielleicht möchte sie einfach nicht ohne dich sein. Vielleicht möchte sie nicht darauf verzichten, dass du sie dreimal pro Woche mit dem Auto zum Arzt fährst oder mit in die Stadt zum Einkaufen nimmst. Sieh genau hin, mach dir *deine* Gedanken, schreib sie auf und besprich sie mit den Menschen, die es betrifft. Ehrlichkeit, Ehrlichkeit, Ehrlichkeit.

Deine Großeltern haben wahrscheinlich die Auswirkungen des Zweiten Weltkrieges noch am eigenen Leib erfahren. Sie sind in einer Zeit aufgewachsen, in der Sicherheit, Stabilität und ein regelmäßiges Einkommen die größten und erstrebenswertesten Ziele waren. Viele Ehen waren reine Zweckgemeinschaften, damit man nicht verhungern musste und halbwegs über die Runden kam. Natürlich sieht diese Generation die Welt mit anderen Augen als du. All das solltest du berücksichtigen, wenn diese Menschen dir Ratschläge erteilen. Liebe deine Oma, weil sie deine Oma ist. Liebe deine Mutter, weil sie deine Mutter ist. Du musst aber nicht all ihre Entscheidungen lieben. Du musst nicht einmal ihrer Meinung sein. Sie leben ihr Leben nach ihren Werten, du lebst dein Leben nach deinen Werten.

Was ich jetzt schreibe, ist ganz wichtig: Du darfst kein falsches Leben führen, nur um von deiner Familie geliebt zu werden. Wenn du das machst, wirst du ihnen, manchmal nur heimlich, dein Leben lang Vorwürfe machen. Dein Herz wird krank, und die Beziehung zu deinen Eltern wird einen irreparablen Schaden erleiden. Auch hier kann ich dir nur raten: Sei selbstbewusst genug, um voll und ganz zu dir zu stehen. Das tödlichste Gift des Lebens ist Bedauern. Entschuldige dich lieber später dafür, einen Fehler gemacht zu haben, als zu bedauern, es aus Angst nie versucht zu haben. Und sei darauf vorbereitet, dass dich manche Freunde und Teile deiner Familie erst dann aktiv unterstützen werden, wenn sie sehen, wie du von anderen für deinen Mut gefeiert wirst. So ist das eben. Nimm es niemals persönlich. Manche Menschen wollen nur die Sonnenseiten mit dir teilen und nicht mit dir gemeinsam durch den Schatten gehen.

Denke immer daran: Ganz egal, wie groß deine Träume auch sein mögen, hab Vertrauen in dich und deine Fähigkeiten. Schreib es mit großen Buchstaben an deine Wand: »ICH GLAUBE AN MICH!« Weißt du, warum das so wichtig ist? Weil nichts anderes von Bedeutung ist. Geh auf jeden Fall weiter, hör nicht auf und sprich deine Wahrheit klar und deutlich und voller Selbstvertrauen laut aus: »Mama, Papa, liebe Familie, ich weiß, dass ihr mich und meine Ideen nicht versteht. Das ist okay. Ich weiß, dass ihr euch etwas anderes vorgestellt habt. Auch das ist okay. Aber mein Leben ist mein Leben. Ich muss diese eine Sache jetzt versuchen. Ich würde es mir sonst ewig vorwerfen und euch dafür verantwortlich machen. Mehr

noch, ich würde euch dafür für alle Zeit hassen. Das möchte
ich nicht. Ihr seid meine Eltern und ich liebe euch. Deswegen habe ich mich dazu entschieden, das jetzt durchzuzie-
hen, obwohl ihr dagegen seid. Ich kann verstehen, dass ihr
enttäuscht seid, aber das muss ich für meinen Seelenfrieden
in Kauf nehmen. Ich muss mich auf die Suche nach meiner
Wahrheit begeben und übernehme dafür die volle Verantwortung.«

Wann immer Zweifel in dir aufsteigen, wiederhole die folgenden Worte, bis sie wie ein Mantra während der Meditation
in deinem Kopf nachklingen: »Meine aktuelle Situation ist
nicht meine endgültige Situation! Meine aktuelle Situation
ist nicht meine endgültige Situation! Meine aktuelle Situation ist nicht meine endgültige Situation.«

Warum sollte ich dich anlügen? Ich habe bis heute Zweifel.
Wenn man in seinen kompletten Dreißigern nicht ein einziges
Mal das Gefühl hatte, tiefe, echte und anhaltende Liebe für
einen anderen Menschen zu empfinden, neben dem man morgens aufgewacht ist und den man unendlich vermissen würde,
wenn es ihn nicht mehr gäbe, dann sollte man sich wohl besser
ein paar Gedanken darüber machen, was auf diesem Weg alles
schiefgelaufen ist. Selbstzweifel zu haben, ist kein Zeichen
von Schwäche. Das Gegenteil ist der Fall. Es bedeutet, dass man
sein Handeln reflektiert und immer wieder auf den Prüfstand
stellt: Bin ich noch auf dem richtigen Weg? Empfinde ich Liebe, Glück und Zufriedenheit, wenn ich morgens aufstehe und
abends meine Augen schließe? Geht es mir gut? Was fehlt mir?
Was bedeutet dieses Gefühl der Leere? Haben sich im Laufe
der Zeit meine persönlichen Bedürfnisse geändert? Wenn ja,
welche Anpassungen sollte ich schleunigst vornehmen? Und
handle ich noch meinen Prioritäten entsprechend?

Ganz wichtig hierbei ist, dass während dieses Prozesses nur deine Denkmuster überprüft und neu bewertet werden, nicht du als Individuum. Du bist und bleibst der einzigartige und wunderbare Mensch, der du immer warst, und woran sich auch niemals etwas ändern wird.

One Love.

Im Bett mit ...

»Traurigsein ist wohl etwas Natürliches.
Es ist ein Atemholen zur Freude, ein Vorbereiten
der Seele dazu.«
Paula Modersohn-Becker

Die letzten zehn Jahre meines Lebens waren sehr intensiv. Ich habe jedes Jahr ein Buch geschrieben, war permanent auf Tour, immer unterwegs – work, work, work! Ich habe alles von mir gegeben, interessante Menschen getroffen, viel Spaß gehabt, eine Menge erlebt und noch mehr gelernt. Ich hatte sehr viel Sex und auch mal ein ganzes Jahr gar keinen. Ich habe das weltliche Leben in vollen Zügen genossen, aber auch Phasen der Stille und inneren Einkehr durchlebt. Ich liebe den Lärm und die Reize der Großstadt ebenso wie die meditative Ruhe der Natur auf dem Land. Ich liebe es, für meinen Traum sechzehn Stunden am Tag zu arbeiten, aber ich liebe es genauso, eine Woche im Bett zu bleiben, Pizza zu essen und Netflix zu gucken. Ich liebe es, von Stadt zu Stadt zu fahren, vor hunderten von Menschen zu sprechen und stundenlang Autogramme zu schreiben, aber ich liebe es genauso, auf dem Sofa zu sitzen, aus dem Fenster in den unendlichen Nachthimmel zu starren und mich diesem wunderschön traurigen Weltschmerz namens Saudade hinzugeben. Ich fühlte mich zu all diesen Aspekten des Lebens schon immer hingezogen. Egal, in welchem Zustand ich mich befand, ich hatte nie das Gefühl, etwas zu verpassen oder woanders sein zu wollen. Alles war gut. So oder so. Auch ob ich mein Bett während dieser Zeit mit jemandem geteilt habe oder nicht, machte keinen Unterschied. Ich fühlte mich gedanklich ohnehin immer allein, aber niemals einsam. Mir machte es nie etwas aus, meine Seelenverwandte noch nicht gefunden zu haben. Ich hatte mich und meine Gedanken. Außerdem reichte mir die Liebe, die ich anderen Menschen in den verschiedensten Formen geschenkt habe, immer aus. Bis zu jenem Morgen.

Ich war früh aufgewacht. Viel geschlafen hatte ich nicht. Mein Kopf pochte und mir fiel sofort der Grund dafür ein: Whiskey Sour. Genauer gesagt: sehr viele, sehr starke Whiskey Sour. Ich weiß noch, wie sie mir kurz vorher ins Ohr säuselte: »Ist doch nur Zucker und Zitronensaft mit Geschmack. Und vegan ist der Drink auch, also streng genommen total gesund, auch gut für den Tierschutz und den Klimawandel und so.« Ich glaube, ich fand ihr Argument in der Situation wohl ziemlich einleuchtend, denn ich antwortete kurz und knapp: »Überredet, auf den Weltfrieden!« Was ich jedoch ganz sicher weiß, ist, dass ich sie nach dem ersten Schluck sofort an mich herangezogen und geküsst und damit auch für eine kleine Ewigkeit nicht aufgehört habe.

Wenn man sich küsst, repariert man sich gegenseitig. So heißt es jedenfalls. Zum ersten Mal seit langer Zeit hatte ich wieder dieses Bedürfnis: repariert zu werden. Und ich ließ es zu. Sie war eine ausgezeichnete Repariererin. Nur das mit dem Alkohol war keine gute Idee. Normalerweise trinke ich nicht oder nur sehr wenig. Früher war das anders, aber ich vertrage es einfach nicht mehr. Ich hatte an der Bar die Stimme meines alten Freundes Mansour im Ohr, der einmal zu mir gesagt hatte: »Junge, was ist los mit dir? Wie kannst du ein echter Schriftsteller sein und keinen Alkohol trinken? F. Scott Fitzgerald, E. T. A. Hoffmann, Charles Baudelaire, alle liebten sie einen guten Tropfen.« Meine Antwort darauf lautete stets, dass sie nicht wegen, sondern trotz des Alkohols ihre Klassiker der Weltliteratur geschrieben hatten, aber manche Klischees will man sich eben ungern zerstören lassen. Ich kann das verstehen. Ich war ja selbst mein eigenes Klischee.

Als ich sie neben mir im Bett liegen sah, sexy und zerzaust von den vergangenen Stunden, die wir miteinander verbracht hatten, kam mir ein Gedanke, der traurig und erleuchtend zugleich war. Viel mehr als ihre schöne Hülle nahm ich nicht wahr. Zugegeben, sie war extrem anziehend, aber mehr als ihre Jugendlichkeit und ihre Sexyness erkannte ich nicht. Da war nichts, was mich inspirierte. Ich schämte mich nicht dafür. Vielleicht hätte ich sollen, aber ich tat es nicht. Ich stellte mir nur eine Frage: Warum machst du das? Sie wird wieder gehen, und eine andere wird kommen, die ebenfalls wieder gehen wird. Wie lange willst du dieses Theater noch spielen?

Ich sah sie an. Sie war so schön, dass ich es kaum glauben konnte. Ich hatte ihr vor dem Schlafengehen offensichtlich mein Bob-Marley-T-Shirt aus dem Schrank geholt. Ihr stand es so viel besser als mir, was natürlich kein Wunder war. Sie schlief tief und fest.

Ich stand vorsichtig auf und achtete darauf, auf keine der drei knarzenden Holzdielen zu treten. Ich ließ die Schlafzimmertür hinter mir leise ins Schloss fallen, stieg über ihre bunt angemalten Doc Martens hinweg, die zusammen mit ihren Klamotten im Flur verteilt lagen, und ging in die Küche, um mir einen Espresso zu kochen. Da sich in dem Moment auch meine Kopfschmerzen wieder bemerkbar machten, presste ich die beiden letzten Zitronen aus, die ich vorrätig hatte, und trank den frischen Saft in einem Zug. Noch immer das beste natürliche Hausmittel, wenn man keine Kopfschmerztablette nehmen möchte. Es war erstaunlich, denn obwohl ich nicht lange geschlafen hatte, waren meine Gedanken ganz klar. Ich sah aus dem Fenster durch die großen Kastanienbäume hindurch in Richtung der alten Kirche. Allmählich wurde es hell.

Noch nie hatte mich jemand nachhaltig beeindruckt, weil er hübsch anzusehen war oder einen perfekten Körper hatte. All diese Mädchen bekamen wegen ihrer äußeren Schönheit meine Aufmerksamkeit, und ich fühlte mich für eine Weile auch sexuell von ihnen angezogen, aber das waren nie die Gründe, warum mir jemand wirklich im Gedächtnis geblieben ist. Mich hat immer die Güte oder die Großzügigkeit oder der Mut einer Person inspiriert, die Weisheit und Geduld oder ihre Verletzlichkeit. Ich kann mich jedenfalls nicht daran erinnern, jemals gedacht zu haben: »Sie hat mein Leben verändert, weil sie so ein schönes Gesicht, so lange Beine und so einen knackigen Hintern hatte.« Ist das nicht verrückt? Wir verbringen so viel Zeit damit, uns über Dinge Gedanken zu machen und Menschen nachzujagen, die uns in Wahrheit am wenigsten bedeuten. Mit »wir« meine ich in diesem Fall natürlich ausdrücklich mich.

Wenn du einen echten Partner willst, sagte ich mir, der mit dir Seite an Seite und in voller Pracht und Stärke durchs Leben geht, und nicht nur einen Fuckbuddy, dann achte nicht nur auf seinen Status und wie er neben dir auf Instagram, Partys oder in Bars aussieht. Achte auf Güte und Freundlichkeit, achte auf Respekt und wie dieser Mensch andere behandelt. Achte darauf, ob dieser Jemand neugierig aufs Leben ist, ob er bereit ist, einen Haufen Fehler zu begehen und diese am Ende des Tages auch egobefreit einzugestehen. Und dann sei all das erst einmal selbst, damit auch du gefunden und auserwählt werden kannst.

Ich nahm mein iPhone und scrollte durch die Fotos meiner Freunde. So viele Babys, so viele Kindergeburtstage, so viele erste Schritte, so viele stolze Eltern und glückliche Gesichter. Ich konnte in unseren Chats nie etwas Vergleichbares zurückschicken. Solche Fotos hatte ich nicht. Von mir gab es immer nur ein Herz-Emoji. Mehr war nicht drin. Ich musste an Kanye West und seinen Song »Welcome to Heartbreak« denken, den er zusammen mit Kid Cudi aufgenommen hat. Er beginnt mit diesen Worten:

»My friend showed me pictures of his kids
And all I could show him was pictures of my cribs
He said his daughter got a brand new report card
And all I got was a brand new sports car.«

Ich steckte mir die Kopfhörer in die Ohren und hörte das Lied wieder und wieder. Ich fühlte mich so verstanden, so ertappt, so voller Leere und gleichzeitig so voller Hoffnung. In der Mitte des Songs heißt es: »Ich bin mein ganzes Leben dem guten Leben hinterhergejagt. Doch jetzt, wo das Leben vorbei ist, schaue ich zurück (und frage mich): Wann bin ich falsch abgebogen?«

Mein Leben war noch nicht vorbei, noch lange nicht. Ich befand mich mit meinen einundvierzig Jahren mitten in der Halbzeit, im besten Alter, und jeder, der schon einmal ein Fußballspiel gesehen hat, weiß, dass die zweite Halbzeit fast immer die wichtigere ist. Da werden die wirklich großen Spiele entschieden, Champions geboren, Legenden erschaffen.

Ich drückte auf Pause, legte mein iPhone wieder zur Seite und war mir absolut sicher: Du wirst in deinem Leben einen Menschen treffen, der dich mehr lieben wird als irgendwer zuvor. Dieser Mensch wird dir mit jeder Faser seines Körpers vertrauen. Er wird dich mit seiner Seele und seinem ganzen Herzen lieben. Er wird sich derart für dich ins Zeug legen, dass du immer wieder glauben wirst, in einem Traum festzustecken. Eines Tages wirst du diesem Menschen gegenüberstehen und zum ersten Mal verstehen, warum es so viele Jahre gedauert hat. Der Tag wird kommen, an dem du sie siehst und plötzlich alles klar ist. Du wirst vor ihr stehen und kein Herzrasen bekommen, weil du keine Angst haben wirst, sie wieder verlieren zu können. Du wirst ganz ruhig sein und ihre Hand nehmen. Und sie wird sie dir geben, dir tief in die Augen blicken und dir den Weg zeigen.

»Du hast gerade echt gute Gedanken«, sprach die Stimme in meinem Kopf und hüpfte dabei wild umher. Oft geht sie mir mit ihren destruktiven Kommentaren, was ich alles nicht kann oder bin oder sein könnte, tierisch auf die Nerven, aber hin und wieder hat auch sie einen guten Tag und will mir tatsächlich helfen. »Gar nicht so übel für einen alten Sack wie dich.«

»Ich wünsche dir auch einen guten Morgen«, murmelte ich vor mich hin, noch immer in meine Gedanken versunken. »Wie kommt's, dass du mich schon so früh mit deiner Anwesenheit beglückst?«

»Ach, ich hatte einfach das Gefühl, dass du mich heute Morgen ganz besonders brauchst.«

»Wie kommst du darauf?«, wollte ich wissen.

»Du bist gerade dabei, aus deinem zehnjährigen Dauerschlaf aufzuwachen und eine neue Stufe der Erkenntnis zu erklimmen. Das wollte ich mir ansehen. Ich muss ja wissen, worüber wir reden werden, falls du es, was anzunehmen ist, doch vermasseln solltest.«

Ich runzelte die Stirn.

»Was denn vermasseln?«

»Na, die schönste Nebensache der Welt«, antwortete die Stimme, die sich königlich über mich amüsierte.

»Fußball?«

»Du Trottel! Ich rede von der Liebe und dem Grund, warum du schon seit einer halben Stunde hier in der Küche sitzt und über dein Leben nachdenkst.«

Ich stand auf, ohne darauf einzugehen, und bereitete mir einen zweiten Espresso zu. Mein Lieblingsduft von frisch gemahlenen Kaffeebohnen strömte mir in die Nase, und meine Blicke wanderten langsam an der Wand hinter der Arbeitsfläche entlang. Etliche Fotos und Postkarten hingen dort, Einladungen zu Events und Hochzeiten, dazu mehrere Sedcards von meiner Ex-Freundin, einem kroatischen Model, mit dem ich zweieinhalb Jahre zusammen war und das nach unserer Trennung direkt nach Los Angeles ging, um in der »City of Angels« für die Vogue und Harper's Bazaar zu arbeiten. Schon merkwürdig, dachte ich. Man verbringt so viel Zeit mit anderen Menschen, teilt seine Wohnung, sein Bett, seine Gedanken, sein halbes Leben mit ihnen, und dann sind sie plötzlich wieder weg, als wäre nichts von alledem jemals passiert.

Ich presste das gemahlene Kaffeepulver fest in den Siebträger der Espressomaschine und drehte mich zur Seite. Rechts neben der Kiste mit dem sizilianischen Olivenöl, das mir mein Vater von seinen italienischen Freunden mitgebracht hatte, standen zwei Goldene Schallplatten und einige meiner Spiegel-Bestseller-Auszeichnungen etwas lieblos hintereinander auf dem Küchenboden. Auf den schwarzen Rahmen hatte sich eine Schicht Staub angesammelt, und ich dachte nicht eine Sekunde darüber nach, sie wegzuwischen. Mir gefiel dieses Bild. Egal, wie viel Erfolg du auch hast, dein Leben wird immer wieder schmutzig werden, wenn du nicht konstant an dir arbeitest.

In dem Augenblick wurde mir klar, dass man ein Leben voller Widersprüche führen kann: Du kannst nach außen erfolgreich und selbstbewusst wirken und gleichzeitig traurig sein und dich verloren fühlen. Du kannst auf der Bühne stehen und tausende Menschen begeistern und gleichzeitig introvertiert und unsicher sein. Du kannst dich wie ein König fühlen, großartig und unzerstörbar, und gleichzeitig können dir Tränen der Verletzbarkeit die Wangen herunterlaufen. Du kannst gut aussehen und dich gleichzeitig hässlich fühlen. Du kannst alles haben und gleichzeitig nichts fühlen.

»Weißt du, warum du nichts fühlst?«, unterbrach mich die Stimme. »Weil es dir nichts bedeutet. Hast du deine Ex-Freundin geliebt?«

»Ja, ich mochte sie«, sagte ich.

»Das war nicht meine Frage. Hast du sie geliebt? Hast du sie vermisst, wenn sie in London oder Mailand gearbeitet hat? Gab es einen Zeitpunkt während eurer Beziehung, an dem du gespürt hast, dass sie die Frau deines Lebens sein könnte, mit der du Kinder haben und eine Familie gründen könntest? Oder wusstest du schon am ersten Tag, wenn du ganz ehrlich bist, dass der letzte Tag bereits geschrieben stand, auch wenn du noch nicht wusstest, wann genau er kommen würde?«

»Wieso fragst du mich, wenn du die Antworten schon kennst?«, sagte ich leise.

»Weißt du, mein Freund, manche Menschen haben Angst, vom Leben zu kosten, also verstecken sie sich hinter ihren Studien und dicken Büchern. Du nicht, du versteckst dich hinter diesen jungen Models, um dein Ego zu füttern, um bewundert zu werden und nicht erwachsen werden zu müssen. Ich verstehe das ja. Wirklich, ich verstehe dich zu 100 Prozent. Du lebst in deinem eigenen Hollywood-Film, hast aber vergessen, das Drehbuch nach den ersten Szenen weiterzuschreiben. Du bist wie Bill Murray in ›Täglich grüßt das Murmeltier‹. Du erlebst den gleichen Abend wieder und wieder, nur dass sich in deinem Film die Gesichter ändern und du von Tag zu Tag ein bisschen trauriger wirst. Aber es gibt Hoffnung. Sogar für dich.«

Ich nippte an meinem Espresso, schob die Tasse lustlos von links nach rechts und wusste nicht so recht, was ich darauf hätte antworten sollen. Also schwieg ich.

»Du hast den völlig falschen Ansatz«, fuhr die Stimme fort. »Und das seit Jahren! Ich war eigentlich guter Dinge, dass du irgendwann von selbst darauf kommst, aber offensichtlich lag ich falsch.«

»Dann erlöse mich von meinem Leid und hilf mir auf die Sprünge«, meinte ich.

»Es war William Shakespeare, der gesagt hat: ›Ich bin glücklich, weil ich nichts erwarte, denn Warten und Hoffen ist immer mit Schmerz verbunden.‹«

»Echt, das hat Shakespeare gesagt?«, fragte ich verwundert.

»Ist doch völlig egal. Es klingt gut, oder?«

»Hahaha, jeder Satz klingt gut, der mit ›Shakespeare hat gesagt‹ beginnt.«

»Also gut, dann pass jetzt auf: Shakespeare hat gesagt, dass jedes Problem, auf das wir treffen, einen Sinn und seine tiefere Bedeutung hat, auch wenn wir diese oft nicht sofort erkennen.

Im Leben werden wir immer Menschen begegnen, denen wir in Wahrheit egal sind, selbst wenn sie das Gegenteil behaupten. Deswegen meine Frage an dich: Wie wichtig ist sie dir?«

»Wen meinst du?«, fragte ich.

»Das Mädchen im Schlafzimmer.«

»Fuck, an die habe ich gar nicht mehr gedacht. Soll ich sie wecken?«

»Nein, Mann. Entspann dich. Lass sie ruhig schlafen. Wir sind noch nicht fertig. Also, zurück zu meiner Frage: Wie wichtig ist sie dir?«

»Hmm, nicht so wirklich wichtig, aber das klingt jetzt so, wie es gar nicht gemeint ist. Jede Sekunde war toll mit ihr, wie auf einem guten Drogentrip, aber das war's eben auch schon. Bin ich deswegen ein schlechter Mensch?«

»Hey, Bro, no Judgement von meiner Seite. Ich bin du, schon vergessen? Ich halte dir nur einen Spiegel vor. So langsam nähern wir uns aber dem Kernproblem. Ich weiß ja, dass du dir nichts sehnlicher als wahre Liebe wünschst, aber du lässt sie gar nicht erst aufkommen. Liebe ist etwas, was wir Schritt für Schritt selbst erschaffen, vor allem aber zulassen müssen. Liebe zu geben und zu empfangen ist eine aktive Entscheidung, an der man jeden Tag mit seinem Partner arbeiten muss. Du hingegen verwechselst Liebe mit sexueller Anziehung. Schon immer! Du fühlst dich von diesen superattraktiven Frauen angezogen, und dein Gehirn gaukelt dir maximal ein schwammiges Gefühl von Verliebtheit vor, aber in Wahrheit läuft in diesen Momenten nur ein biochemischer Prozess in deinem Körper ab. Du suchst nach Liebe, Halt und Sicherheit und bekommst lediglich schnelle Bestätigung in Form von Sex. Es wird Zeit, den Schalter umzulegen, mein Junge. Du hast es doch vorhin selbst gesagt: Eine echte Liebesbeziehung hast du nicht mit der Person, die perfekt neben dir aussieht, sondern von der du immer wieder lernen kannst und die dir auch dann die Magie des Lebens zeigt, wenn du selbst mal nicht dazu in der Lage bist.«

»Du meinst, so wie jetzt?«, fragte ich.

»Ganz genau. Sie würde dir dabei helfen, dich so zu sehen, wie sie dich sieht. In einer echten Liebesbeziehung wärst du jetzt nicht allein mit deinen Gedanken. Du würdest nicht mal hier sitzen und dich mit mir unterhalten.«

»Liebe auf den ersten Blick ist also nur eine Illusion?«

»Das würde ich nie behaupten. Natürlich gibt es Menschen, die sich irgendwo ganz zufällig begegnen – im Bus, im Café oder meinetwegen auch auf Tinder und sich auf der Stelle unsterblich ineinander verlieben. Jedenfalls glauben sie das in dem Moment. Sie flirten, lernen sich kennen, lachen und vögeln miteinander, stellen dann irgendwann fest, dass sie ähnliche Vorstellungen vom Leben haben … und mit der Zeit entsteht so dann tatsächlich eine echte Liebesbeziehung. Vielleicht würde dieses Pärchen das rückblickend wirklich als Liebe auf den ersten Blick bezeichnen. Ich würde hingegen sagen: Die beiden fanden sich heiß und sind miteinander in die Kiste gegangen. Am Anfang steht immer die sexuelle Anziehung. Was danach passiert, kommt buchstäblich darauf an, welche Entscheidungen diese beiden Menschen bewusst treffen. Ob sie sich aktiv für die Liebe entscheiden. Wenn Liebe daraus wird, haben sie es beide so gewollt. Du bist in den letzten Jahren nie über den ersten Schritt, die sexuelle Anziehung, hinweggekommen, deswegen kehrst du früher oder später auch immer wieder dahin zurück. Schon witzig.«

»Was ist daran witzig?«, wollte ich wissen.

»Du verhältst dich ein bisschen wie diese leicht vertrottelten Golden-Retriever-Welpen, die einfach nicht schlau genug sind, um aus ihren Erfahrungen zu lernen, weswegen sie immer wieder in die gleiche Falle tappen. Die Sache ist nur die: Hunde sind süß und wissen es nicht besser. Du hingegen …«

»Hahaha, der war gut«, lachte ich und freute mich darüber, dass meine Kopfschmerzen verschwunden waren. »Aber mal ernsthaft: Ich finde, dass ich mein Leben im Großen und Ganzen ziemlich gut hinbekomme. Ich liebe meinen Beruf, ich liebe meine Familie, ich liebe meine Freunde, ich liebe meine Träume und vor allem liebe ich mich. Das ist eine ganze Menge Liebe, findest du nicht?«

»Wenn du das sagst«, summte die Stimme unbeeindruckt.

»Außerdem verschenke ich permanent meine Liebe, ohne dafür eine Gegenleistung zu verlangen. Ich kümmere mich seit sieben Jahren um meinen herzkranken ›Bruder‹ Daniel. Ich höre allen Menschen zu, wenn sie zu mir kommen und Hilfe brauchen. Den meisten helfe ich sogar gratis. Ich verkrieche mich auch nicht, sondern gehe raus in die Welt und nutze all die Chancen, die das Leben für mich bereithält. Ich gehe immer wieder Risiken ein, ich liebe das Kribbeln, spreche die schönsten Frauen an und date, was das Zeug hält. Ich habe, wie du weißt, sogar einen Bestseller über die Kunst der Verführung geschrieben. Mehr Liebe kann man doch gar nicht geben! Was mache ich denn falsch, dass ich mich bei all der Fülle trotzdem einsam fühle? So habe ich mich doch früher nie gefühlt? Wo kommt das so plötzlich her?«

»Wie wäre es, wenn du zur Abwechslung mal eine richtige Frau daten würdest?«, sagte die Stimme.

»Du Schlaumeier! Das mache ich doch die ganze Zeit. Wirf mal einen Blick in mein Schlafzimmer! Wer liegt denn da, ein Alien?«

»Ich kann dir sagen, wer dort liegt: eine junge Frau, fast noch ein Mädchen, das gerade erst dabei ist, die Welt zu entdecken.

Drogen, Alkohol, Sex, Berlin, Partys. Du bist für sie ein Abenteuer – wild und aufregend, von dem sie später ihren Freundinnen erzählen wird. Vielleicht hat sie schon ein Selfie von sich in deinem Bett gemacht und es in ihrer Instagram-Story gepostet? Sieh mal nach! Ist aber auch völlig egal. Soll sie doch. Dort liegt ein junger Mensch, der unerfahren ist und der all die tollen Geschichten, die du so gut erzählen kannst, noch beeindruckend findet. Ja, dort liegt ein Mensch, dem du für eine Nacht deine Liebe geschenkt hast. Das ist auch in Ordnung, aber wie wäre es, wenn du endlich jemanden auf Augenhöhe kennenlernen würdest? Ich sage es gern noch einmal, weil du ja manchmal auf dem Schlauch stehst. Ich rede von einer Frau, die fest im Leben steht und nicht von dir gerettet werden muss. Eine Frau, die dich nicht braucht und sich nicht über dich definiert. Eine Frau, die ihr ganzes Glück mit dir teilen möchte, die aber ihr eigenes Glück nicht davon abhängig macht.«

»Eine Frau, die mich nicht braucht«, wiederholte ich.

»Ganz genau. Eine Frau, die dich nicht braucht. Darin liegt das Geheimnis. Do what you preach, Life Coach!«

Treffer versenkt.

»Aber wie?«, fragte ich sofort nach.

»Was würdest du dir selbst empfehlen, wenn du bei dir im Coaching wärst?«

Ich lächelte, denn natürlich kannte ich die Antwort, von der ich wusste, dass sie auch funktionieren würde. Wenn es um andere geht, bin ich der beste Ratgeber der Welt. Ich bin für so viele glückliche Beziehungen verantwortlich, dass wir mit ihnen ein ganzes Dorf füllen könnten. Aber wenn es um mich geht – La Grande Catastrophe.

»Ich würde zu mir sagen: Du musst deine antrainierte Gewohnheit überwinden, Frauen, die sich nicht in deinem kulturellen und künstlerischen Spektrum befinden, sofort langweilig und unsexy zu finden. Gib ihnen die Chance, dir mit ihrer Art zeigen zu dürfen, wie du deine innere Welt mit neuen Augen sehen kannst. Sag nicht sofort Nein, nur weil du es immer so gemacht hast. Sei völlig frei von Erwartungen, lass dich ohne Vorurteile auch auf ihre Welt ein, öffne dein Herz und sei gespannt, was du dort findest. Ich garantiere dir, dass du von dir selbst überrascht sein wirst. Vergiss nicht: Liebe ist eine aktive Entscheidung!«

Ich machte eine kurze Pause und fügte hinzu: »Und benutze mein Dating-Mantra.«

Das Dating-Mantra ist eine Selbstsuggestion, die ich meinen Klientinnen und Klienten in Form eines kleinen gefalteten Zettels mit auf ihre Reise gebe. Ihre Aufgabe besteht darin, sich die Worte morgens nach dem Aufstehen und abends vor dem Schlafengehen mehrfach laut vorzulesen, damit sie den Inhalt des Mantras wirklich verinnerlichen. Den Zettel sollen sie übrigens immer bei sich tragen, auch und vor allem dann, wenn sie echte Dates haben. Wann immer sie währenddessen das Gefühl von Langeweile und Aufgabe verspüren, sollen sie diesen Gedankengang augenblicklich durchbrechen, sich kurz entschuldigen und auf die Toilette gehen, durchatmen und sich das Mantra dreimal nacheinander leise vorlesen.

Ich ging in mein Arbeitszimmer, öffnete den Deckel einer meiner Mantra-Schachteln und setzte mich mit dem Dating-Mantra auf mein Sofa. Ich atmete tief und ruhig und las es mir ebenfalls dreimal nacheinander vor:

Das Dating-Mantra

Intelligente und warmherzige Menschen ziehen mich magisch
an. Ein schöner und durchtrainierter Körper erregt meine
Aufmerksamkeit, aber er wird auf Dauer nicht ausreichen, um
mein Herz mit Liebe zu füllen. So war das immer, deswegen gebe
ich neuen Menschen ab sofort die faire Chance, mir mehr als das
von sich zeigen zu dürfen. Ich gebe ihnen hiermit die Erlaubnis,
mich zu überlisten. Ich werde ihnen sagen: »Von dir zu lernen
und mit dir zusammen zu wachsen ist ein Gewinn in meinem
Leben.« Intelligente und warmherzige Menschen ziehen mich
magisch an.

Ich legte den Zettel zur Seite, schloss die Augen, ließ kurz meinen Kopf kreisen, um meine Nackenmuskulatur zu entspannen,
und ging direkt in meine Morgenroutine über: zwanzig Minuten
Transzendentale Meditation. Es dauerte nicht lange, und ich war
völlig in der Tiefe des Nichts verschwunden, in Harmonie mit
mir und dem Universum, an einem Ort des absoluten Friedens.

Mein Mentor Rudolf Schenker, der Gründer und Gitarrist
der legendären Rockband Scorpions, hatte mir damals vor über
zehn Jahren, als wir an unserem Buch *Rock Your Life* gearbeitet
haben, TM folgendermaßen beschrieben: »Während der Meditation wird das Bild eines Wasserglases benutzt, das bildlich
für dein Unterbewusstsein steht. Dort steigen nun langsam
viele kleine Bläschen auf, die symbolisch für Stress, negative
Gedanken und Probleme stehen, die dich belasten. Durch das
Untertauchen werden sie nun vom Boden des Wasserglases
gelockert und schließlich gänzlich aufgelöst, wenn sie die Was-
seroberfläche erreichen. Ein irres Gefühl von Leichtigkeit und

Freiheit entsteht. Die Meditation soll dir helfen, langsam und in kleinen Schritten eine Beziehung zu dir selbst aufzubauen. Und siehe da, nach einer Weile wird dieser Bezug so intensiv, dass du den Lärm um dich herum überhaupt nicht mehr wahrnimmst. Als hätte jemand den Ton ausgeschaltet. Nach der Meditation jedoch, wenn du mit frischem Geist wieder am Leben teilnimmst, deine mentalen Blockaden gelöst sind, hast du das Gefühl, stärker zu sein als jemals zuvor. Glaub mir, das ist kein mystischer Hokuspokus, auch wenn die Erzählungen von Menschen, die TM praktizieren, sich manchmal so anhören. Es gibt eben Dinge, die man mit seinem Verstand nicht erklären kann. Es gibt noch mehr als das, was uns in der Schule gelehrt wird. In einem fernöstlichen Spruch heißt es: Wissen sollte man durch Weisheit ersetzen, dadurch wird Sorge schwinden. Alles nur mit dem Verstand erfassen zu wollen, wird Weisheit vertreiben. Wenn wir unsere Ohren also nur ein bisschen spitzen und alles Fremdartige nicht sofort ablehnen würden, weil unser Verstand damit nicht klarkommt, wäre das schon ein großer Erfolg. Wir können die Welt nicht von heute auf morgen ändern, aber du kannst jetzt gleich beginnen, dein Bewusstsein zu schärfen, und dein Leben in eine neue Richtung lenken. Es ist ein Weg der kleinen Schritte. Aber es ist dein Weg.«[3]

Da ich mir vor der Meditation keinen Wecker gestellt hatte, kann ich nicht sagen, wie lange ich schon auf dem Sofa saß, als ich von sehr weit weg leise meinen Namen hörte, der immer näher kam und lauter wurde.

»Lars, hey, bist du da?«

Ich öffnete langsam meine Augen, und das Lächeln eines blonden Engels strahlte mich an. Sie saß im Schneidersitz di-

---

3   Rudolf Schenker / Lars Amend: Rock Your Life, mvg 2018, Seite 196f.

rekt vor mir auf dem Boden und zupfte an meiner Trainingshose.

»Hi«, sagte ich nur und sah gerade über sie hinweg. Ich atmete noch dreimal bewusst ein und aus. Dann war ich ganz da, hellwach, schaute nach unten, lächelte zurück und ließ mich nach hinten in die Sofakissen fallen.

»Ich war vorhin schon mal da, aber du hast nicht reagiert. Wollte dich nicht stören, bin dann kurz unter die Dusche gesprungen und hab deine Zahnbürste benutzt. Hoffe, das war okay für dich.«

Sie strahlte noch immer. Wunderschön. Ich sagte nichts und sah sie nur an.

»Was guckst du denn so?«, fragte sie.

Da ich irgendwas sagen musste, sagte ich: »Wir waren uns gestern Nacht so nah, wie es näher nicht geht, und du fragst mich, ob du meine Zahnbürste in den Mund nehmen darfst?«

Sie grinste und sprang zu mir hoch auf die Couch.

»Was für eine geile Nacht«, sagte sie und küsste mich auf den Mund. »Das müssen wir auf jeden Fall wiederholen, wenn ich mal wieder in Berlin bin.«

»Auf jeden Fall hast du dich letzte Nacht unsterblich gemacht«, sagte ich und wich ihrer Aussage damit ganz bewusst ein bisschen aus.

»Häh, wie meinst du das?«, fragte sie zurück.

»Kennst du nicht das große Gesetz des Universums?«, fragte ich und tat dabei superseriös. Ich musste mich enorm konzentrieren, um nicht zu lachen.

»Nee, noch nie gehört«, sagte sie.

»Also, das große Gesetz des Universums besagt, dass sich jede Frau, die mit einem Autor schläft, mit diesem Akt der Energieübertragung automatisch unsterblich macht.«

»Das ist ja cool«, lächelte sie. »Wir sind also jetzt für immer verbunden.«

»Ja, so ungefähr.«

»Auch wenn ich dir dein Herz breche?«, sagte sie mit süß-traurigem Hundeblick und klopfte mir dabei ein paarmal sanft gegen die Brust.

»Vor allem dann«, sagte ich und tippte gegen ihre Nase. »Das musst du sogar, denn genau das ist deine Aufgabe als heilige Muse. Laut Oscar Wilde wurden Herzen nur deswegen erfunden, um gebrochen zu werden. Nur so kann die Inspiration eindringen, die über die Finger des Schriftstellers und seine Feder in ein gutes Buch mündet. Auch wenn du vorhast, mein Herz zu brechen, holde Cinderella, so werde ich dich dennoch niemals vergessen und dich mit der nächsten Geschichte, die ich schon bald beginnen werde, bis in alle Zeiten verewigen.«

»Awww, das ist aber kitschig«, sagte sie und ließ sich wieder auf mich fallen. »Schön kitschig. Du musst mich aber richtig übertrieben sexy darstellen und classy natürlich auch.«

»Alles, was du willst, Miss Holly Golightly.«

»Holly, wer?«, fragte sie.

»Echt, du kennst Holly Golightly nicht? Wie alt bist du denn?«

Ich zuckte kurz zurück, denn in dem Augenblick, als ich mich selbst die letzte Frage stellen hörte, bereute ich sie schon wieder.

»Ich bin zwanzig«, sagte sie selbstbewusst. »Das warst du auch mal.«

»Ja, ich kann mich vage daran erinnern.«

Jetzt lachten wir beide.

»Also sag: Wer ist diese Holly?«

»Holly Golightly ist vielleicht die berühmteste weibliche Filmrolle aller Zeiten«, fing ich an zu erzählen. »Hast du schon mal was von ›Frühstück bei Tiffany‹ gehört?«

»Hmm, gehört schon, aber nur vom Namen her. Das ist ein alter Film, oder? So von ganz, ganz früher?«

»Stimmt, aber zuerst einmal ist es ein Roman von Truman Capote, einem der legendärsten Schriftsteller überhaupt aus dem New York der Sechzigerjahre. Jetzt pass auf, das ist so krass: Capote wollte für die Rolle seiner Holly Golightly am liebsten Marilyn Monroe engagieren, aber da Holly im Originalbuch eine Prostituierte ist, lehnte Marilyn Monroe ab, weil sie Angst um ihr Image hatte. Nur deswegen bekam Audrey Hepburn die Rolle ihres Lebens und wurde zur größten Stilikone der Welt. Du kennst garantiert ihren legendären Look: schwarzes Givenchy-Abendkleid, hochgesteckte Haare und die große schwarze Sonnenbrille. Ist das nicht der Wahnsinn?«

»Was meinst du?«, fragte sie.

»Na, dass in jedem Augenblick etwas passieren kann, was dein Leben in eine völlig neue Richtung katapultiert – und zwar mit Lichtgeschwindigkeit. Hätte Marilyn Monroe nicht abgelehnt, wäre Audrey Hepburn vielleicht niemals diese zeitlose Legende geworden. Und wer weiß, vielleicht hätte sich Marilyn Monroe auch nicht kurz darauf umgebracht, wenn sie zu dem Film Ja gesagt hätte. Mit jeder Entscheidung, die man trifft, stellt man die Weichen seiner Zukunft, ob es nach links oder rechts weitergeht. Ich könnte stundenlang über sowas nachdenken.«

»Hmm, dann mach das mal«, sagte sie recht desinteressiert, hüpfte von mir runter und sammelte ihre Sachen vom Boden auf. »Ich muss jetzt eh los. Mein Freund kommt heute Nachmittag aus Schweden zurück.«

»Siehst du, schon ist mein Herz gebrochen«, lachte ich, stieß mir einen unsichtbaren Dolch ins Herz und ließ mich demonstrativ vom Sofa fallen.

»So, ich glaube, ich hab alles«, sagte sie und kam ins Zimmer zurück. Sie hatte schon ihren Mantel an und trug eine Fellmütze mit riesigem Bommel. Sie sah in dem Outfit unglaublich süß aus.

»Ach, komm schon hoch«, sagte sie und zog an meinen Armen. »So schlimm ist das nicht. Außerdem wusstest du doch, dass ich einen Freund habe.«

Dann standen wir vor meinem Buchregal, ich schob meine Arme unter ihren Pullover und drückte sie an mich.

»Ach, echt? Woher denn?«, fragte ich und küsste sie.

»Ich habe es dir gestern gesagt. In der Bar. Ich habe zu dir wortwörtlich gesagt: ›Ich habe einen Freund!‹«

Ich gab ihr einen nächsten langen Kuss, und sie erwiderte ihn.

»Und was habe ich geantwortet?«, fragte ich nach einer Weile.

»Es war dir völlig egal. Du standest da an der Bar, hast mich weiter angeguckt und einfach nur gesagt: ›Natürlich hast du das.‹ Und dann hast du mich geküsst. Das war so heiß.«

Sie drehte sich um und fuhr mit einem Finger über meine Bücher. »Welches Buch von dir soll ich lesen?«

»Gar keins«, sagte ich und schob sie küssend Richtung Ausgang. »Du wolltest doch gehen. Los, verschwinde endlich. Ist ja nicht auszuhalten mit dir.«

Im Rückwärtsgang schaffte sie es, ein Exemplar vom *Verführungscode* aus dem Regal zu ziehen, und hielt es triumphierend in die Luft.

»Ha, hab doch eins erwischt.«

»Und genau das richtige, wie mir scheint«, grinste ich.

An der Tür küssten wir uns ein letztes Mal. Dann hüpfte sie die Treppenstufen hinunter. Als sie schon fast um die Ecke und eine halbe Etage tiefer war, rief ich ihr noch schnell hinterher: »Hey, Miss Holly!«

»Ja?«, sagte sie und hielt sich beim Hochschauen am Geländer fest.

»Ich danke dir.«

»Wofür denn?«, fragte sie.

»Für alles, was jetzt noch kommt.«

Sie nickte nur und warf mir einen Kussmund zu. Wir wussten beide, dass wir uns nicht wiedersehen würden. Kurz kam ein schlechtes Gewissen auf. Wo war meine Solidarität mit den Männern dieser Erde? Gleich darauf dachte ich: »Sie war schlimmer als ich. I don't owe him.« So einfach war das. Wie schwach.

»Möglicherweise bin ich noch nicht der Mensch,
der ich gern sein möchte.
Aber dieser Mensch werde ich nie sein,
wenn ich jetzt aufgebe.«
John Strelecky[4]

Zurück in der Wohnung ging ich sofort an mein Bücherregal und blieb vor der leeren Stelle stehen. Ich pustete den Staub weg, der sich hinter der ersten Buchreihe gebildet hatte, nahm von hinten ein neues Exemplar vom *Verführungscode* und schloss damit die leere Stelle. Mein ganzes Leben war hier aufgereiht – Bücher, CDs, DVDs. Alles, was ich in den vergangenen elf Jahren gemacht hatte. Das Zeugnis meiner Arbeit. Und doch stand ich hier allein.

»Ich bin stolz auf dich«, sagte die Stimme.

---

4   John Strelecky: Was nützt der schönste Ausblick, wenn du nicht aus dem Fenster schaust, dtv 2017

»Ach ja?«

»Früher hättest du dir noch ihre Nummer geben lassen.«

Ich nickte zustimmend und sagte: »Früher hätte mir dieses Sexabenteuer aber auch gereicht. Heute denke ich: Dieser arme, nichts ahnende Freund aus Schweden, der wahrscheinlich schon die ganze Zeit von seiner Freundin angelogen wurde und später mit Blumen und Pizza vor ihrer Tür stehen wird …«

»… und von ihr hören wird, wie sehr sie ihn vermisst hat.«

»Schon verrückt, hmm?«

»Wofür genau hast du dich eigentlich bei ihr bedankt?«, fragte die Stimme.

»Für die Erkenntnis, dass ich genau diese negative Energie, so süß sie auch schmeckt, nicht mehr in meinem Leben haben möchte. Ich will nicht mehr Teil eines Lügengebildes sein, in dem Menschen verletzt werden. Keine Geheimnisse mehr, keine Spielchen, keine Ego-Fickerei. Ich möchte Klarheit, verstehst du?«

»Hey, ich verstehe das schon lange«, sagte die Stimme. »Es fühlt sich gut an, dass du diese Klarheit langsam auch tatsächlich sehen und aktiv in dein Leben ziehen willst.«

»Ich möchte ab sofort nur noch das volle Programm. Sie soll jetzt nicht gehen müssen, weil irgendwo ein anderer schon auf sie wartet. Ich wünsche mir nach so einer wilden Nacht voller Sex und Leidenschaft, in der sie mir alles von sich geschenkt hat, dass sie am Morgen danach in Ruhe ausschläft. Ich will für sie ein frisches Omelett zubereiten, Orangensaft auspressen und Tee kochen. Ich möchte mit ihr an kalten Nachmittagen auf dem Sofa einschlafen, unter der Decke, Arm in Arm. Ich möchte nicht mehr, dass jemand am Morgen danach gehen muss, weil es nicht sein Zuhause ist. Das ist keine Liebe, auch wenn es sich vielleicht kurzfristig so anfühlt. Wenn ich darüber nachdenke, ist es sogar exakt das Gegenteil davon: Gleichgültigkeit.«

Die Stimme freute sich, rieb sich die Hände und sagte: »Bravissimo, du hast es verstanden. Also schön, das macht dann 650 Euro bitte.«

»Wie bitte?«, lachte ich.

»Die Coaching-Session mit mir ist für heute beendet. Ich berechne dir deinen vollen Satz. Okay, ich habe wegen deiner anfänglichen Schusseligkeit leicht aufgerundet. Betrachte es als Schmerzensgeld für mich. Aber du hast noch mal die Kurve bekommen – heute! Ich bin wirklich gespannt, was du jetzt mit dieser neuen Erkenntnis machst.«

>»Energie kann nicht verloren gehen. Somit kann auch die Liebe,
die du ins Universum aussendest, nicht verschwinden.
Sie wird eines Tages den Weg zu dir zurückfinden.«
Rudolf Schenker

Ich zog *Rock Your Life* aus dem Regal und legte mich mit dem Buch auf mein Sofa. Ich schloss die Augen und träumte mich ins Jahr 2009 zurück, als Rudolf und ich monatelang über all die wichtigen Dinge des Lebens sprachen – über Gesundheit, Freundschaft, Meditation, Schule, Kindererziehung, Geld, über die Kunst, seinem Leben einen übergeordneten Sinn zu geben, und natürlich auch über die Liebe. Es wurde das längste, persönlichste und mit Abstand ausführlichste Kapitel unseres Buches, das mittlerweile eine echte Rarität geworden ist. Im normalen Handel ist es nicht mehr erhältlich, und unter Sammlern wird es zu absurd hohen Preisen gehandelt. Für mich war es schon immer das wichtigste Buch meiner Karriere, vielleicht sogar mein bestes. Ich hatte damals eine Million Fragen im Kopf, aber dann entschied ich mich dazu, still zu sein und einfach nur meinem Mentor zuzuhören. In einem alten Sprichwort aus dem Zen-Buddhismus heißt es: »Ist der Schüler bereit, so erscheint sein Lehrer.« In meinem Fall traf das nicht ganz zu. Mein Mentor erschien zwar in Form eines der erfolgreichsten Rockstars der Welt, er saß direkt vor mir, aber bereit war ich noch lange nicht. Jedenfalls nicht, als wir über die Macht der Liebe sprachen.

Ich lächelte innerlich, als ich mit geschlossenen Augen auf dem Sofa lag, mit dem Buch auf meiner Brust, denn ich konnte mich noch an jedes Detail unseres Gesprächs erinnern. Es begann mit der Frage: Was ist eigentlich Liebe?

Auf Forschungsreise in Sachen Liebe

»Ach, die Liebe ist doch gar nicht zu beschreiben«, setzte Rudolf zu einer Antwort an, die in unser gemeinsames Buch floss. »Auf der einen Seite scheint sie das größte Glück auf Erden zu sein, auf der anderen Seite kommen wir einfach nicht hinter ihr Geheimnis … Die Liebe ist eine unerlässliche Grundvoraussetzung für unser persönliches Glück.

Begeben wir uns also auf die große Forschungsreise nach der Liebe! Lass mich ein wenig weiter ausholen. Die meisten Menschen machen den Fehler, ihr persönliches Glück außerhalb von sich selbst zu suchen. Sie glauben, durch irgendeine Handlung eine Kettenreaktion auszulösen. Nach dem Motto: Wenn ich erst einmal mit meiner Ausbildung fertig und in eine neue Stadt gezogen bin, wenn ich endlich meine unglückliche Beziehung verlassen habe und in einem neuen Job tätig bin, wenn ich nach einer Diät wieder in den Spiegel gucken kann oder mein Bankkonto wieder im Plus ist – ja, dann wird alles besser sein. Dann werde ich direkt ins Glück katapultiert.

So funktioniert dieses Spiel aber nicht. Alles, was du jetzt scheiße findest, wird auch in der Zukunft nach Mist stinken. Alles, was jetzt in deinem Leben nicht gut für dich ist, wird auch in der Zukunft schlecht für dich sein. Glaubst du ernsthaft, ein Umzug, ein Schulabschluss, ein neues Outfit oder gar eine neue Beziehung werden daran etwas ändern? Never ever! Die Zukunft ist nichts als eine Illusion unseres Verstandes. Du musst jetzt, in der Gegenwart, in diesem Augenblick erkennen, dass in dir die Lösung aller Probleme liegt.

Willst du etwas an deiner Situation ändern, dann gehe an den Ort zurück, an dem alles beginnt – zu dir. Liebe dich selbst! Das hört sich auf den ersten Blick ganz schön eigenartig an, ich weiß, aber es geht nur auf diesem Weg. Frag dich einfach selbst und sei ganz ehrlich: Wie soll sich ein anderer Mensch in dich verlieben, wenn du dich selbst nicht liebst? Das bedeutet nicht, dass du stundenlang selbstverliebt und eingebildet vor dem Spiegel stehen sollst. Ich meine damit, dass du versuchen solltest, mit deinem Körper, deinem Geist und deiner Seele in Einklang zu kommen. Mit der Liebe, dem Leben, also auch mit dir, verhält es sich wie mit einem Musikinstrument. Sind die Saiten der Gitarre nicht perfekt gestimmt, ertönt aus ihr auch keine schöne Musik. Alle Kraft kommt von innen. Das, was du fühlst, und alles, was du bist, strahlst du auch aus. Glaubst du ehrlich, dass sich der coole Typ zu dir an die Bar setzt und ein Gespräch beginnt, wenn du Signale des Unglücks, der Lustlosigkeit und des Mitleids aussendest? Frag dich erneut: Würdest du dich neben so eine Person setzen wollen? Wie viel Spaß würde diese Unterhaltung wohl machen?

Selbst der größte Schmerz ist es nicht wert, dass du im Hier und Jetzt nicht glücklich sein sollst. Du bist traurig, weil etwas Schlimmes passiert ist? Dann sei so traurig, wie du nur traurig sein kannst. Lass alles raus! Werde auf der anderen Seite aber auch wieder genauso glücklich. Entwickle ein Bewusstsein für deine Gefühle. Ein erster Schritt ist der, einfach so zu tun, als ob du glücklich seist. Betrachte dein Leben als Spiel mit dem Ziel: glücklich sein! Du wirst sehen, es funktioniert. Wenn du dich nach Liebe, Zuneigung und Geborgenheit sehnst, dann musst du genau das ausstrahlen. Wie heißt es so schön: ›Du musst Liebe geben, um Liebe zu bekommen!‹ Es stimmt! Je mehr Liebe, in welcher Form auch immer, du gibst, desto intensiver wird das Gefühl der Liebe sein, das du erfahren wirst. Du gerätst in einen enorm starken Kreislauf, der dich immer höher steigen lässt. Du wirst zu einem echten Liebesmagneten! Von überall her wird die Liebe auf dich zukommen. Alles, was du tun musst, ist, deine Arme auszustrecken und zuzugreifen. Probier's aus!

Wahre Liebe ist der Urzustand aller Geschöpfe und die stärkste Energie im Universum. Ein Zustand der Schwerelosigkeit und der grenzenlosen Freiheit. Wenn du wahrhaftig liebst, fühlst du dich losgelöst von jeglicher Angst, von deinem krankhaften Verstand, der von dir immer wieder einfordert und für den nichts gut genug zu sein scheint. Wenn du aus tiefstem Herzen liebst, befindest du dich in einem Stadium der absoluten Glückseligkeit, in dem du nichts Äußerliches brauchst – kein Geld, kein Fernsehen, rein gar nichts.

Eine schöne Vorstellung, oder? Warum befinden sich aber nur die wenigsten aller Menschen in einem Zustand der dauerhaft wahren Liebe? Wenn wir alle wissen, dass es kein schöneres Gefühl auf der Welt gibt, als zu lieben und geliebt zu werden, warum setzen wir dann nicht alle Hebel in Bewegung und versuchen, diesen Zustand so oft wie möglich zu erreichen? Die Antwort ist ernüchternd: Weil das System, in dem wir leben, auf wahre Liebe nicht eingestellt ist. Was passiert denn, wenn wir uns frisch verlieben? Unser Herz trifft lauter unvernünftige Entscheidungen. Uns geht es zuerst trotzdem gut damit, wir sind überglücklich und könnten die ganze Welt umarmen. Wir fühlen uns berauscht, weil wir für einen kurzen Moment keinen Raum für negative Energie zulassen. Bis unser mit Datenmüll verseuchter Verstand wieder die Kontrolle übernimmt und diesen wunderschönen Glückszustand verdrängt. Sofort fallen wir wieder in unser gewohntes Raster zurück und töten die Liebe ab, indem wir versuchen, logisch an die Sache heranzugehen, Vergleiche zu ziehen und abzuwägen.

Lass es uns einfach mal durchspielen. Du hast also jemanden gefunden, in den du dich verliebt hast, und dieses Gefühl hält sogar eine Weile an. Glückwunsch! Deine Seele bekommt Luft zum Atmen, du bist gut drauf, alles macht dir Spaß, du strahlst Lebensfreude aus, bist aktiv und denkst: ›So könnte es ewig weitergehen!‹ Es geht auch eine Zeit lang gut, aber irgendwann gelangst du an einen Punkt, an dem dein Ego glaubt, dass dein Freund oder deine Freundin deine tiefsten Sehnsüchte nicht mehr stillen kann. Plötzlich beginnst du, dich mit Oberflächlichkeiten zu beschäftigen. Du weißt schon, die offene Zahnpastatube, das dreckige Geschirr, der offene Klodeckel – all diese Banalitäten finden plötzlich wieder Beachtung. Du kommst ins Grübeln, und die alten Gefühle, die während der ›Verliebtseins-Phase‹ auf dem Meeresgrund deines Bewusstseins versenkt waren, kommen wie kleine Blubberbläschen wieder an die Oberfläche. Besitzanspruch, Schuldzuweisungen, Kummer, emotionale Forderungen, Kontrolle, Anklage, Wut, Schmerz, Eifersucht, Angst: All das nimmt wieder Raum ein in deiner Beziehung. Und dann? Natürlich machst du sofort deinen Partner dafür verantwortlich, weil du glaubst, dass er der Auslöser für diese neue Situation sei. Du suchst die Schuld außerhalb von dir selbst! Wirklich ändern willst du dich aber auch nicht, weil das ja erneut dein ganzes Leben durcheinanderbringen würde, das sich gerade erst so schön eingependelt hat. Also denkst du dir: Mein Partner soll sich gefälligst ändern, dann wird das schon wieder. Doch ich sage dir ganz deutlich: Nein, wird es nicht!

Erst wenn du erkennst, dass alles, was in deiner Umgebung passiert, so geschieht, weil du es zulässt, kannst du daran etwas ändern. Du willst Liebe? Dann gib Liebe. So lautet das Gesetz der Anziehung. Akzeptiere deine Welt, so wie sie ist. Schimpf nicht auf sie, sondern mach sie dank deines Zutuns ein Stückchen besser. Mutter Teresa hat einmal den wunderbaren Satz gesagt: ›Lass nie zu, dass du jemandem begegnest, der nicht nach der Begegnung mit dir glücklicher ist.‹ Ist das nicht ein fantastisches Lebensmotto? Du willst glücklich sein? Dann mach andere glücklich! Es funktioniert immer und überall.

Hör auf, über dich und andere Menschen Urteile zu fällen oder sie gar ändern zu wollen. Es ist ganz einfach: Nimm dich zu 100 Prozent so an, wie du bist, und akzeptiere deinen Partner, ob es ihn jetzt schon in deinem Leben gibt oder du ihn erst noch kennenlernen wirst, zu 100 Prozent so, wie er ist. Wenn du dich nämlich zum Positiven veränderst, wird es dir deine Umwelt gleichtun. Gleiches zieht Gleiches an! Es ist immer wieder das alte Spiel. Wie gesagt, wenn du das schaffst, wirst du sehen, wie sich eine völlig neue Lebensqualität um dich herum ausbreitet. Du hast wieder Platz geschaffen für Liebe, Glück und Freude, der vorher von deinem Verstand blockiert wurde.

Ein altes abendländisches Sprichwort besagt: ›Es gibt drei Wahrheiten: meine Wahrheit, deine Wahrheit und die Wahrheit.‹ Konzentrier dich auf die Liebe in dir, denn das wird immer die Wahrheit sein. Auf einmal finden zwischen dir und deinem Partner auch keine Psychospielchen mehr statt. Ihr hört auf, euch gegenseitig zu bekämpfen, und spielt wieder im gleichen Team, sitzt im gleichen Boot und fahrt in die gleiche Richtung – GEMEINSAM! Ich sage dir, eine unfassbar schöne Erfahrung.«[5]

> »Lebe jeden Tag im Jetzt, aber mit dem Bewusstsein
> eines ganzen Lebens.«
> *Rudolf Schenker*

Liebe = Freundschaft, Akzeptanz und Vertrauen

Ich blieb noch eine Weile still auf dem Sofa liegen und dachte über die Worte meines Mentors nach: »Gleiches zieht Gleiches an.« Lag darin der Schlüssel begraben, um mein Problem mit der Liebe zu lösen? Wenn ich über meine Beziehungen, Affären und One-Night-Stands der letzten Jahre nachdachte, hatte ich nie Gleiches angezogen. Es herrschte immer eine latente Unausgewogenheit, eine Disharmonie der Ziele und Erwartungen. Was fehlte, war dieses unendlich schöne Gefühl von Verbundenheit und die Idee, zu zweit etwas von Bedeutung zu erschaffen, an dessen Weg man sich gern zurückerinnern würde. Es fehlte Freundschaft. Diese Basis, auf der man gemeinsam ein Königreich aufbaut, gab es nie. Ich war stets der etwas zu sture Einzelkämpfer, im Privaten wie im Beruflichen – Me

---

5   Rudolf Schenker / Lars Amend: Rock Your Life, mvg 2018, Seite 259ff.

against the world! Am Ende, das erkannte ich in dieser Klarheit vielleicht zum ersten Mal, ging es mir in meinen Beziehungen doch nur um mich. Es war eine ichbezogene One-Man-Show mit wechselnden Nebendarstellerinnen, die lediglich dazu diente, meinem Ego zu gefallen, aber nicht meinem Herzen. Was für eine Verschwendung von Lebenszeit. Wie gern würde ich in die Vergangenheit reisen und versuchen, all diesen Menschen noch einmal mit neuen Augen zu begegnen, um die wahre Schönheit unter ihren hübschen Hüllen zu erkennen. Ich war blind und einfach noch nicht bereit dafür. Wieder hörte ich die Stimme meines Mentors:

»Ist die Beziehung zweier Menschen ehrlich gemeint und so strukturiert, dass die Liebe im Mittelpunkt steht und jegliches Verhalten darauf basiert, dem anderen nicht zu schaden, wird man unheimlich schnell zu einem geistigen Wachstum kommen, das auf eine andere Weise kaum zu erreichen ist. Und es hört niemals auf. Es ist ein gemeinsamer, nie enden wollender Abenteuerurlaub ins Glück.«[6]

Worte, die in meinen Ohren wie Poesie klangen. Aber wie hatte er es gemacht? Wie hatte er sich seinen großen Traum, Musiker zu werden, erfüllen können, ohne gleichzeitig die anderen Bereiche seines Lebens zu vernachlässigen? Rudolf Schenker war einundzwanzig Jahre alt und gerade Vater geworden, als er eine Entscheidung traf, die sein nachfolgendes Leben maßgeblich beeinflusst hat. Er baute auf die Kraft der Freundschaft. Er wusste, dass er dem Ruf seines Herzens folgen musste, wenn er ein glückliches Leben führen wollte. Er wusste, dass es schwierig werden würde, aber er wusste eben auch, dass ihm keine andere Wahl blieb. Wie hätte er für seine frisch gegründete Familie

6   Rudolf Schenker / Lars Amend: Rock Your Life, mvg 2018, Seite 319

ein Vorbild sein können, wenn er jeden Abend tief unglücklich nach Hause gekommen wäre, weil er einen Job gemacht hätte, bei dem er zwar mehr Zeit für seine Frau und seinen Sohn gehabt hätte, aber nicht seiner Bestimmung gefolgt war? Sein Traum bestand darin, mit einer Gruppe von Freunden Musik zu machen und gemeinsam durch die Welt zu ziehen, Liebe zu geben und gute Energie zu verbreiten. Als er damals, in den 1960er-Jahren, seinen Plan mit seinem Umfeld teilte, wurde er gefragt, was er denn machen wolle, wenn er dreißig oder vierzig Jahre alt sei, und Rudolf antwortete: »Wenn ich dann immer noch auf meiner Gitarre spiele und davon meine Familie ernähren kann, bin ich der glücklichste Mensch der Welt.«

Am Anfang seiner Karriere war er mit seiner Band in Deutschland jedoch am falschen Ort, also mussten sie sich in Bewegung setzen und ihre Heimat verlassen. In einem alten VW-Bus tourten sie jahrelang quer durch Europa und spielten überall, wo auf sie ein warmes Abendessen wartete. Obwohl Rudolf damit nie viel Geld verdiente, war er in absoluter Harmonie mit sich, seinen persönlichen Werten, seinem Leben. Er folgte seiner Bestimmung und hätte zufriedener nicht sein können. Seine Band gibt es nun seit über fünfzig Jahren, und mit über einhundert Millionen verkauften Tonträgern gehören die Scorpions zu den erfolgreichsten und langlebigsten Rockbands der Musikgeschichte.

»Ich kann mich noch gut daran erinnern, wie ich in den 1970er-Jahren mit unserem Bassisten im Auto saß«, erzählte Rudolf, als wir uns bei mir in Berlin auf einen Espresso trafen und ich seinen Weisheiten lauschen durfte. »Wir waren auf dem Weg zu einem Konzert. Francis machte sich immer schon über meine Meditations- und Yogaübungen lustig, von wegen, das sei kein Rock'n'Roll und eigentlich nur was für kleine Mädchen.

Als wir an einer Ampel anhielten, beobachteten wir eine alte Frau, wie sie im Schneckentempo die Straße überquerte. Sie musste sich an einem Stock abstützen, ihr Rücken war krumm, sie hatte sichtlich Schmerzen und kam kaum voran. Ich drehte mich zu Francis um. ›Soll ich dir sagen, warum ich Yoga mache? Damit ich in vierzig Jahren nicht so ein Leben führen muss wie diese arme Frau!‹ Darauf konnte er nichts mehr erwidern, denn er wusste natürlich, dass ich recht hatte. Ich lebe jeden Tag in der Gegenwart, aber mit dem Bewusstsein eines ganzen Lebens. Viele Menschen verausgaben sich in dem Augenblick und haben dann keine Kraft mehr, ihr Leben zu genießen.«

Rudolf Schenker ist mittlerweile zweiundsiebzig und reist mit seiner Band immer noch um die Welt, spielt immer noch in ausverkauften Stadien, folgt immer noch seiner Bestimmung und lebt immer noch seinen Traum.

»Wie oft wurde ich schon gefragt, wie ich mir den außergewöhnlichen und vor allem weltweiten Erfolg der Scorpions über die letzten vier Jahrzehnte erkläre«, erzählte er weiter. »Der ausschlaggebende Punkt war immer unsere Freundschaft und das Vertrauen untereinander. Natürlich musste jeder sein Instrument beherrschen, aber das Gefühl der Verbundenheit stand immer an oberster Stelle, nach dem Motto: Wir sind eine Einheit, eine Gang, die die Welt erobern kann. Vertrauen zu haben, in sich selbst und in das, was man tut, ist der Schlüssel für ein glückliches Leben. In unserem Fall kann man Vertrauen auch mit Geduld gleichsetzen. Vertrauen hast du nämlich nur so lange, wie du auch geduldig bleibst. Wie viele hochtalentierte Musiker habe ich kommen und gehen sehen, die viel besser waren als ich, die aber einfach keine Geduld und somit auch kein Vertrauen in ihre Fähigkeiten hatten. Sie spielten heute hier und morgen da, aber liefen eigentlich ständig vor sich selbst davon –

wie in einer Tragödie! Sie haben immer wieder ein Samenkorn gepflanzt, es gegossen und beobachtet, doch als es nach kurzer Zeit noch nicht aufging, wurden sie ungeduldig und zogen weiter. Dann haben sie woanders erneut ihr Samenkorn gepflanzt, und das Spiel ging von vorne los. Auf diese Weise haben sie ihr ganzes Leben verschwendet und merkten gar nicht, dass hinter ihnen aus all ihren Samenkörnern die schönsten Landschaften heranwuchsen. Irgendwann drehten sie sich um, sahen die blühenden Wiesen und wunderten sich, wo die so plötzlich herkamen. So ist das Leben, mein Junge, wenn man nicht an sich glaubt und keine Geduld hat. Das ist ganz wichtig: Die schönsten Blumenwiesen sind schon längst da. Du musst sie nur sehen wollen und darfst nicht in Hektik verfallen.«

Ich fühlte mich so sehr ertappt, dass mir fast schwindelig wurde. Mal wieder. Ich konnte seine Worte eins zu eins auf mich und mein Liebesleben übertragen.

»Mein Tipp«, erzählte Rudolf weiter. »Such dir Freunde, mit denen du gemeinsam Erfolg hast und diese Erlebnisse teilen kannst. Jesus hat sein Brot mit seinen Jüngern geteilt und war glücklich dabei. Es stimmt tatsächlich: Teilen hat etwas Magisches. Es gibt so viele Beispiele von Einzelkämpfern, von Elvis Presley bis Michael Jackson zu Amy Winehouse und Whitney Houston, die sich derart ins Abseits gelebt haben, dass sie mit der Gesellschaft nicht mehr klarkamen und auch ihren Erfolg nicht mehr bewusst wahrnehmen und genießen konnten. Meine Geschichte mit den Scorpions zeigt einen anderen Weg auf. Halte Ausschau nach Menschen, die auf deiner Wellenlänge liegen, mit denen du das Gefühl hast, dass hier eine besondere Freundschaft entstehen könnte. Auch wenn das am Anfang viel Zeit kostet, auf langer Strecke wird sich deine Geduld auszahlen. Was immer du tust, der schnelle Vorteil wird dir langfristig immer Probleme ins Haus bringen. Und je länger du diese Inkonsequenz einhältst, desto schwieriger ist es, sich daraus wieder zu befreien. Dein Leben wird zu einem riesigen Wirrwarr, und du weißt am Ende gar nicht mehr, warum du eigentlich so unglücklich bist. Entscheidend ist, dass du die Verantwortung für dein Leben übernimmst und die Schuld niemals bei anderen suchst! Sei dir über deine Handlungen im Klaren und beschwere dich nicht. Niemals, hörst du? Wenn du das schaffst, wirst du in schwierigen Situationen immer Lösungen finden.«

»Lerne loszulassen, das ist der Schlüssel zum Glück.«
Buddha

Wir bestellten damals eine neue Runde Espresso, und ich atmete durch, um meine Gedanken zu sortieren. Rudolf hatte recht, mit jedem einzelnen Wort. Allerdings hatte er die ganze Zeit im Prinzip nur über Arbeit geredet, seine Berufung, die Erfüllung seines Traumes, aber nie so richtig über die Liebe. Mir kam das sehr bekannt vor, denn auch hier fand ich mich total wieder. Rudolf war über siebenunddreißig Jahre lang verheiratet. Fast so lange, wie ich auf der Welt bin. Was war geschehen? Rudolf sah mich an und sagte: »Ich habe uns damals eine Frage gestellt, die ich dir gerade auch gestellt habe: ›Sind wir als Ehepaar noch glücklich? Wenn nein, warum nicht?‹ Daraufhin kam die Scheidung, und wir haben beide getrennt voneinander ein neues Leben begonnen. Auch wenn unsere Ehe nach knapp vier Jahrzehnten nicht mehr funktioniert hat, so hat sie sich trotzdem nie falsch angefühlt. Manche Dinge enden einfach. Ich bin für jedes einzelne Jahr und für jede Erfahrung dankbar, denn alles, was ich heute bin, habe ich auch meiner Vergangenheit zu verdanken. Ich bin sogar überdankbar, denn sie hat mich bis hierher gebracht. Buddha sagt: ›Lerne loszulassen, das ist der Schlüssel zum Glück.‹ Ich konnte loslassen. Es hat vier Tage gedauert.«

Ich saß mit offenem Mund vor ihm und staunte nicht schlecht. Wie kann man denn eine Ehe, die siebenunddreißig Jahre gehalten hat, so schnell verdauen?

»Ich kann deine Zweifel verstehen«, antwortete Rudolf ruhig, der wohl meine Gedanken gelesen hatte, und stellte mir eine Gegenfrage. »Worin läge der Unterschied zwischen vier und vierhundert Tagen? Wäre das Ziel, ein neues Leben zu beginnen, nicht dasselbe? Oder ist es doch eher die Sorge, die man hat, wie diese neue Lebenssituation von außen, also der Gesellschaft, den Freunden, den Arbeitskollegen, den Nachbarn oder auch den Medien, bewertet werden würde? Was ich dir jetzt sage, ist ganz wichtig: Zeit ist bedeutungslos. Ob du im Alter von zwanzig Jahren die Liebe deines Lebens findest oder vierzig Jahre später – es spielt überhaupt keine Rolle. In beiden Fällen ist nur das Jetzt wichtig, die Gegenwart, in der du diese Liebe erfährst.«

Ich dachte auch über diese Aussage etwas nach und versuchte sie auf mein Leben zu übertragen. Meine längste Beziehung dauerte sieben Jahre. Ironischerweise endete sie kurz nach Fertigstellung meines Buches mit Rudolf. Um ehrlich zu sein, habe ich nach dieser Trennung, die zwar einvernehmlich war und auch von mir ausging, nie mehr ähnlich intensive Gefühle für einen Menschen empfunden. Der Dalai Lama schreibt in seinem Buch *Die Weisheit des Verzeihens*, dass er sich selbst von den schwierigsten Situationen nicht aus der Ruhe bringen ließe, auch nicht von sehr tragischen Nachrichten. »Für einen kurzen

Moment bin ich traurig, aber nie lange. Es dauert wenige Minuten oder ein paar Stunden, und dann ist es vorbei. Deswegen verwende ich gewöhnlich das Bild vom Ozean. Auf der Oberfläche kommen und gehen die Wellen, aber darunter bleibt es immer ruhig.«[7]

Eine weitere Stelle dieses Buches ist mir in Erinnerung geblieben. Auf einer Konferenz in Dharamsala, einer Stadt im Norden Indiens, hatte man dem Dalai Lama die Geschichte eines Mädchens erzählt, das gestorben war, nachdem es ein tollwütiger Hund gebissen habe. Dem Dalai Lama war der tief empfundene Schmerz deutlich im Gesicht abzulesen. Ein Psychologieprofessor und Experte der menschlichen Mimik, der diese Szene beobachtete, zweifelte keine Sekunde, dass der Dalai Lama den Verlust genauso heftig empfand, als hätte es sich um sein eigenes Kind gehandelt. Er war jedoch ebenso erstaunt, wie schnell dieser Gesichtsausdruck wieder verschwand. Schon nach kurzer Zeit war alle Betroffenheit aus seinem Gesicht gewichen und er konnte Augenblicke später schon wieder herzhaft fröhlich sein. Der Dalai Lama klammert sich offensichtlich nicht an die Dinge, auch nicht an seine eigenen Gefühle.

Ist das nicht ein schöner Weg, mit seinen Gefühlen umzugehen? Sei im Moment der Trauer so traurig, wie du nur sein kannst, und im Moment des Glücks ebenso glücklich. Ob du eine Sekunde lang trauerst oder einen ganzen Tag, vier Tage oder vierhundert – das Gefühl an sich wird dadurch weder stärker noch schwächer. Das Gefühl ist wichtig, nicht die Dauer. In einem chinesischen Sprichwort, das ich sehr schön finde, heißt es: »Der Mensch bringt jeden Morgen sein Haar in Ordnung, nicht aber sein Herz.«

---

7 Dalai Lama: Die Weisheit des Verzeihens, Lübbe 2008, Seite 16

Rudolf grinste, klopfte gegen meine Schulter und sagte: »Haare hast du ja keine mehr, die du morgens in Ordnung bringen könntest, aber was ist mit deinem Herz?«

»Ich arbeite daran.«

Eine bessere Antwort kam mir nicht über die Lippen. Mein Mentor hingegen hatte sein Herz damals gründlich in Ordnung gebracht. Nach den vier Tagen, die er für den seelischen Reinigungsprozess brauchte, trat Tanya in sein Leben, mit der er nun seit fast zwanzig Jahren zusammen ist und einen Sohn hat.

»In dieser Zeit habe ich vielleicht erst gelernt, was es bedeutet, den Menschen an deiner Seite wirklich vollständig in sein Leben zu integrieren und ihn buchstäblich mit dir verschmelzen zu lassen. Es ist schon eigenartig. Was ich mit den Scorpions seit fünfzig Jahren erfolgreich auf der musikalischen Ebene vollziehe, nämlich durch eine tief verwurzelte Freundschaft glücklich und erfolgreich zu sein, konnte ich erst mit Tanya auf meine private Seite übertragen. Aber besser spät als nie, oder? Schon als Junge habe ich immer zu meinem Vater gesagt, dass ich nach meiner eigenen, ganz persönlichen Zeitrechnung lebe. Jahreszahlen, Geburtstage, Alter – all diese Sachen interessieren mich nicht, weil es in der Wahrhaftigkeit nicht die geringste Bedeutung hat.

Finde heraus, mit welchem Menschen du wirklich zusammenleben willst, und lass dich nicht blenden. Schon gar nicht von äußerer Schönheit, die oft nur ein Produkt der Irreführung ist. Achte immer darauf, dass alle drei Aspekte angesprochen werden – dein Körper, dein Geist und deine Seele. Teste dich! Gibt diese Person dir Wärme, fühlst du dich in ihrer Gegenwart wohl und geborgen oder sind es doch nur die körperlichen Vorzüge, die dich interessieren? Oder ist es gar die Gesellschaft, die dich in Form deiner Eltern, deines Freundeskreises oder durch andere Umstände zu dieser Verbindung drängt?

Ich habe in den emotional sehr intensiven Jahren mit Tanya eine interessante Beobachtung gemacht. Wir sind beide im Zeichen der Jungfrau geboren und teilen auch tatsächlich sehr viele grundlegende Werte und Eigenschaften. Wenn ich sie sehe, kommt es mir vor, als blicke ich in mein Spiegelbild. Durch unsere starke Verbundenheit wird eine viel subtilere Form des Miteinanders angesprochen, die mich wiederum erkennen lässt, welche Fehler ich die ganze Zeit mache. Der Partner ist wie das Licht, das zu dir zurückkehrt. Wenn ich manchmal unbewusst versuche, irgendwelche einseitigen Spielchen zu veranstalten, bekomme ich von Tanya sofort die passende Antwort, die mich sofort auf den Boden der Tatsachen zurückholt. In diesen Situationen, in denen ich merke, was ich gerade für einen Mist von mir gegeben habe, muss ich meist selbst über mich lachen. Diese Einsicht ist aber extrem wichtig, denn erst so kann ich mir über mein Verhalten Gedanken machen und daraus lernen. Eine Minute innezuhalten und über seine Taten zu reflektieren, reicht schon, um etwas zum Positiven zu ändern. In genau diesem Augenblick hast du es nämlich schon getan. Wenn du akzeptierst, dass alle Liebe bereits in dir steckt, verlagerst du die Quelle dessen, wonach du suchst, von außen nach innen. Yogis und andere spirituelle Meister haben diese Fähigkeit, sich aus der normalen Welt herauszuziehen und in eine Art Zuschauerrolle zu schlüpfen. Für sie ist die Welt nur noch ein großes Schauspiel. Sie beobachten und lassen sich treiben. Sie benötigen nichts, um zu sein. Sie befinden sich in vollkommener Harmonie zu sich, zur Natur und erleben einen permanenten Zustand der echten Liebe. Die wenigsten Menschen erreichen dieses höhere Bewusstsein, da sie sich nicht vollständig von ihren Ängsten lösen können. Denkt man kurz darüber nach, stellt man fest, dass alles Schlimme dieser Welt auf Angst basiert. Alle

Kriege, die die Menschheit jemals gegen sich geführt hat, sind auf dieses Gefühl zurückzuführen. Wahre Liebe jedoch kennt keine Angst.

Ich habe gesagt, dass ein Partner der Spiegel seiner eigenen Erkenntnis sei. Viele Menschen wollen sich selbst aber gar nicht sehen. Vielmehr möchten sie sich so sehen, wie sie glauben, für die Gesellschaft sein zu müssen. Auf den Punkt gebracht: Sie sind sich selbst gegenüber einfach nicht ehrlich. Nimm Tanya und mich als Beispiel. Zwischen uns liegt ein Altersunterschied von fünfunddreißig Jahren. Damals, als wir frisch zusammenkamen, vor knapp zwanzig Jahren, haben viele Menschen hinter unseren Rücken getuschelt. Warum? Weil sie nur eine abstrakte Zahl gesehen haben, aber nicht die Menschen, die zu dieser Geschichte gehören.

Wichtig ist zu erkennen, dass jeder Einzelne von uns auch zu diesen Leuten gehört, die ständig über andere richten. Oft sind es nur scheinbar unbedeutende Bemerkungen: ›Wie sieht denn das Kind von Frau Müller heute wieder aus?‹ So ein flapsiger Satz kann schon ausreichen, um bei einem unsicheren Kind großen Schaden anzurichten. Ich sag dir eines, und das ist garantiert einer der besten Tipps, den ich dir geben möchte: Ergötze dich nicht an den wie auch immer gearteten Lebensumständen anderer! Dein Ego spielt nämlich nur ein Spielchen mit dir. Es lässt dich erhaben fühlen, wenn du über andere Menschen urteilen kannst, und gibt dir damit das Gefühl, jemand Besseres zu sein. Das nämlich ist eine ganz und gar ›hervorragende‹ Angewohnheit unseres menschlichen Daseins, um sich nicht mit sich selbst beschäftigen zu müssen. Konzentriere dich auf deinen Weg. Die Lösung ist, genau den Moment abzupassen, in welchem dein Ego anstelle deines Herzens denkt und spricht, und damit sofort aufzuhören. Kümmere dich lieber um deine Herausforderungen des Lebens und meistere sie. Meine Oma sagte immer: ›Kehr erst mal vor deiner eigenen Haustür, bevor du dich über den schmutzigen Bürgersteig deines Nachbarn aufregst!‹

Diejenigen, die von ihrem Ego geleitet sind, werden ohnehin fortlaufend meckern, wenn sie bestimmte Dinge entdecken, die gesellschaftlich aus dem Rahmen fallen. Daran wirst du nie etwas ändern können. Interessiert mich das Gerede dieser Leute? Nicht im Geringsten. Warum? Weil es in der Liebe, wie bei allen Fragen des Lebens, nicht darum geht, sich in irgendeine Rolle pressen zu lassen. Tanya und ich lieben uns nicht, weil die Gesellschaft es so will, sondern weil unsere Ichs sagen, es genau so machen zu müssen, um glücklich zu sein. Wovor sollten wir Angst haben? Vor einer Zukunft, von der ohnehin keiner weiß, wie sie aussieht? Die Zukunft ist nichts als eine Illusion unseres Verstandes. Ganz egal, ob du verzweifelt auf der Suche nach der großen Liebe deines Lebens bist, ob du nicht sicher bist, sie schon gefunden zu haben, oder ob du seit Jahren in ihr gefangen bist. Wenn du etwas daran ändern willst, geht es nur ... jetzt!«[8]

Was sagen bloß die anderen?!

Ich lächelte zufrieden, stand vom Sofa auf, klappte das Buch zu und schob meine kleine Zeitreise in die Vergangenheit wieder ins Regal zurück. Ich musste an Keanu Reeves denken. Der sechsundfünfzigjährige Schauspieler hatte im Winter 2019 zum ersten Mal die Beziehung zu seiner langjährigen Freundin Alexandra Grant – einer erfolgreichen Künstlerin – öffentlich

---

8   Rudolf Schenker / Lars Amend: Rock Your Life, mvg 2018, Seite 319ff.

gemacht, und die Boulevardmedien, aber auch Millionen Menschen auf der ganzen Welt flippten völlig aus. Was war geschehen?

Keanu Reeves zählt zu den reichsten, berühmtesten, erfolgreichsten, aber auch beliebtesten und sympathischsten Männern Hollywoods. Einer der coolsten und attraktivsten ist er noch dazu. Großzügig und bescheiden ist er ebenfalls. So spendet er seit vielen Jahren große Teile seiner Gagen an Kinderkrankenhäuser und unterstützt mit enormen Millionenbeträgen verschiedene Einrichtungen zur Krebsforschung. All das macht er mehr oder weniger unter dem Radar der Öffentlichkeit, ohne daraus eine gutmenschliche PR-Show zu inszenieren. Was für ein toller Typ, der so viel seines Glückes an die weitergibt, die eben nicht so sehr auf der Sonnenseite des Lebens stehen.

Um zu verstehen, wer Keanu Reeves ist und warum er tut, was er tut, lohnt sich ein kurzer Blick in seine persönliche Biografie. Schon ändert sich nämlich das Bild. Keanu Reeves musste in seinem Leben eine unfassbare Ansammlung an Schicksalsschlägen ertragen. Es begann damit, dass sein Vater die Familie verließ, als er fast noch ein Baby war. Später saß der Vater zwei Jahre wegen verschiedener Drogenangelegenheiten im Gefängnis und konnte sich auch danach nie richtig um seinen Sohn kümmern. »Die Geschichte ist voller Schmerz, Kummer und Verlust.« Mit diesen Worten beschrieb Keanu Reeves in einem Interview mit dem »Rolling Stone«-Magazin einst das Verhältnis zu seinem Vater. Kurz vor seinem dreißigsten Geburtstag starb dann sein bester Freund River Phoenix an einer Überdosis Heroin. Wenig später erkrankte seine Schwester an Leukämie. Ende der 1990er-Jahre verliebte sich Keanu Reeves in seine Schauspielkollegin Jennifer Syme, die wenig später vom ihm schwanger wurde. Die Dramen seines Lebens schienen damit endlich eine positive Wendung zu nehmen, bis seine Freundin kurz vor der Geburt gesundheitliche Probleme bekam und das Baby verlor. Ihre Beziehung konnte diesen Verlust nicht verkraften und endete nur wenige Wochen später. Wie auch das Leben von Jennifer Syme. Nach einer Party auf Marilyn Mansons Anwesen in Los Angeles fuhr sie mit ihrem Jeep betrunken, unter Schmerzmittel- und Drogeneinfluss und nicht angeschnallt in eine Reihe parkender Autos und war auf der Stelle tot. Sie wurde neben ihrer Tochter beerdigt.

Keanu Reeves war über einen Zeitraum von zwanzig Jahren nicht in der Lage, diese enorme Dichte an Schmerz und Erschütterung zu verarbeiten und führte fortan ein zurückgezogenes Single-Leben. Er drehte seine Filme, ging auf Promotion-Tour und zog sich danach wieder in die Einsamkeit zurück. Niemand kam an ihn heran. Dann plötzlich zeigte Keanu Reeves der Welt, dass er nicht mehr allein war: Er lief mit seiner Partnerin im Winter 2019 über den roten Teppich einer Veranstaltung. Endlich hatte er die eine Frau gefunden, die seine Schutzmauern zum Einsturz brachte, die ihm Frieden gab und ihm half, die Wunden seiner Vergangenheit zu heilen. Doch anstatt sich für ihn zu freuen, wurde hauptsächlich darüber diskutiert, warum er so eine alte Freundin habe, immerhin sei sie schon sechsundvierzig und sähe mit ihren grauen Haaren viel mehr nach seiner Mutter als nach seiner Freundin aus. Sowohl die Boulevardmedien als auch Millionen Menschen weltweit konnten sich nicht vorstellen, was einer der begehrtesten Junggesellen der Welt an einer Frau finden könne, die jenseits der zwanzig war, kein Botox im Gesicht und kein einziges gefärbtes Haar auf dem Kopf hatte. Ich verstand sofort, was er in ihr sieht: eine Seelenverwandte, eine beste Freundin, eine echte Gefährtin.

»Alle sagen, dass die Liebe wehtut, aber das ist nicht wahr.
Einsamkeit tut weh. Ablehnung tut weh. Jemanden zu verlieren,
tut weh. Neid schmerzt. Jeder verwechselt diese Dinge mit Liebe,
aber in Wirklichkeit ist Liebe das Einzige auf dieser Welt,
das alle Schmerzen überdeckt und dafür sorgt, dass sich jemand
wieder wunderbar fühlt. Liebe ist das Einzige auf dieser Welt,
was nicht wehtut.«

Meša Selimović

Ich hatte mir nach meinen Gedanken über Keanu Reeves in den Tagen danach etliche seiner Filme angesehen und wusste, dass es ganz an mir lag, wie meine Zukunft aussehen würde. Verena schrieb mir eine WhatsApp, dass sie mich gern sehen würde. Ich wusste natürlich, wie ihre Worte gemeint waren und dass sie nicht nur einen Kaffee mit mir trinken wollte. Wir hatten uns vor einiger Zeit auf einem Event in München kennengelernt und immer wieder getroffen, wenn sie zeitgleich Single und in Berlin war. Ich textete ihr zurück, dass ich leider keine Zeit mehr für sie hätte, löschte ihre Nummer und schrieb in mein Tagebuch:

Was immer dir im Leben passiert ist, es gehört dir. Nimm ein Blatt Papier und fülle die Leere mit deinen Geschichten, deinen Gedanken, deinen Tränen. Lass alles raus! Auch wenn du gerade einsam, traurig und verzweifelt bist, deine Träume, Wünsche und Hoffnungen kann dir niemand nehmen. Nutze deine Erlebnisse und Erfahrungen aus der Vergangenheit als Fundament für dein neues Leben. Beginne neu, erschaffe dich neu, werde zu dem Menschen, der du gern sein möchtest – in all seiner Schönheit. Noch lebst du, noch atmest du, noch hast du alle Möglichkeiten zur Veränderung. Es liegt nun ganz an dir. Du allein hast die Macht, deinem Leben ein positives Ende zu geben. Keanu Reeves hat die Energie seines Schmerzes genutzt, um einer der besten Schauspieler seiner Generation zu werden. Er hat zwanzig Jahre gebraucht, um letztlich den Menschen zu finden, der für ihn den Unterschied ausmacht. All seine Erfahrungen haben ihn in die Arme seiner Seelenverwandten geführt. Seine Geschichte wird für ihn rückblickend einen Sinn ergeben. Welche Geschichte möchtest du dir später einmal über deinen Weg erzählen?

»Das ist eine gute Frage, die du dir gerade stellst«, sagte die Stimme zu mir. »Erzähl's mir! Welche Geschichte möchtest du über dich erzählen?«

Ich zuckte mit den Schultern und musste an »Das Haus am See« denken, einen Liebesfilm, den Keanu Reeves mit Sandra Bullock gedreht hatte.

»Ja, manchmal dauert es Jahre«, sprach die Stimme weiter. »Aber gib jetzt nicht auf, nur weil du glaubst, dass es zu lange dauern würde, um an dein Ziel zu gelangen. Ich weiß, dass du müde bist. Ich weiß, dass du glaubst, am Ende deiner Kräfte zu sein. Ich weiß, dass du dich fragst, wann dieser Krampf endlich vorbei sein wird. Ich weiß das alles. Ich weiß aber auch, dass du jetzt trotzdem noch nicht aufgeben wirst. Du wirst weitermachen. Du bist ein Vorbild und weißt nur noch nicht, wen du mit deiner Lebensgeschichte inspirieren wirst. Liebe dich dafür, dass du es versuchst. Nur darauf kommt es an. Liebe dich für den Versuch, deiner Bestimmung zu folgen und be like a bamboo!«

»Wie bitte?«, sagte ich ungläubig. »Ich soll wie ein Bambus sein?«

»Um ehrlich zu sein, ja!«, lachte die Stimme. »Du denkst immer noch viel zu oft darüber nach, das Handtuch zu werfen und aufzugeben, weil du keine Ergebnisse siehst, weil du glaubst, keine Fortschritte zu erzielen oder der Meinung bist, nicht schnell genug zu sein. Der Partner deiner Träume, die Liebe deines Lebens und alles, wonach du dich so sehr sehnst, scheint unerreichbar und Lichtjahre entfernt zu sein. Nickst du gerade?«

Ich nickte.

»Aus diesem Grund möchte ich dir etwas über den chinesischen Bambus verraten. Diese Pflanze hat nämlich ganz besondere Eigenschaften. Sie ist äußert robust, außergewöhnlich strapazierfähig und gleichzeitig sehr biegsam. Ihr Samen verbringt die ersten fünf Jahre vollständig unter der Erde – kein Wachstum, kein Fortschritt, keine sichtbaren Verbesserungen. Am Ende des fünften Jahres jedoch schießt der Bambus wie eine Rakete aus dem Boden und wächst fünfundzwanzig Meter in die Höhe. Denke deswegen in Zeiten wie diesen immer daran: Nur weil du es noch nicht siehst, heißt das nicht, dass es noch nicht da ist. Du bereitest dich während dieser Phase lediglich vor – auf dein fünftes Jahr, auf deinen magischen Moment, auf deine Chance. Be like a bamboo, my friend.«

»Ich bin einmal gefragt worden, wovor ich im Leben am meisten Angst habe«, sagte ich. »Damals lautete meine Antwort etwas arrogant: ›Vor nichts. Ich nehme jede Situation, wie sie kommt.‹ Heute würde ich darauf anders antworten. Ich würde sagen: ›Meine größte Angst im Leben ist, eine einmalige Chance zu bekommen, die meine Zukunft maßgeblich zum Guten verändern könnte, und nicht darauf vorbereitet zu sein.‹«

»Du weißt nun, was zu tun ist«, sagte die Stimme. »Stell dir vor, du triffst auf die Liebe und lässt sie wieder gehen, nur weil du blind warst, ihre wahre Schönheit zu erkennen.«

»Genau diese Angst meine ich«, sagte ich, und die Stimme sprach: »Der Unterschied zwischen der Person, die du in diesem Moment bist und der Person, die du in Wahrheit gern sein möchtest, liegt in dem, was du jetzt tun wirst. Die wichtigste Frage lautet demnach: Bist du bereit?«

Bist du bereit?

»Wenn sie unglaublich ist, wird sie nicht einfach sein. Und wenn
mit ihr alles ganz einfach ist, wird sie nicht unglaublich sein.
Wenn sie es wert ist, wirst du niemals aufgeben. Doch wenn du
aufgibst, war sie es nicht wert. Die Wahrheit ist: Jeder Mensch
wird dir wehtun. Du musst nur diejenigen finden, die es wert
sind, dass du wegen ihnen leidest.«
Bob Marley

Ich brauchte Input von Menschen, die meine Lebenswirklichkeit kannten, mit denen ich mich identifizieren konnte, die
ungefähr in meinem Alter waren und die diesen einen Schritt
gegangen waren, zu dem ich nie in der Lage gewesen war. Gedanklich ging ich meinen Freundeskreis durch und fand nicht
einen Menschen, den ich hätte fragen können. Ich war wirklich
schockiert! Entweder waren meine Freunde Single, geschieden
oder noch nicht so lange mit jemanden liiert, als dass sie als gutes Beispiel hätten dienen können. Und von so einigen befreun-
deten Pärchen kannte ich zu viele sehr private Geschichten, die

der Partner nicht kannte und auch nicht wissen sollte. Somit fielen die auch raus. Bestand mein Freundeskreis wirklich nur aus verkorksten Großstadtmenschen, unfähig zu lieben? Ich griff nach meinem iPhone und ging meine erweiterte Telefonliste durch. Auch hier kein Erfolg! Das konnte doch nicht wahr sein. Dann tauchte ein Name in meinen Gedanken auf: Susan Sideropoulos. Ich hatte sie gerade erst für meinen Podcast interviewt, und sie schien mir die einzige Person zu sein, die mir weiterhelfen konnte.

Susan ist ein absoluter Sonnenschein. Egal, wie dunkel es ist, wenn sie einen Raum betritt, bringt sie die Sonne mit. Zehn Jahre lang hat sie eine Hauptrolle in der erfolgreichsten deutschen Daily-Soap gespielt: »Gute Zeiten, schlechte Zeiten«. Sie hat Linda de Mol als Moderatorin der legendären TV-Sendung »Traumhochzeit« abgelöst, hat die zweite Staffel der beliebten RTL-Show »Let's Dance« gewonnen und die Abschlussveranstaltung von »GEDANKENtanken« vor über fünfzehntausend Menschen moderiert. Dazu ist sie Filmproduzentin, Autorin, entwickelt und schreibt Drehbücher. In den sozialen Netzwerken folgen ihr fast eine halbe Million Fans – und als wäre das alles nicht beeindruckend genug, ist sie auch noch seit über dreiundzwanzig Jahren mit ihrer Jugendliebe Jakob zusammen, dreizehn Jahre davon verheiratet. Und Mutter von zwei Kindern ist sie auch noch. Wenn mir also jemand etwas über das Geheimnis wahrer Liebe und die Tricks einer funktionierenden Partnerschaft verraten kann, dann sie. Ich schickte ihr sofort eine Sprachnachricht mit meinem ungewöhnlichen Anliegen, und Susan lud mich keine drei Minuten später für den nächsten Tag zu sich nach Charlottenburg auf einen Espresso ein.

Das Geheimnis der Liebe

»Die Kinder sind in der Schule«, lächelte sie gut gelaunt aus der offenen Wohnküche zu mir herüber. »Wir haben also genug Zeit, um über alles zu reden, was dir auf dem Herzen liegt.«

Ich hatte an dem großen Esstisch Platz genommen und kam mir plötzlich wie ein kleiner Schuljunge vor, kurz vor seiner ersten Nachhilfestunde.

»Jakob ist auch gleich da. Espresso?«

»Ja gerne«, sagte ich und wusste gar nicht mehr genau, was ich die beiden eigentlich fragen wollte.

»Worüber willst du noch mal mit uns sprechen, über die Liebe und so, ne?«, rief Susan in meine Richtung, während sie hinten im Küchenregal nach einer Espressotasse kramte.

»Ein bisschen, ja«, antwortete ich.

»Soll ich dich verkuppeln?«

Susan hob ihren Kopf und sah erwartungsfroh zu mir rüber.

»In meinem Freundeskreis wimmelt es gerade nur so von Single-Mädels. Der reinste Bienenschwarm. Das ist gar kein Problem. Du musst nur was sagen.«

»Hahaha, nein danke«, winkte ich ab. »Dates habe ich genug. Ehrlich gesagt, habe ich genau davon genug. Ich will eher das Gegenteil. Das, was ihr habt. Ein Zuhause, eine Heimat, ein Gefühl von Ankommen, Ruhe, Beständigkeit. Und damit meine ich keine Wohnung, kein Haus, keinen Ort. Weißt du, was ich meine?«

In dem Augenblick kam Jakob die Treppe hinauf. Wir umarmten uns zur Begrüßung und plauderten ein bisschen über guten Kaffee, Star Wars und Berliner Rapper – Jungskram! Dann setzten wir uns wieder an den Tisch. Susan brachte meinen Espresso, drei Gläser, eine Karaffe mit Wasser und einen großen Teller mit Antipasti mit.

»Hier, bedient euch!«, sagte sie.

»Danke«, antwortete ich und verrührte etwas hilflos den Zucker in meinem Espresso. »Mir ist natürlich klar, dass es über die Liebe keine pauschalen Antworten geben kann. Ich meine, jeder bringt seine eigene Persönlichkeit mit, seine Vergangenheit mit all ihren schicksalhaften Erfahrungen. Ich weiß das alles. Trotzdem müsst ihr ja irgendwas richtig gemacht haben, dass ihr nach den üblichen zwei, drei, vier oder sieben verflixten Beziehungsjahren eben nicht auseinandergegangen seid. Es muss also etwas geben, was ihr beide erkannt habt. Ihr müsst etwas entdeckt haben, wofür es sich zu kämpfen lohnt. Deswegen sitze ich heute hier. Um genau dieses Geheimnis zu lüften. Für mich und die Welt.«

Jakob begann zu grinsen. »Also, erst einmal muss ich sagen: Ich leide. Ich leide schon so lange. Vor der Hochzeit war ich groß, blond, hatte blaue Augen. Und jetzt guck mal, was von mir übriggeblieben ist.«

Susan boxte Jakob gegen die Schulter.

»Och Mann, hör auf damit. Das soll eine schöne Geschichte werden, die wir über uns erzählen.«

Jakob lachte noch immer. »Lars, du siehst, ich werde gezwungen, etwas Gutes über uns zu sagen.«

»Ist schon okay«, grinste ich. »Der Versuch zählt ja auch.«

Susan: »So geht das hier den ganzen Tag. Meine drei Jungs und ich. Nur Blödsinn im Kopf. Aber zurück zum Thema. Ich weiß gar nicht, ob wir so ein gutes Beispiel dafür sind, wie eine Liebesbeziehung funktioniert, weil wir uns ja schon als Teenager kennengelernt haben und dann einfach zusammengeblieben sind. Das ist in der heutigen Zeit ja eher ungewöhnlich.«

»Sehr ungewöhnlich«, nickte ich. »Ehrlich gesagt kenne ich außer euch niemanden. Eigentlich müsste man euch unter Artenschutz stellen.«

»Ich wusste es«, lachte Jakob. »Wir sind die letzten Dinosaurier. Steven Spielberg sollte einen Kinofilm über uns drehen.«

»Ich habe auch schon einen passenden Titel für euch: ›Susan & Jakob – Jurassic Love‹.«

»Ja, das gefällt mir«, lächelte Susan.

»Fangen wir einfach ganz am Anfang an«, sagte ich. »Vielleicht komme ich ja hinter euer Geheimnis, während ich euch zuhöre.«

Susan sah Jakob an, der ihr ein Zeichen gab, und begann zu erzählen.

»Also, am Anfang hatten wir erst mal eine sechsjährige Fernbeziehung. Ich glaube, dass das ein erster großer Meilenstein in unserer Beziehung war, weil wir dadurch gelernt haben, uns gegenseitig bedingungslos zu vertrauen. Denn wenn das Vertrauen in deinen Partner fehlt, vor allem in einer Fernbeziehung, dann kannst du es gleich vergessen.«

»Du lernst die Kleinigkeiten in einer Freundschaft, die sonst im Alltag oft übersehen werden, sehr zu schätzen«, ergänzte Jakob. »In einer Fernbeziehung lebst du für die Wochenenden oder wie in unserem Fall für die Ferien. Wir waren ja noch Schüler. Du lernst auch zum ersten Mal, was es heißt, für etwas, das dir wichtig ist, zu arbeiten. Wir mussten ja beide Geld verdienen, um die vielen Zugfahrten von Hamburg nach Berlin zu finanzieren. Das heißt, du lernst den Wert dieser Unternehmungen schnell zu schätzen. So bekam auch jedes einzelne Treffen eine viel größere Bedeutung für uns. Jede Minute war kostbar. Für Eifersucht gab es überhaupt keinen Raum. Wenn wir uns nicht sahen, fühlten wir Vorfreude, und wenn wir uns sahen, waren das magische Momente, weil die gemeinsame Zeit begrenzt und dadurch noch wertvoller erschien. Uns trennten dreihundert Kilometer. Susan war in Hamburg, ich in Berlin. Es gab noch keine Handys, kein Internet, kein WhatsApp. Wir waren gezwungen, die Kontrolle über unsere Beziehung in die Hände des jeweils anderen zu legen. Auf diese Art haben wir schon ganz früh eine Art Urvertrauen aufgebaut, das bis heute Bestand hat.«

»Robert DeNiro hat einmal gesagt: ›Wenn du jemanden liebst, musst du ihm vertrauen, anders geht's nicht. Du musst ihm den Schlüssel geben zu allem, was dir gehört und dich betrifft. Alles andere ist sinnlos.‹«

»Welcher Film?«, fragte Jakob.

»›Casino‹.«

»An der Aussage ist schon was Wahres dran«, sagte Jakob. »Alles oder nichts. Wenn du es mit der Liebe zu einem anderen Menschen wirklich ernst meinst, musst du ›all in‹ gehen. Sonst ist es eigentlich nur belanglose Zeitverschwendung.«

»Das finde ich auch«, sagte Susan. »Vertrauen ist die erste Säule für eine funktionierende Beziehung. Die zweite ist auf jeden Fall das Bewahren der Individualität. Durch die Entfernung wurde diese Eigenschaft schon am Anfang sehr stark in uns verankert. Wir haben bis heute unsere Eigenständigkeit behalten. Viele Beziehungen zerbrechen, weil aus zwei eigenständigen Ich's plötzlich nur noch ein Wir wurde. Natürlich muss man ein Team sein, aber man darf sich selbst nicht darin verlieren.«

»Das Ich darf also für das Wir nicht geopfert werden«, wiederholte ich. »Man muss dem Partner immer ausreichend Raum lassen, um sich unabhängig vom anderen verwirklichen zu können.«

Susan nickte: »Ganz genau!«

Jakob sagte: »Man darf seinem Partner nicht die Freiheit nehmen.«

»Wow!«, sagte ich. »Das ist ein ganz wichtiger Punkt. Viele Männer wollen nämlich genau diese Freiheit nicht verlieren. Mir geht es ja auch nicht anders. Freiheit und Unabhängigkeit zählen zu meinen stärksten persönlichen Werten. Aus diesem Grund war ich auch noch nie bei einer Firma fest angestellt. Ich bin immer selbstständig gewesen, mache auch selten langfristige Pläne, entscheide fast alles spontan aus dem Bauch heraus. Ich bin allerdings auch sehr gern allein. Auf der anderen Seite wünsche ich mir immer mehr genau das, was ihr habt – diese vollständige gegenseitige Akzeptanz, diese Annahme und Bedingungslosigkeit. Wie habt ihr das gelernt?«

»Wir hatten von Anfang an keine andere Wahl«, antwortete Jakob. »Eine Fernbeziehung kann ja nur dann funktionieren, wenn Klarheit herrscht. Es ist ja nicht die Entfernung, die Menschen trennt, es sind die Zweifel. Die gab es bei mir nicht. Ich habe unsere Beziehung in der Anfangszeit auch immer mit denen meiner Freunde in Berlin verglichen, die keine Fernbeziehung führten. Das Alter zwischen sechzehn und zweiundzwanzig ist ja eine wilde Zeit für uns Jungs. Man wird erwachsen und entdeckt die Welt mit all ihren Möglichkeiten und Verlockungen. Wenn meine Kumpels von ihren Mädels erzählt haben, fielen eigentlich immer ähnliche Sätze: ›Boah, meine Alte nervt mich wieder und geht mir so auf den Sack!‹ Mir ist dieser Unterschied damals schon aufgefallen, denn durch die Verknappung unserer gemeinsamen Zeit kannte ich solche Gedanken nicht. Ich hatte mit Susan nie das Gefühl, meine Freiheit zu verlieren. Ich war eher traurig, sie nicht so oft sehen zu können oder schöne Momente unter der Woche nicht mit ihr teilen zu können – auf Partys, Geburtstagen oder Festen. Wenn meine Freunde mit ihren Partnern zum Beispiel ins Theater gegangen sind, saß ich allein auf meinem Platz. Natürlich war das in dem Moment schade, dafür hatten wir uns wiederum an den Wochenenden viel aus unseren Leben zu erzählen. Es wurde nie langweilig.«

Susan nippte an ihrem Kaffee und sagte: »Die gemeinsame Zeit, weil sie eben so knapp war, war deswegen immer auch besonders wertvoll. Du streitest dich einfach nicht wegen Belanglosigkeiten, wenn dein Freund in ein paar Stunden wieder weg ist.«

»Ich finde das wirklich bemerkenswert, dass ihr den Wert der Zeit schon in so jungen Jahren erkannt habt. Meistens kommen Menschen erst im Herbst ihres Lebens zu dieser Erkenntnis. Oft ist es dann zu spät, weil ihre Zeit schon fast abgelaufen ist.«

»Ich war erst fünfzehn, Jakob sechzehn, als wir uns kennengelernt haben.«

»Das kann man sich echt nicht vorstellen«, sagte ich.

»Manchmal, wenn ich heute fünfzehnjährige Kinder beobachte, dann wundere ich mich auch, wie wir das damals gemacht haben. Vielleicht täusche ich mich, aber mein Gefühl sagt mir, dass wir in dem Alter schon so krass erwachsen waren. Vor allem Jakob war schon immer so weise. Er war ein achtzigjähriger Mann im Körper eines Sechzehnjährigen. Jakob hat auf jeden Fall schon ein Leben gelebt und sein Wissen mit in dieses Leben genommen. Ohne Witz!«

Ich sah Jakob an und sagte: »Nicht umsonst heißt es: Sie kann sich in niemanden verlieben, von dem sie nichts lernen kann.«

»Und umgekehrt«, sagte Jakob.

»Es war aber auch diese besondere Zeit«, sagte Susan. »Man kann die 1990er-Jahre einfach nicht mit heute vergleichen. Wir haben uns wirklich permanent Briefe geschrieben. Jede Woche.

Ich habe die alle noch. Unzählige Kisten sind das. Das macht doch heute niemand mehr.«

»Was schade ist«, sagte ich. »Denn an einen Liebesbrief erinnert man sich auch noch Jahre später, eine WhatsApp ist schon am nächsten Tag im Online-Nirwana verschwunden.«

»Wir waren einfach allgemein achtsamer früher«, sagte Susan. »Es gab nicht so viel Ablenkung, man musste aktiv werden, um etwas zu erleben. Sich Zeit nehmen, hinsetzen, Briefe schreiben, zur Post gehen, jeden Tag in den Briefkasten gucken und auf Antwort warten, Herzklopfen, Spannung, Geld sparen, mit dem Zug nach Berlin fahren … Das hatte schon eine ganz besondere Magie.«

»Ich kenne das doch auch alles«, sagte ich. »Wir sind ja alle drei ungefähr gleich alt. Ich habe früher seitenweise Liebesbriefe geschrieben, habe Kassetten mit Lovesongs aufgenommen und mir stundenlang über die Reihenfolge der Lieder Gedanken gemacht. Ich weiß noch, wie aufregend es war, als meine damalige große Liebe für ein Praktikum nach Vancouver gezogen ist und wir uns alle zwei Tage zum Skypen verabredet haben. Skype war zu der Zeit ganz neu auf dem Markt, es ist fast zwanzig Jahre her. Das war übrigens auch eine Fernbeziehung. Sie hat in Berlin gewohnt, ich in Frankfurt. Die ersten zwei Jahre bin ich an jedem Wochenende mit dem ICE nach Berlin gefahren. Dann bin ich nach Berlin gezogen, und wir haben noch mal fünf Jahre zusammengewohnt. Im achten Jahr ist die Beziehung dann auseinandergegangen. Ihr standet doch sicher auch mal an diesen Kreuzungen, an denen man eine Entscheidung treffen muss: Bleiben oder gehen? Wie habt ihr das geschafft?«

»Zu bleiben?«, fragte Susan nach.

»Ja, denn irgendwann ist auch diese besondere Magie, von der du erzählt hast, nicht mehr ganz so besonders. Und die Energie, die zuerst durch die Entfernung aufrechterhalten wurde, ebbt auch irgendwann ab. Dinge verändern sich, und Zeiten verändern dich. Man wohnt vielleicht irgendwann zusammen, der Alltag schlägt mit voller Wucht zu, und Kleinigkeiten, die man früher übersehen hat, beginnen allmählich zu nerven. Wann habt ihr gemerkt, dass das, was ihr habt, so wertvoll ist, dass es sich lohnt, dafür zu kämpfen? Und wie seid ihr damals damit umgegangen?«

»Heute kann ich als Erwachsener unsere Beziehung, unsere Ehe und unser gemeinsames Leben natürlich viel besser reflektieren, auch psychologisch. Wir kommen beide aus turbulenten Familien. Sowohl Susans als auch meine Eltern haben keine gesunden Beziehungen geführt. Susans Eltern standen immer wieder kurz vor der Trennung, was nur deswegen nicht passierte, weil ihre Mutter irgendwann schwer krank wurde. Beide Seiten haben gelogen und sich betrogen. Es herrschte ein großes familiäres Chaos. Doch trotz dieser harten Zeit sind ihre Eltern letztlich zusammengeblieben. In meiner Familie herrschte ein mindestens ebenso großes Durcheinander. Meine Eltern haben zweimal mit drei Babys das Land gewechselt. Von Moldawien über Russland nach Deutschland. Sie waren Flüchtlinge, haben immer hart gearbeitet. Ihre Beziehung war absolut kaputt, und auch sie sind nur wegen uns Kindern zusammengeblieben. Als wir alt genug waren, um das zu verstehen, haben sie uns das auch so gesagt: ›Wir haben uns nur wegen euch nicht getrennt!‹ So eine toxische und ungesunde Beziehung wollte ich nie führen. So krank die Beziehungen unserer Eltern auch waren, so haben beide doch ein gemeinsames Merkmal: Sie haben für etwas gekämpft, für irgendeinen Wert, der sie verband. In unserer Beziehung gab es auch schwere Erschütterungen, die unser Haus fast zum Einsturz gebracht hätten. Es gab viele Kämpfe und Versuchungen. Und einmal haben wir uns sogar für ein halbes Jahr getrennt.«

»So lange war das nicht, Jakob!«

»Vier Monate?«

»Ich muss dazu sagen, dass wir beide noch sehr jung waren«, erzählte Susan weiter. »Ich war damals achtzehn und bin für drei Monate als Au-Pair-Mädchen in die USA gegangen. Das war dieser Wendepunkt, von dem Jakob gerade sprach. Unsere Beziehung kriselte, ich bin weg, und Jakob hoffte, dass in den USA nichts passieren würde. So war das aber natürlich nicht. Die Dinge sind leicht eskaliert, und im Rückblick muss man ganz klar sagen: Zum Glück ist damals alles etwas aus dem Ruder gelaufen. Denn hätten wir uns zu der Zeit nicht unabhängig voneinander ausprobiert, da bin ich mir ganz sicher, wären wir heute nicht mehr zusammen. Für diese totale Monogamie sind wir Menschen einfach nicht gemacht. Das Leben ist halt kein Disney-Film, da muss man wirklich ehrlich zu sich und seinem Partner sein. Aber als diese Phase vorbei war, haben wir auch wieder zusammengefunden. Das war eine bewusste Entscheidung. Von uns und für uns.«

»Es gibt einen schönen Spruch aus dem alten Persien«, sagte ich und sah die beiden dabei an. »Ich glaube, es war Rumi, der berühmte Dichter, der sagte: ›Wenn du jemanden liebst, lass ihn gehen, kommt er zurück, ist er für immer dein.‹«

Jakob lächelte und sagte: »Ich liebe diesen Satz sehr und er trifft wirklich auf uns zu. Das war eine gesunde Erfahrung, die wir zu diesem Zeitpunkt unseres Lebens gemacht haben. Wir hatten als junge Menschen eine dreieinhalbjährige Beziehung hinter uns und haben dann einen harten Schnitt gemacht, damit jeder ein bisschen woanders schnuppern konnte. Ich hatte mir vorher so oft gewünscht, diese Freikarte zu besitzen und tun und lassen zu können, was immer ich wollte und mit wem ich wollte, dass ich dann von der Realität meiner neugewonnenen Freiheit ziemlich enttäuscht war. Ich musste feststellen, dass dieses wilde und ungebundene Single-Leben gar nicht so erstrebenswert ist, wie ich vorher so oft dachte. Susan musste gehen, damit ich erkennen konnte, dass es viel schöner ist, einen gemütlichen Hafen zu haben, von dem du genau weißt, dass dein Boot in Sicherheit ist, ein echtes Zuhause zu haben, wo Harmonie herrscht, wo du dich wohlfühlst und jeden Abend ein Mensch auf dich wartet, der dich liebt und sich freut, dich zu sehen.«

»Und der alles über dich erfahren möchte«, ergänzte ich. »Ein Mensch, der wirklich alles wissen möchte, worüber du nachdenkst, was dich beschäftigt, und der sich auch nach einem langen Tag neben dich setzt und sagt: ›Baby, erzähl mir davon.‹«

Jakob nickte und griff nach seinem Glas. Susan nahm eine Karotte vom Teller, der bisher noch unangetastet war, und dippte sie in den Kräuterquark.

»Was für ein schöner Satz«, sagte sie und wiederholte ihn leise. »Baby, erzähl mir davon!«

Wir dachten alle für ein paar Sekunden in Stille darüber nach. Es stimmte. Diese vier Wörter bringen ohne Schnörkeleien auf den Punkt, worauf es in einer Beziehung ankommt: Ehrlichkeit, Vertrauen, Sicherheit, Intimität und gegenseitiges Interesse.

»Jakob, was du über das Single-Leben erzählt hast, weiß ich heute mit über vierzig und ich musste viele Erfahrungen machen, um zu dieser Erkenntnis zu gelangen. Ich möchte wirklich verstehen, woher eure Weisheit kam, das schon in so jungen Jahren erkannt zu haben. Fuck, ihr wart erst achtzehn und neunzehn!«

»Wir haben uns als Team weiterentwickelt und haben den anderen auf dieser Reise immer mitgenommen«, sagte Susan. »Ich glaube, dass das ein großes Geheimnis unseres Glücks ist. Wir wollten gemeinsam wachsen, auch an den Schwierigkeiten, die vor uns lagen.«

»Euer Glück war also eine bewusste Entscheidung?«, fragte ich.

»Auf jeden Fall. Wir sind ja beide richtige Hobbypsychologen und haben schon immer alles und jeden in Grund und Boden analysiert. Zum Beispiel haben wir, lange bevor wir Eltern wurden, jede Woche ›Die Super Nanny‹ geguckt und bis ins kleinste Detail analysiert, warum die Dinge bei diesen Familien nicht rundliefen. Schon als Teenager haben wir das gemacht. Oft lagen wir bis drei Uhr nachts zusammen wach und haben unsere Beobachtungen diskutiert – vor allem, was andere Paare falsch und richtig machen –, um die Erkenntnisse dann bei uns selbst anzuwenden. Wir haben all unsere Gedanken laut ausgesprochen und miteinander besprochen, ohne Angst vor einer Wertung. Auf diese Weise haben wir uns im Prinzip konstant selbst therapiert.«

Jakob dachte kurz über Susans Worte nach, nickte und fügte hinzu: »Du hast vor Kurzem einen Spruch gepostet, Lars, der mir gut gefallen hat und der sehr gut zu unserer Situation passt: ›Sei dankbar für all die Probleme, die du nicht hast.‹ Diese Dankbarkeit kannst du ja nur dann empfinden, wenn du mit deinem Partner über die Probleme anderer sprichst, um dann wiederum das Gute und die Schönheit der eigenen Beziehung wieder neu zu erkennen und auch gemeinsam hervorzuheben.«

»Dankbarkeit ist so wichtig«, sagte Susan und atmete kurz durch. »Meine Mutter ist ein Jahr, nachdem wir uns kennengelernt haben, gestorben. Ich war sechzehn, Jakob siebzehn. So jung einen geliebten und wichtigen Menschen zu verlieren, ist wohl der größte Schicksalsschlag, den man nur haben kann. Diese Grenzerfahrung, die für mich, aber natürlich auch für Jakob auf der einen Seite so drastisch war, hat uns auf der anderen Seite als Team aber derart stark gemacht, dass uns danach eigentlich nichts mehr erschüttern konnte. Wie viele Jungs in dem Alter hätten ihre Freundin, die ihre Leichtigkeit plötzlich und unfreiwillig gegen einen riesigen Rucksack an Trauer eingetauscht hat, einfach verlassen? Jakob hingegen hat zu mir gehalten. Er hat den Schmerz mit mir gemeinsam gefühlt. Liebe als Therapie.«

»Wenn du jemanden wirklich mit deinem ganzen Herzen liebst«, sagte ich und sah meine beiden Freunde dabei abwechselnd an, »dann gibt es einen Satz, den du ab diesem Augenblick nie mehr gebrauchen wirst: ›Das ist dein Problem!‹«

»Wow, ist das schön«, sagte Susan. »Aber genau so war es.«

Kraft aus den Wurzeln

Jakob sah mich schweigend an und ich musste plötzlich an Gary Vaynerchuk denken, einen der weltweit bekanntesten Social-Media-Entrepreneurs. Gary, nur unwesentlich älter als Jakob, Susan und ich, wurde in der ehemaligen Sowjetunion geboren und immigrierte 1978 mit seiner ganzen Familie nach New York. In seinen YouTube-Videos erzählt er oft von seinen jüdischen Wurzeln und wie schwer es seine Großeltern, aber auch noch seine Eltern in der ehemaligen Sowjetunion hatten und welche Schikanen sie erdulden mussten, um zu überleben, bis sie schließlich in Amerika als Flüchtlinge ein neues Leben begannen. Immer wieder betont er in seinen Videos, wie entscheidend seine Herkunft für seinen Erfolg und seinen Seelenfrieden sei. Wann immer er glaubt, es im Leben schwer zu haben, denkt er an seine Großmutter und ihre Aufopferungen und rückt sein »Problem« damit wieder in die richtige Perspektive. In diesen Augenblicken ist er sogar dankbar, all seine Probleme haben zu dürfen, die für seine Großmutter nämlich keine Probleme, sondern das Paradies auf Erden gewesen wären.

Susan war aufgestanden und kam mit einem frischen Espresso für mich und einer großen Tasse Kaffee für sich an den Tisch zurück. Nachdem ich ihnen von Gary Vaynerchuk erzählt hatte, sagte sie: »Natürlich spielt unsere jüdische Herkunft eine Rolle, auch in unserer Beziehung, aber ich denke, das läuft eher im Unterbewussten ab.«

Jakob rückte seinen Stuhl zurecht, um wieder eine gerade Haltung anzunehmen, und sprach in meine Richtung: »Also, ich analysiere ja immer ein bisschen genauer als Susan und ich würde sagen, dass genau dort, in unserer jüdischen Herkunft, die Basis für unser Wertesystem liegt, worauf schließlich auch unsere Partnerschaft aufbaut. Was du über Gary erzählt hast, kann ich voll unterschreiben.«

»Es ist so interessant«, sagte Susan mit einem breiten Lächeln in die Runde. »Ich meine, so viele Paare, die wir kennen, würden niemals auf die Idee kommen, so ein tiefgründiges Gespräch zu führen, wie wir es gerade zu dritt oder wie Jakob und ich es seit über zwanzig Jahren fast täglich zu zweit tun. Für mich liegt auch darin eindeutig der Schlüssel: Miteinander reden! Ganz ehrlich, ich wüsste gar nicht, wie man eine Beziehung führen kann, ohne immer wieder über seine Bedürfnisse, Probleme und Ansichten zu philosophieren, ohne seine Träume zu teilen. Natürlich übertreiben wir es manchmal auch mit unseren Analysen, was durchaus anstrengend sein kann. Und natürlich könnten auch wir häufiger einfach mal etwas annehmen, ohne permanent ein Diskussionsfass aufzumachen. Aber im Großen und Ganzen ist das doch ein Riesenspaß, all seine verrückten Gedanken zu teilen. Wir sind ja nicht nur ein Liebespaar, sondern auch beste Freunde. Grundsätzlich, und da hat Jakob natürlich recht, wissen wir beide sehr zu schätzen, was es bedeutet, dieses Leben leben zu dürfen. Vor allem in der heutigen, so schnelllebigen Zeit, in der so viel weggeschmissen und ausgetauscht wird. Damit meine ich nicht nur alte Handys, sondern eben auch Freundschaften. So sind wir beide gar nicht. Ich bin sehr beständig und Jakob auch. Meinen engsten Freundeskreis habe ich schon, seit ich Kind bin. Ich gehe immer zum gleichen Frisör, kaufe in den gleichen Läden ein. Im Restaurant esse ich auch immer das Gleiche. Ich mag das. Beständigkeit eben.«

»Ich fasse mal kurz zusammen«, sagte ich und begann an meinen Fingern abzuzählen. »Die drei Eckpfeiler einer funktionierenden Beziehung lauten: Dankbarkeit, Kommunikation und gemeinsames Wachstum!«

Susan nickte und legte mit einem Blick nach oben die Handflächen vor ihrer Brust zusammen. »Ich bin so froh, dass wir uns beide für Spiritualität und Persönlichkeitsentwicklung interessieren. Was für ein Geschenk. Wirklich, ich bin so dankbar dafür. Jakob beschäftigt sich mit diesen Themen ja schon viel länger als ich, und ich weiß noch, wie er früher immer sagte: ›Ein spirituelles Leben, das ist wie mit der Matrix. Die einen sind drin und verstehen. Die anderen sind es nicht und verstehen auch nichts von dem, worüber wir reden.‹ Zugegeben, bei mir hat's auch ein bisschen länger gedauert, aber immerhin verstehe ich jetzt, was Jakob schon vor Jahren wusste. Das ist wirklich wie eine eigene Sprache, die wir zum Glück beide sprechen.«

»Anders würde unsere Beziehung nicht funktionieren«, sagte Jakob.

»Das glaube ich auch«, sagte ich. »Spirituell wache Menschen haben alle ein ähnliches Wertesystem. Ich bin der tiefen Überzeugung, dass diese Art durchs Leben zu gehen, so grundlegend ist, dass man hier als Paar unbedingt auf der gleichen Welle schwimmen muss, damit eine Beziehung langfristig funktionieren kann. Man muss nicht zwangsläufig das gleiche Level an Bewusstsein haben, aber man muss in die gleiche Richtung gehen oder wie Susan so schön gesagt hat: die gleiche Sprache sprechen.«

Jakob beugte sich nach vorn und sagte: »Lars, ich weiß, wonach du suchst, denn ich habe das lange selbst analysiert. Und jetzt muss ich doch in die jüdische Trickkiste greifen. Das Jüdisch-Sein ist für mich keine Religion, sondern eine Lebensphilosophie. Am Ende des Tages ist es, jedenfalls verstehen wir das so, eine Wertevermittlung, von der eine ganz besondere Form der Wärme ausgeht. Viele Menschen aus der jüdischen Community haben eine ähnlich warmherzige Erziehung wie wir genossen. Dadurch, dass unsere Vorfahren so eine leidvolle Vergangenheit hatten, bekommen wir von unseren Eltern schon früh beigebracht, dass wir etwas ganz Besonderes sind. Natürlich bekommen viele Kinder diesen wichtigen Wert vermittelt, aber durch unsere Geschichte hat das Leben an sich noch einmal einen viel höheren Wert für uns, weil es für uns als Gruppe eben nicht selbstverständlich ist, am Leben zu sein.«

»Amen, Bruder«, sagte ich und klopfte laut mit meiner Handfläche auf den Tisch. »Genau das sage ich auch immer: Dankbarkeit ist der Schlüssel für ein gelungenes Leben. Dankbarkeit, Dankbarkeit, Dankbarkeit!«

»So ist es, mein Lieber. Wir konnten als Volk all die schlimmen Dinge überleben und stehen jetzt hier. Wir leben. Wir atmen. Wir sind frei. Dieses Dankbarkeitsgen, das von den Alten an die Jungen weitergegeben wird, ist in der jüdischen Community extrem stark ausgeprägt. Dieses Programm der bedingungslosen Dankbarkeit dem Leben gegenüber, das wir von Kind auf eingetrichtert bekommen, läuft bei uns allen unter dem Radar der Wahrnehmung immer mit. Deswegen gebe ich dir Brief und Siegel, dass unsere jüdische Herkunft und Erziehung auch einen enormen Einfluss nicht nur auf unsere Beziehung, sondern auf unser ganzes Leben hat. Wie gesagt, es ist eine grundlegende Lebenseinstellung, eine Wertevermittlung, ein Lifestyle.«

»Das macht Sinn«, sagte ich und nippte an meinem Espresso, der schon längst kalt geworden war. »Um zu meinem Glück zu finden, sollte ich also einfach ein bisschen mehr jüdisch sein.«

Jakob und Susan lachten laut und scherzten: »Jetzt hast du's begriffen, hahaha.«

»Wo habt ihr euch eigentlich kennengelernt?«, fragte ich noch immer grinsend.

Susan antwortete mit einem verliebten Ausdruck im Gesicht: »In Italien, im Ferienlager. Wie in einem kitschigen Teenagerfilm.«

»Genauer gesagt, in einem jüdischen Ferienlager«, ergänzte Jakob.

»Wisst ihr, was ich auch grundlegend finde?«

Jakob und ich sahen Susan an und zuckten beide mit den Schultern.

»Ein Gönner zu sein«, sagte Susan, »also seinem Partner Dinge zu gönnen, die ihm Freude bereiten. Das ist so wichtig, denn diese Energie kommt einem immer auch selbst zugute.«

Jakob nickte und sagte: »Die Gleichung ist eigentlich ganz simpel: Happy Wife, Happy Life.«

»Hahaha«, lachte Susan. »Das sehe ich genauso: Happy Husband, Happy Life. Es reimt sich nur nicht so schön.«

»Ich notiere: Gönnen können!«

»Ha, das reimt sich wieder«, grinste Susan. »Unsere Gesellschaft ist so stark geprägt von Neid und Missgunst. Und am deutlichsten erkennst du das in Beziehungen. Das ist total absurd, weil dein Partner ja eigentlich der Empfänger deiner bedingungslosen Liebe sein sollte. Ich finde dieses ständige Aufrechnen, was ich in so vielen Beziehungen sehe, wirklich furchtbar, nach dem Motto: ›Letzte Woche warst du abends mit deinem Kumpel unterwegs, also darf ich heute weg ... Du hast schon dieses bekommen, deswegen bekomme ich jetzt jenes ... Ich habe schon die Küche geputzt, deswegen machst du jetzt ...‹ So ein Leben ist doch nur noch frustrierend. Für mich wäre das ein echter Beziehungskiller. Wir haben intuitiv schon immer das Gegenteil gemacht. Schon ganz früh, sogar schon während unserer Fernbeziehung. Je mehr du deinem Partner gönnst, desto geiler ist dein eigenes Leben. Diese Formel bringt es im Prinzip auf den Punkt. Weißt du, was in einer Beziehung total viel Spaß macht?«

»Ich bin ganz Ohr«, lächelte ich.

»Seinem Partner Glücksmomente zu schenken«, sagte Susan.

»Das stimmt«, bestätigte Jakob mit einem Nicken.

»Mein Glücksmoment ist zum Beispiel, wenn ich morgens ausschlafen darf. Seit ich denken kann, ist das das größte Geschenk auf Erden. Und seit wir Kinder haben, ist dieses Geschenk noch größer geworden. Jakob hat schon früh verstanden: ›Lass ich die Olle bis elf Uhr ausschlafen, habe ich den besten Tag, weil sie dann bis zum Abend übernimmt.‹ Wenn ich das meinen Freundinnen erzähle, höre ich ganz oft: ›Mein Mann würde mir das nie erlauben. Der weckt mich direkt um acht Uhr.‹ Und dann ärgert er sich, dass seine Frau den ganzen Tag schlecht gelaunt ist? Ist doch kein Wunder!«

»Ich verreise zum Beispiel zweimal im Jahr für eine Woche«, erzählte Jakob. »Ich mache das allein, manchmal kommt ein Freund mit, aber immer ohne Susan. Das ist Tradition, seit ich fünfzehn bin. Diese eine Woche Freiheit alle sechs Monate, vor allem seit wir Kinder haben, ist unglaublich heilsam für mich. In diesen sieben Tagen finde ich zu meinem eigenen Rhythmus zurück, leere meinen Kopf aus und tanke neue Kraft. Das geht nur, wenn ich allein bin und auf niemanden Rücksicht nehmen muss. Viele unserer Freunde verstehen das bis heute nicht. Sogar unsere Eltern fanden das immer sonderbar: ›Wie jetzt, du lässt deinen Mann eine Woche allein nach Mallorca oder Tel Aviv, um Party zu machen?‹ Aber Susan hat gesehen, dass sich die Energie, die ich von meinen Auszeiten mitbringe, superpositiv auf unsere Beziehung auswirkt und somit für alle vorteilhaft ist.«

»Das meine ich mit dem Gönnen«, erklärte Susan. »Jakob ist immer so ausgeglichen und happy danach, wie könnte ich daran etwas Schlechtes finden? Ich will doch, dass mein Mann glücklich ist. Er fährt weg – sein Glücksmoment. Ich schlafe aus – mein Glücksmoment.«

»Es gibt einen Satz, den wir beide nicht ausstehen können, der aber in so vielen Beziehungen immer wieder fällt.«

»Wie lautet er?«, fragte ich Jakob, und er antwortete mit hochgezogenen Augenbrauen: »Ich weiß nicht, ob ich darf.‹«

»Oh ja«, winkte Susan ab.

Ich begann zu lachen und sagte: »So wie früher, als wir noch Kinder waren und bei unseren Eltern um Erlaubnis fragen mussten, wenn wir abends länger wegbleiben wollten. Oh Gott, so eine Beziehung würde ich keine zehn Minuten aushalten.«

»Wer so lebt, hat es echt nicht verstanden«, sagte Jakob. »Klar, man muss gewisse Dinge mit seinem Partner absprechen, ob dieses oder jenes zeitlich passt. Aber um Erlaubnis fragen? Für uns sind das immer Anzeichen, dass diese Beziehungen nicht im Einklang sind und letztlich auch nicht ehrlich miteinander umgegangen wird.«

Miteinander spielen

»Ich glaube, ich habe gerade eine wertvolle Erkenntnis erlangt«, grinste ich.

Susan: »Ohhhhh!«

Jakob: »Wie wundervoll.«

»Ich beobachte euch schon die ganze Zeit, wie ihr euch beim Reden gegenseitig anschaut, euch liebevoll und voller Interesse zuhört. Könnte es sein, dass das echte Geheimnis eurer Liebe darin besteht, dass ihr nie aufgehört habt, miteinander zu spielen? Ihr habt das innere Kind in euch bewahrt, das jeden Tag aufs Neue etwas entdecken will – ohne Missgunst, ohne Zynismus, ohne Erwartungen, ohne Ego. Ihr wollt einfach nur weiter gemeinsam spielen, so wie damals im Ferienlager.«

Die beiden lächelten sich fragend an. Ich merkte, dass sie kurz über meine Worte nachdenken mussten, und schloss meine Augen. Ich stellte mir die beiden vor, wie sie romantisch am Lagerfeuer saßen, im Sommercamp in Italien, und der kleine Junge voller Ehrlichkeit sagte: »Ich liebe dich, Susan.« Das kleine Mädchen griff sich darauf ans Herz und fragte: »So wie die Erwachsenen es tun?« Und der kleine Junge schüttelte den Kopf, sah ihr tief in die Augen und antwortete: »Nein, meine Liebe für dich ist echt.«

Ich öffnete meine Augen, nahm meine Gedanken mit in die Gegenwart und begann weiterzureden. »Kinder sind ja bekanntlich sehr ehrlich, und als ihr euch kennengelernt habt, wart ihr noch Kinder. Ihr mochtet euch, habt miteinander gespielt. Nichts davon hat sich auf einer sexuellen Ebene abgespielt, sondern auf einer freundschaftlichen. Ihr habt den ganzen Menschen gesehen. Zuerst kam die Freundschaft, dann erst das Sexuelle. Zuerst war die Seelenverwandtschaft spürbar. Ihr habt euch verstanden, ohne viel sagen zu müssen. Ihr habt euch gesehen. Unter den vielen Teilnehmern des Feriencamps habt ihr euch gefunden und gedacht: ›Mit dem will ich spielen.‹ Wahrscheinlich konntet ihr das damals noch nicht so beurteilen, aber eure Energien haben sich angezogen. Und wie heißt es so schön: Energie lügt nicht.«

»Hmm, interessante Beobachtung«, murmelte Susan.

»Ihr habt mit euren naiven und kindlichen Herzen entschieden – ohne Hintergedanken, ohne Angst, ohne Ego, ohne all das Zeug, woran Erwachsene denken. Deswegen fühlt sich das, was ihr habt, auch so echt an, weil es nämlich genau das ist. Wie viele Menschen heiraten heute einfach nur, weil sie das passende Alter erreicht haben, in dem man in unserer Gesellschaft eben heiratet? Wie viele Menschen wählen heute ihren Partner nach Kriterien des Verstandes aus, weil sie eine gute Mutter wäre oder er ein guter Versorger? All diese Abwägungen, die nie vom Herzen getroffen werden, gab es bei euch nicht. Wie gesagt, ihr wolltet damals einfach nur miteinander spielen, als Soulmates, als beste Freunde. Und ihr habt dieses Mindset nie abgelegt. Die Basis eurer Beziehung ist deswegen so unfassbar stark, weil sie auf wahrer Ehrlichkeit ohne Gegenleistung beruht. So, ich bin fertig mit meiner Analyse.«

»Absolut richtig erkannt, Lars.«

»Und dann kommt auf dieser Basis das Romantische noch obendrauf«, fügte Susan hinzu.

»Und der Wille, sich wirklich für die Interessen des anderen zu begeistern«, ergänzte Jakob. »Ich war zum Beispiel nie ein großer Musical-Fan, aber Susan war und ist es bis heute. Natürlich bin ich mit ihr mitgegangen, wenn sie Karten organisiert hatte. Ich wollte doch verstehen, was genau sie daran so gut findet. Susan hat nach der Schule eine Musical-Ausbildung gemacht. Damals war das ihre Welt. Wie kann man als Partner da sagen: ›Sorry, aber ich interessiere mich nicht für deine Welt und das, was dir so sehr am Herzen liegt‹? Das ist unvorstellbar in einer liebevollen Beziehung. Die Wahrheit ist, ich habe mich nicht für Musicals interessiert, aber für meine Frau, und deswegen habe ich mich für Musicals interessiert. Darum geht es. Ich möchte sie in meine Welt mitnehmen und lasse mir gern ihre zeigen, damit wir daraus dann unsere gemeinsame Welt erschaffen können. Worüber willst du dich denn unterhalten, wenn du dich nicht für deinen Partner inklusive all seiner Gedanken und Träume interessierst?«

»Sich zusammen auf diese Reise zu begeben, zu lernen und sich auszutauschen – das ist so schön, und gleichzeitig ist es so schade, dass viele Paare dazu nicht in der Lage sind.«

»Eine Partnerschaft ist wie ein Unternehmen«, erklärte Jakob weiter. »Du kannst das wirklich sehr gut miteinander vergleichen. Du kannst dich nie lange auf deinem Erfolg ausruhen und musst dir ständig etwas Neues überlegen, um dein Unternehmen am Markt zu halten. Aber wenn du dein Unternehmen liebst, dann machst du das gern. Dann betrachtest du deine Mühen auch nicht als Arbeit. Es ist dein Traum, dein Lebenswerk. Du willst gar nichts anderes tun. Auch wenn das bedeutet, hin und wieder auf die Zähne zu beißen.«

»Liebe ist ja bekanntlich ein Tuwort«, sagte ich.

»So ist es«, sagte Jakob. »Du musst es aktiv wollen. Auch wenn das heißt, manchmal mit zum Ballett zu gehen. Aber ich verrate dir jetzt etwas, was du als spiritueller Mensch mit Sicherheit weißt, aber ich sage es trotzdem: Wenn du Ja zu etwas sagst, was dich auf den ersten Blick nicht sonderlich interessiert, bist du im Nachhinein fast immer froh darüber, über deinen Schatten gesprungen zu sein. Ich wurde noch nie enttäuscht, wenn ich an solchen Abenden ohne Vorurteile einfach mitgegangen bin, um mich wie ein kleines Kind überraschen und manchmal sogar verzaubern zu lassen. Oft sind es doch nur unsere Vorurteile, die uns ausbremsen. Du kannst nur dann Neues entdecken, wenn du Neues zulässt. Die Welt ist so viel schöner, wenn man Ja zu ihr sagt. Wir waren gerade für eine Woche in New York.«

»Nur Jakob und ich, ohne die Kinder«, fügte Susan hinzu. »Erwachsenenzeit! Lars, das war so schön.«

»Wir waren bei einem Spiel der New York Knicks.«

»Im Madison Square Garden?«, fragte ich.

»Ja, klar! Susan hatte sich zuerst dagegen gesträubt, denn sie wollte natürlich lieber auf den Broadway, um ein Musical zu sehen. Beides war ungefähr gleich teuer – wirklich sehr hohe Preise, deswegen mussten wir uns entscheiden: Broadway oder Basketball. Am Ende haben die Knicks das Rennen gemacht, und genau dieser Abend im MSG wurde auch für Susan das Highlight unserer ganzen Reise.«

»Das war wirklich spektakulär«, nickte Susan.

»Da haben wir es wieder«, sagte ich. »Man muss gönnen können.«

»Und gemeinsame Erinnerungen schaffen«, sagte Susan.

»Ihr glaubt gar nicht, wie viele Menschen in meine Coachings kommen und sich darüber beklagen, dass ihre Partner gar keine Lust haben, an ihrer Welt teilzuhaben. Meistens sind es ja die Männer, die das verweigern. Es ist interessant, dass Frauen für Spiritualität und persönliche Weiterentwicklung in der Regel viel offener sind. Sie betrachten es auch weniger als Schwäche, Neues zu wagen, mal andere Bücher zu lesen und sich auf unbekanntes Terrain zu begeben. Sie bekommen Zugang zu neuen Gedanken über sich und ihr Leben, besuchen Retreats und Seminare und würden diese neugewonnene Welt so gern mit ihren Partnern teilen. Doch die blocken ab und möchten von all dem Hokuspokus nichts wissen. Diese Veränderung der eigenen Lebenswirklichkeit wird mit der Zeit so grundlegend, dass in der Beziehung irgendwann gar keine Basis mehr vorhanden ist und eine Trennung dann sehr oft unausweichlich wird. Ich kann mich noch gut erinnern, als ich das erste Mal Eckhart Tolle gelesen habe. Ich hatte das Gefühl, dass ein völlig neues Universum für mich aufging.«

Jakob: »So erging es uns auch.«

Susan nickte und griff nach Jakobs Hand.

»Und ist es nicht das Allergrößte, wenn man diese Erfahrung dann mit seinem Partner teilen kann? Ich weiß noch, dass ich damals so geflasht von seinen Büchern war, dass ich allen davon erzählt habe. Ich wollte, dass jeder Mensch in meiner Umgebung dieses Wissen bekommt. Ich war so euphorisch, dass ich es selbst kaum glauben konnte. Alles war plötzlich anders. Ich habe die Welt auf einen Schlag neu wahrgenommen.«

Jakob sagte: »Erleuchtung.«

Ich faltete meine Hände über dem Kopf und sagte: »Wenn dein Partner auf dieser Reise dann nicht mitzieht und sich auch nicht dafür interessiert, wird der Graben so groß, dass eine erfüllende Beziehung kaum noch möglich ist.«

Susan: »Das ist wahr.«

Jakob: »Das ist genau das, was wir mit Matrix meinen.«

»Wenn ich mir vorstelle«, sprach ich euphorisch und vielleicht etwas zu theatralisch weiter, »dass man dieses Erweckungserlebnis gemeinsam mit dem Partner hat … Ihr steigt zusammen in die Matrix. Die Tür öffnet sich, und ihr geht zusammen durch. Hand in Hand. Was so eine gemeinsame Erfahrung für eine Beziehung bedeuten kann! Der reinste Wahnsinn! Wenn es keine Grenzen mehr gibt, kein Ego, keine Scham, nur noch Liebe in ihrer pursten Form. Wow, ich bekomme Gänsehaut, wenn ich nur daran denke.«

Jakob grinste mich an und sagte ruhig: »Ist dieses Leben nicht ein Geschenk? Dass du genau das, wovon du gerade gesprochen hast, an jedem neuen Tag erreichen kannst?«

»An jedem verdammten Tag, Baby!«, antwortete ich.

»Noch einen Espresso?«

»Ich habe genug. Ich danke euch.«

»Alles Wissen ist vergeblich ohne die Arbeit.
Und alle Arbeit ist sinnlos ohne die Liebe.«
Khalil Gibran

Susan und Jakob haben sich als Kinder gegenseitig an die Hand genommen und je nachdem, wer auf ihrer langen und bis heute anhaltenden Reise gerade mehr Energie besaß, hat den anderen einfach mitgezogen. In guten wie in schlechten Zeiten. Immer zusammen. Immer als Team. Auf diese Art haben sie spielerisch und ohne viel Druck ihre Welt entdeckt. Was die beiden über ihre Dankbarkeit, am Leben zu sein, ihre Freundschaft und tiefe Verbundenheit erzählten, hat mich tief bewegt. Jemanden zu haben, der bedingungslos für dich da ist, der dich auch dann liebt, wenn du nicht dazu in der Lage bist, und dir den Weg zur Sonne zeigt, wenn graue Gewitterwolken dir die Sicht vernebeln. Eine beste Freundin, die morgens neben dir aufwacht und dir aus dem Bett hilft, wenn dir dazu die Kraft oder die Motivation fehlt – eben einen echten Partner in Crime, der dich unter allen Umständen gewinnen sehen will: One Love, One Dream, One Team!

Am Abend war ich bei Freunden im Prenzlauer Berg zum Essen verabredet, und wir zogen danach noch weiter in einen Club. Wir tanzten und unterhielten uns, neue Leute kamen dazu, und wir hatten einen Riesenspaß. Mein Radar entdeckte auch sofort eine junge Dame, die ideal in mein altes Muster passte. Die Stimmung war gut, wir waren flirty, aber aus irgendeinem Grund hielt ich mich zurück. Ich dachte plötzlich an die Geschichte über den Bambus und musste grinsen. Ich stellte mein Glas ab und verabschiedete mich mit den Worten: »Ich muss jetzt ganz dringend los, aber ich wünsche dir noch einen schönen Abend. Ich bin heute nicht der Richtige für dich.«

Im Taxi nach Hause fühlte ich Erleichterung und überlegte, was gerade geschehen war.

»Du hast dein Muster gewechselt, Dummkopf«, grinste die Stimme. »Ich gratuliere!«

»Hab ich das?«

»Ja, du hast Verantwortung für das übernommen, was du nicht willst. Jetzt kannst du auch Verantwortung für das übernehmen, was du willst.«

Dein Leben, deine Träume, deine Verantwortung

»Es ist immer einfach, anderen die Schuld zu geben. Du kannst dein ganzes Leben damit verbringen, die Welt verantwortlich zu machen, aber Erfolge wie Rückschläge liegen voll und ganz in deiner Verantwortung. Natürlich kannst du sagen, dass das Leben nicht gerecht ist, aber das wäre eine komplette Verschwendung von Energie.«

Paulo Coelho

Eine meiner wichtigsten Erkenntnisse aus den letzten Jahren klingt auf den ersten Blick recht banal, aber für mich war sie doch ein echter Game Changer: Die anderen sind nicht besser als du. Nicht im Beruf. Nicht in ihren Beziehungen. Nicht in der Liebe. Sie haben lediglich keine Angst vor den möglichen Konsequenzen und machen es einfach.

Früher habe ich viele Stunden damit verbracht, über die Projekte anderer Autoren, Entrepreneurs und Coaches zu sinnieren. Dann habe ich weitere Stunden damit zugebracht, mit Freunden darüber zu reden, und noch mehr Stunden, um

Gründe zu finden, warum ich noch nicht längst mit der Veränderung an mir selbst begonnen habe. Ich machte es mir auf dem Sofa der Komfortzone bequem, beobachtete die anderen beim Wachsen und fühlte mich schlecht. Die Wahrheit bleibt aber die Wahrheit: Entweder du findest Ausreden oder du findest Lösungen. Du willst Erfolg? Mach dich an die Arbeit! Du suchst Liebe? Mach dich auf den Weg!

Ohne es zu wissen, hältst du gerade ein riesengroßes Geschenk in deinen Händen: Freiheit. Tob dich aus, probiere alles aus, zieh mit deinem Farbeimer durch die Straßen und mal deine Welt bunt an. Finde heraus, welche Richtung an der Weggabelung deine ist. Auf diesem Weg wirst du überall Menschen treffen, die potenzielle Seelenverwandte sein könnten. Entfache wieder das Feuer der Liebe in dir und tue jeden Tag Dinge, die du liebst. Die vielen kleinen Puzzleteile, die du ab sofort aufsammeln darfst, ergeben in der Summe dein neues und großartiges Leben. Diese Energie wird dir deinen Weg zeigen.

Öffne dich für die Möglichkeiten, die das Leben auch für dich bereithält. Es geht nicht darum, sofort den Menschen deiner Träume kennenzulernen oder den Traumjob deines Lebens zu ergattern. Es geht darum, den Wert zu erkennen, der darin liegt, dass du jeden Tag das große Los ziehen könntest. In jedem Tag steckt ein ganzes Leben. Du kannst dich verlieben und alles Schöne, was jemals erschaffen wurde, an nur einem Tag fühlen, spüren und erleben. Die Frage ist nur – und du weißt schon, was jetzt kommt: Bist du wirklich bereit, alles für dein persönliches Glück zu tun?

»Bravo«, applaudierte die Stimme in meinem Kopf. »Tolle Ansprache. Schön geschrieben. Sehr überzeugend. Viele gute Sätze. Wenn du das auf Facebook postest, bekommst du sicher viele Likes. Woohoo, Lars, woohoo! So schön, so toll, so awww. Alle werden dich feiern. Du Loser!«

Ich saß vor meinem Laptop und hörte auf zu tippen.

»Was soll das?«, fragte ich zurück.

»Nichts von deinen Ratschlägen an die Welt beherzigst du selbst. Du bist ein Hochstapler, ein Scharlatan, ein Loser!«

»Findest du?«

»Ja, finde ich«, sagte sie ohne die Spur von Ironie. »Du bist unglücklich und sagst den Menschen, was sie tun sollen, um glücklich zu werden. Viele halten sich an deinen Rat und schaffen es auch tatsächlich. Nur du hältst dich nicht daran. Das ist erbärmlich. Ich schäme mich, in deinem Kopf zu sitzen. Talk is cheap, my Darling! Ich respektiere dich erst, wenn du dein eigener Schüler wirst und auch wirklich umsetzt, was du predigst.«

»Ich bin kein Prediger«, sagte ich leise. »Das habe ich nie behauptet und will es auch gar nicht sein. I am not your fucking Guru!«

»Du kannst so oft auf Tony Robbins verweisen, wie du willst. Mir machst du nichts vor. Beweise es mir, dass du es ernst meinst. Du hast Susan und Jakob getroffen, okay. Das war ein erster aktiver Schritt. Was kommt jetzt?«

Ich klappte meinen Laptop zu und ließ meinen Kopf in meine Hände fallen. Ich kannte die Antwort nicht. Es fühlte sich an, als sei innerhalb einer Minute all meine Lebensenergie aus meinem Körper gewichen.

»Ich weiß es nicht«, antwortete ich.

»Was soll das? Willst du Mitleid? Soll ich deine Mama anrufen?«

»Meine Mama ist auch deine Mama!«

»Entweder du findest Ausreden oder du findest Lösungen«, äffte mich die Stimme nach. »Das sind deine Worte. Du willst Erfolg? Mach dich an die Arbeit! Du suchst Liebe? Mach dich auf den Weg! Auch deine Worte. In jedem Tag steckt ein ganzes Leben. Du kannst dich verlieben und alles Schöne, was jemals erschaffen wurde, an nur einem Tag fühlen, spüren und erleben. Deine Worte. Deine aktuellen Umstände beschreiben nicht, wohin du es schaffen kannst, sie beschreiben nur, von wo aus du beginnst. Alles deine Worte, Baby. Du kannst jetzt beginnen, also mach es auch.«

Ich rieb mir die Augen und blickte aus dem Fenster. Es war grau und hatte zu regnen begonnen. Ein Abbild meiner Seele. Die Stimme hatte recht, aber ich fühlte mich wie versteinert, als hätte mir eine dunkle Macht all meine Fähigkeiten geraubt. Alles, was ich über das Leben wusste und jemals gelernt hatte, war plötzlich verschwunden. Alle Tools weg. Ich war leer.

»Du bist nicht leer«, sprach die Stimme weiter. »Du redest dir ein, dass du leer bist, damit du eine Entschuldigung hast, um dich verkriechen zu können und nicht handeln zu müssen. Lass uns durchatmen und ein kleines Gedankenexperiment machen. Bereit?«

Ich schüttelte den Kopf und sagte: »Nein!«

»Bereit?«, fragte sie ein zweites Mal, und ich wusste, dass sie kein drittes Mal fragen würde.

Ich nickte.

»Stell dir vor, du stirbst morgen, wachst auf einer schönen weichen Wolke auf, öffnest deine Augen und stehst plötzlich vor Gott. Stell dir vor, sie guckt dich liebevoll an und fragt dich, ob du während deiner Zeit auf Erden glücklich warst. Was antwortest du ihr?«

Ich überlegte kurz und sagte: »Ja, es gab flüchtige Momente des Glücks.«

»Darauf würde Gott dich fragen: ›Warst du denn glücklich im Augenblick deines Todes?‹«

»Nein«, sagte ich.

»Was hat dir denn zu deinem Glück gefehlt?‹, fragt dich Gott.«

»Die Liebe«, antwortete ich.

»Gott sieht dich erneut mit ihren funkelnden Augen an und spricht: ›Ich habe dir die Liebe geschickt, aber du wolltest sie nicht sehen. Ich habe sie dir direkt vor deine Füße gelegt, aber du bist achtlos über sie hinweggegangen. Die Zeichen, die ich dir gesendet habe, waren zahlreich, und dennoch hast du dich entschieden, sie zu ignorieren.‹«

Ich fragte mich, welche Zeichen das hätten sein können. Ich stand von meinem Schreibtisch auf, lief im Zimmer auf und ab und ging gedanklich alle Affären und One-Night-Stands durch, an die ich mich erinnern konnte.

»Oje, ganz falsche Richtung«, sagte die Stimme.

»Bist du immer noch Gott?«, fragte ich.

»Das spielt keine Rolle«, sagte sie. »Du meinst, dass niemand auf dich wartet, aber das stimmt so nicht. Du siehst nur nicht richtig hin, weil du dich nach wie vor von Oberflächlichkeiten täuschen lässt.«

»Was meinst du damit?«, fragte ich erneut.

»Dazu kommen wir gleich. Du stehst also vor Gott, und sie fragt dich, was du alles dafür tun würdest, um vor deinem Tod noch einmal auf allen Ebenen zu lieben und Liebe zu empfangen. Was antwortest du?«

Ich holte gerade Luft, um etwas zu sagen, als die Stimme mir ins Wort fiel. »Bist du bereit, für die Liebe das zu tun, was David für seinen Traum getan hat?«

135

Der Unterschied zwischen dem, der du bist, und dem, der du sein willst

Die Stimme meinte David aus Pennsylvania. Im Alter von vierzehn Jahren entdeckte er seine Leidenschaft für Videokameras. Er war fasziniert von der Vorstellung, Bilder aufnehmen und bearbeiten und sich dadurch künstlerisch ausdrücken zu können. Stundenlang saß er in seinem Kinderzimmer vor dem Computer und probierte mit einer kostenlosen Videoschnittsoftware allerlei Techniken aus. Wenn er mit seinen Freunden im Wald spielte, hatte er immer seine Kamera dabei, um das Erlebte zu dokumentieren. Abend für Abend setzte er sich dann hin und bastelte aus dem Material bis in die frühen Morgenstunden kleine Videos – jahrelang. Nach seinem Collegeabschluss wusste er nicht, wie es beruflich für ihn weitergehen sollte, also nahm er jeden Job an, den er finden konnte. Selbst als er als Aushilfe in den Lagerhäusern von Amazon die Nachtschichten übernahm, saß er vorher stundenlang im Auto auf dem Firmenparkplatz, um auf seinem Laptop Videos zu schneiden. Das war seine Welt, sein Leben, seine Leidenschaft.

Dann geriet er mit seinem alten Auto in einen Unfall und schrottete es vollständig. Er betrachtete diese Situation als Zeichen, um seinem Leben eine neue Richtung zu geben. Mit zweitausend Dollar in der Tasche zog er nach New York, lebte im Keller der Wohnung seiner Schwester und nutzte erneut jede Chance, die sich ihm bot. Jeden Morgen stand er sehr früh auf, klickte sich durch die Jobbörsen im Internet und machte alles, um über die Runden zu kommen. Parallel dazu arbeitete er kostenlos als Kameramann, um sein Portfolio weiter aufzubauen und Erfahrung zu sammeln. Für einen Hochzeitsjob pendelte er dreieinhalb Stunden mit dem Zug zwischen Staten Island und

Long Island hin und her und arbeitete danach bis in die Nacht in einem Geschäft für Unterhaltungselektronik. David bastelte für zwanzig Dollar Werbevideos für Restaurants zusammen. Manchmal, wenn er besonders viel Glück hatte, bekam er als Bonus noch eine warme Mahlzeit spendiert. An den Wochenenden arbeitete er weiterhin kostenlos, vor allem nachts, um seine Fähigkeiten als Content Creator konstant zu verbessern. Seine freien Tage verbrachte er oft bei Starbucks, um das kostenlose WLAN zu nutzen. Für zwei Dollar fünfzig bestellte er sich einen Kaffee und eine Banane – seine Mahlzeit für den Tag – und legte in allen Online-Jobbörsen, die er finden konnte, ein Profil von sich an, um seine Dienstleistungen anzupreisen. Er saß dort bis zu zehn Stunden. Woche für Woche. Über die Jahre sammelte David so wertvolle Erfahrungen. Er lernte, wie man richtig verhandelt, und baute sich in einer der teuersten Städte der Welt ein bescheidenes Leben auf. Trotzdem hörte er nie auf, an den Wochenenden kostenlos zu arbeiten, um noch mehr zu lernen, um noch mehr Kontakte zu knüpfen und um weiterhin das zu tun, was er mehr liebte als alles andere.

Im Januar 2014 hielt ein Mann, dessen Namen dir aus meinem Gespräch mit Susan Sideropoulos und ihrem Mann Jakob bekannt vorkommen wird, an der Columbia University eine Rede über Erfolg, Glück und Authentizität: Gary Vaynerchuk. David, der sich an dem Abend zufällig im Publikum befand, war sofort von der Energie dieses sehr speziellen Entrepreneurs begeistert. Als er nach Hause kam, schaute er sich bis tief in die Nacht YouTube-Videos von ihm an und verfasste um vier Uhr morgens eine E-Mail an ihn, doch anstatt auf Senden zu drücken, hörte er auf sein Bauchgefühl und drückte auf Speichern. Zwei Monate später rief Gary Vaynerchuk dazu auf, seinen YouTube-Kanal zu abonnieren und ihm danach eine Nachricht zu schicken. Als David das sah, nutzte er die Gelegenheit, öffnete seine gespeicherte Mail, änderte die ersten Zeilen und schickte sie ab:

Von: David Rock

An: Gary Vaynerchuk

Ich hoffe, du fühlst dich jetzt besser, nachdem ich dich abonniert habe. Ich tue es. Gary, ich habe deine Rede an der Columbia gesehen, das war völliger Wahnsinn. Ernsthaft. Du inspirierst mich so sehr, deine Leidenschaft und Lebensgeschichte ist GIGANTISCH. Ich habe dein Buch von der ersten bis zur letzten Seite verschlungen. Deine Inhalte sind so gut, danke dafür. Ich wohne in New York, bin ein Videocreator und würde sehr gern ein GIGANTISCHES Video für dich drehen! Keine Ahnung, was das genau bedeuten würde, alles woran ich denke, ist ein geballter Haufen GIGANTICHKEIT ... Aber die Entscheidung liegt natürlich bei dir.

David wartete ein paar Tage ... Keine Antwort. Er schrieb ihm auf Twitter, dass er ihm eine Mail geschickt habe ... Nichts. Da er in den Jahren zuvor bereits viel Erfahrung mit Absagen jeglicher Art sammeln konnte, nahm er es nicht persönlich und konzentrierte sich wieder auf seinen Alltag. Eines Abends, nachdem er mit einem Job fertig war, rief sich David ein Taxi. Normalerweise machte er das nicht, um Geld zu sparen, aber es regnete in Strömen, er war müde und wollte sich mit seinem Berg an Equipment nicht mehr durch die überfüllte New Yorker U-Bahn kämpfen. Er saß im Taxi, kramte sein Handy aus der Hosentasche und sah, dass Gary in exakt diesem Moment etwas getwittert hatte: »Ich probiere gerade diese neue App aus, redet mit mir unter @garyvee.« David zögerte nicht lange, lud sich die App herunter und schrieb ihm aus dem Taxi erneut eine Nachricht:

Von: David Rock
An: Gary Vaynerchuk
Hey, habe mich gerade über die App mit dir connectet. Ich arbeite meistens von unterwegs, kein Studio, ziehe einfach von meinem Appartement los durch die Stadt. Ich liebe es. Ich würde super gern ein Video für dich machen. Ohne Honorar, darum geht es mir nicht. Wenn es dir nicht gefällt, musst du es nicht online stellen, aber falls doch, wäre es mir eine Ehre. Hier ein Beispielvideo von mir. Es ist eine Minute lang. Ich will dir nicht auf die Nerven gehen, bin einfach nur hartnäckig und für alles bereit.

Dieses Mal reagierte Gary und gab David die Möglichkeit, ihn einen Tag lang mit seiner Kamera zu begleiten. David nutzte seine Chance, war perfekt vorbereitet und lieferte schon wenige Tage später einen fünfminütigen Kurzfilm ab. Gary bot ihm auf der Stelle einen festen Job als sein persönlicher Kameramann an. Die beiden harmonierten so gut, dass sie eine völlig neue Form des Content Creating entwickelten. Gary Vaynerchuk ist heute, sieben Jahre später, einer der bekanntesten Entrepreneurs der Welt, ein internationaler Social-Media-Superstar und einer der gefragtesten Keynote-Speaker in Amerika. Nebenbei hat er sich eine Fanbase aufgebaut, die ihn wie einen Guru verehrt. Und David? Unter seinem Künstlernamen DRock lebt er seit Jahren seinen Traum, reist mit Gary durch die Welt und ist in der Gründerszene selbst zu einem Star geworden. Viele Entrepreneurs, Künstler und Celebrities haben nun auch einen »DRock« an ihrer Seite und kopieren, was er einst kreierte. Das Video, mit dem alles begann, ist übrigens immer noch auf YouTube online: »Between the Clouds and the Dirt: A Short Film – Gary Vaynerchuk«. Letztes Jahr schrieb David auf seinem Instagram-Kanal: »(...) dann traf ich Gary Vee und bot ihm ein kostenloses Video an. ABER ... ja, vielleicht hast du recht, vielleicht ist es unter deiner Würde, kostenlos zu arbeiten, vielleicht hat das alles keinen Wert für dich. Du gehst deinen Weg und überlässt damit Kids wie mir die Chance ihres Lebens.«

Die Stimme saß direkt vor mir und sagte: »Der Unterschied zwischen dem, der du bist, und dem, der du sein willst, liegt in dem, was du tust. Nur deine Taten zählen, nicht, was du anderen erzählst, was du auf Twitter oder Instagram postest oder was du in deiner Fantasie glaubst, eines Tages theoretisch tun zu können. Nur deine echten Taten zählen, was sichtbar und zählbar ist. Also stelle ich dir die Frage erneut: Bist du bereit, für die Liebe das zu tun, was David für seinen Traum getan hat?«

»Ja, das bin ich«, sagte ich entschlossen.

»Das freut mich zu hören«, schmunzelte die Stimme. »Ich möchte dich erneut an deine eigenen Worte erinnern. Du hast geschrieben: ›Finde heraus, welche Richtung an der Weggabelung deine ist. Auf diesem Weg wirst du überall Menschen treffen, die potenzielle Seelenverwandte sein könnten.‹ Ist das korrekt?«

Ich fühlte mich wie vor Gericht. Entsprechend flapsig fiel meine Antwort aus: »Das ist korrekt, Euer Ehren.«

Die Stimme ging nicht auf meinen kleinen Spaß ein, sondern sagte nur: »Du stehst nun an so einer Weggabelung.«

»Echt jetzt?«

Ich sah mich in meinem Zimmer um.

»Hier?«

»DRock hat zwei Nachrichten geschrieben, die sein Leben verändert haben. Wechselt man in die Vogelperspektive und betrachtet die Situation von oben, also mit einem neutralen Blick, könnte man ebenfalls sagen: Gary Vee hat zwei Nachrichten *erhalten,* und weil er auf sie reagiert hat, haben die nachfolgenden Ereignisse wiederum sein Leben verändert.«

»Aber was hat das mit mir und meiner Suche nach Liebe zu tun?«, wollte ich wissen.

»Erinnere dich daran, was Gott vorhin zu dir gesagt hat!«

»Sie sagte, sie habe mir Zeichen geschickt, die ich immer wieder übersehen habe.«

»Also frag dich: Was übersiehst du in diesem Moment?«

Ich verstand kein Wort. Und warum brachte die Stimme ständig Gott ins Spiel? Welches Zeichen meinten die beiden? Ich ging in die Küche, überlegte und überlegte und kam ein paar Minuten später mit einem Espresso an meinen Schreibtisch zurück. Ich sah keine Zeichen. Da war gar nichts. Ich wusste ja nicht einmal, wo ich hätte nachgucken sollen.

»Hilf mir!«, sagte ich.

»Du liebst doch Dr. Wayne Dyer so sehr«, sprach die Stimme.

Ich nickte. Sofort stand ich auf und ging an mein Bücherregal. Wayne Dyer war ein Psychologe aus Amerika und ein großartiger Autor und spiritueller Lehrmeister. Sein Buch *Der wunde Punkt. Die Kunst nicht unglücklich zu sein,* das er 1976 – zwei Jahre vor meiner Geburt – geschrieben hatte, verkaufte sich über dreißig Millionen Mal und zählt zu den erfolgreichsten spirituellen Ratgebern aller Zeiten. Auch seinen Film *The Shift,* in dem er sich selbst spielt, hatte ich etliche Male gesehen. Jedes Mal, wenn ich diesen alten Mann sah, erkannte ich mich selbst ein Stück weit in ihm wieder. Diese Ruhe, die er ausstrahlte, und die unaufgeregten Worte, die er wählte. Er sprach mir einfach immerzu aus dem Herzen, selbst dann, wenn er nichts sagte, nur in seinem Garten stand und das Meer beobachtete. Er lebte bis zu seinem Tod mit seiner Frau und seinen Kindern auf Hawaii.

»Was ist mit ihm?«, fragte ich, schob das Buch zurück und setzte mich wieder.

»Nun, er sagte einmal einen Satz, der dich vielleicht einen Schritt näher an das Zeichen bringt, nach dem du suchst. Er lautet: ›Die höchste Form der Ignoranz ist, etwas abzulehnen, von dem man nicht die geringste Ahnung hat.‹ Genau das hast du aber getan.«

»Okay«, sagte ich und schlug mit beiden Handflächen auf die Schreibtischplatte. »Ich komme nicht drauf. All deine Hinweise laufen ins Leere. Erlöse mich endlich oder lass mich in Frieden!«

»Ich soll dich erlösen? Redest du gerade mit mir oder mit Gott?«

Ich ignorierte die Stimme, trank meinen Espresso aus und klappte meinen Laptop wieder auf. Als ich meine Facebook-Seite öffnete, applaudierte die Stimme laut und sprach: »Warm, ganz warm. Endlich kommen wir der Sache näher. Geh doch mal zu deinen letzten gelesenen Nachrichten.«

Ich klickte auf mein Postfach und scrollte langsam von oben nach unten. Da waren so viele Nachrichten, dass ich bereits nach wenigen Sekunden den Überblick verlor. Wer hatte mir eine Nachricht geschickt, die so besonders war, dass sich meine Stimme sogar mit Gott verbünden musste, um mich darauf zu stoßen?

»Oft übersehen wir das Offensichtliche, weil unser Fokus auf dem liegt, was nicht vorhanden ist«, sagte die Stimme leise.

»Nein!«, sagte ich plötzlich mit großen Augen.

»Doch!«, lächelte die Stimme.

»Du meinst wirklich …?«

»Ja, wir meinen«, lächelte die Stimme jetzt noch eine deutliche Spur mehr.

Ich stand auf und lief wieder kreuz und quer in meinem Zimmer umher. Das konnten die Stimme und Gott unmöglich ernst meinen. Ich rieb mir übers Gesicht, sah aus dem Fenster und musste lachen. Jetzt verstand ich auch die Anspielung auf die beiden Nachrichten, die DRock an Gary Vee geschrieben und die am Ende beider Leben nachhaltig verändert hat. Die fremde Frau auf Facebook hatte mir auch zwei Nachrichten geschrieben. Aber das konnte man doch überhaupt nicht miteinander vergleichen!

»Du denkst zu viel«, sagte die Stimme. »Lies dir ihre erste Nachricht an dich noch einmal in Ruhe durch. Ohne Erwartungen, ohne Vorverurteilung. Achte nur auf den Inhalt.«

Ich druckte mir ihre Nachricht aus, legte mich damit aufs Sofa und las sie mir erneut durch. Dieses Mal aber langsam und sehr genau.

Huhu, wie geht es dir?
Larsi, ich hoffe, alles ist wunderbar. Ich werde im Folgenden etwas unüblich vorgehen. Ich habe das auch noch nie vorher gemacht, aber ich kenne nicht sonderlich viele Männer, von denen ich GLAUBE, dass sie VERSTEHEN, was ich im Folgenden schreibe. Ich meine rein spirituell, rein mit dem Herzen.
Kurz zur Vorgeschichte: Meine Cousine hat »It's All Good« von dir gelesen und mich vor einiger Zeit angerufen, um mir zu sagen, dass sich das Lesen deines Buches wie ein Gespräch mit mir anfühle. Wir seien »vom selben Schlag« und daher meine Annahme, dass du verstehen wirst, was

ich dir jetzt schreibe (du siehst schon, ich vertraue meiner Cousine blind). Ich habe keines deiner Bücher gelesen (ich hoffe, du verzeihst 😋), also schreibe ich dir hier gerade nicht als Fan, sondern einfach als Mensch (nicht, dass Fans keine Menschen sind, haha). Durch meine Cousine habe ich mitbekommen, dass es ein Buch von dir gibt, in dem du einem kranken Kind Wünsche erfüllst, und ich habe mich gefragt, was du dir wohl wünschen würdest, wenn dir selbst einmal ein Wunscherfüller begegnen würde? In diesem Zuge habe ich mich dann auch gefragt, was ich mir wünschen würde, wenn ich so einen Wunscherfüller treffen würde. Klar würde ich mir von Barack Obama als Wunscherfüller etwas anderes wünschen als vom Chef der EZB oder vom Dalai Lama. Aber wenn ich ganz frei wählen könnte und der Wunsch nur mich und mein Leben betreffen dürfte, wäre es folgender Wunsch: Ich wünsche mir, zwei Monate meines Lebens so zu leben und zu lieben, als ob ich und der Wunscherfüller wüssten, dass wir in zwei Monaten sterben. Einmal im Leben ein »all in« an Liebe erfahren. Einmal im Leben Liebe als Priorität erleben. Ich bin dieser Welt so überdrüssig und vor allem der Männer darin, denen Job, Karriere, andere Frauen, Autos, Businessflüge, Steuereinsparungen und mehr Schein als Sein wichtiger sind als das, was in meinen Augen wirklich die Essenz allen Seins ist: Liebe.

Wie kann es sein, dass die Liebe ständig nach hinten geschoben wird, dass tolle Ausflüge in die schönsten Altstädte dieser Erde nicht gemacht werden, weil man am Wochenende Business macht? Wie kann es sein, dass tiefe Gespräche nicht geführt werden, weil man von den Bedingungen des Jobs zu müde ist? Wie kann es sein, dass man nicht tanzen geht, weil es zu aufwendig ist, sich ein bisschen schick zu machen? Nicht zu vergessen, das Schlafdefizit, das man die gesamte Woche hätte. Ist den spaßigen Abend nicht wert. Komm, wir bleiben lieber zu Hause. Wie kann es sein, dass man nicht mehr man selbst sein kann, authentisch, mit all seinen Fehlern, nur weil man gefallen will, um die Erwartungen anderer zu erfüllen? Wie kann es sein, dass Beziehungen weggeworfen werden, weil sie nicht perfekt sind und weil das Gras woanders immer grüner erscheint? Vielleicht passt diese andere Person noch ein bisschen besser zu mir... nur kein Dopamin vergeuden. Nicht zu viel investieren, damit man bei der nächsten Person noch genug übrig hat.

Ich weiß, man kann alles lieben: seinen Job, seine Familie, seine Tiere ... Aber ich weiß einfach, dass die Liebe, die man seinem Partner gibt, WUNDERSAM ist. Die Wonne liegt im Geben, sich auf die Zeit zusammen freuen.

Man macht jemanden zum Zentrum, nicht aus einem Mangelzustand heraus, sondern aus FÜLLE, weil die Dinge, die man allein macht, zusammen einfach noch mehr Spaß machen, noch tiefer, noch toller sind. Wie schön muss es sein, diese Liebe zu geben und auch zu bekommen? Zwei Blumen, die auch vom jeweiligen Gegenüber gegossen werden, die wachsen und gedeihen.

Ich bin der Phrasen »Unsere Zeit kommt noch«, »Du musst geduldig sein«, »Man muss kleine Schritte machen« so überdrüssig. Ich will leben, ich will lieben, JETZT! So intensiv, als ob ich in zwei Monaten sterbe. Und genauso zurückgeliebt werden. Was nach den zwei Monaten ist, who knows? Darüber wird nicht nachgedacht. Es geht nur um den Moment im Jetzt. Es geht auch nicht darum, sein Leben aufzugeben in der besagten Zeit, es wird mit allem weitergemacht, was man halt so macht. Aber für zwei Monate ist der Fokus diese Beziehung. Ich will das wirklich einmal im Leben erlebt haben. Ja, das würde ich mir von einem Wunscherfüller wünschen. Zwei Monate »all in« für die Liebe, die Beziehung, den Partner. In der festen Überzeugung, dass man bei all dem Geben am allermeisten selbst profitiert. Es ist also nicht nur ein Geschenk für den Wünschenden, sondern auch für den, der den Wunsch erfüllt.

Vielleicht ist es ein unmoralisches Angebot, und falls es in deinem Leben eine Person gibt, die bereits Empfängerin deiner Liebe ist, entschuldige ich mich von Herzen bei dir und ihr. Ich schreibe dir das auch nicht im Sinne einer plumpen Anmache, sondern vielmehr, weil ich glaube (oder hoffe), dass du diese Zeilen mit deinem Herzen liest und verstehst, was sich dahinter verbirgt. Es geht darum, zwei Monate einfach Ich zu sein, Du zu sein. Ohne die üblichen Spielchen und völlig ohne Zukunftsgedanken. Vielleicht ist das alles auch gar nichts für dich und es hat seinen Grund, warum du mit über vierzig lieber Single bist (falls du es bist), und vielleicht hast du auch gar keine Zeit oder Lust dazu ... und dennoch ... Ich MUSSTE dir das alles mal sagen ... vielleicht sterben wir ja in zwei Monaten ... Ich wollte einfach nicht länger warten.

Feel hugged, lieber Lars. Ich hoffe, du denkst nicht, dass ich völlig behämmert bin oder dich auf den Arm nehme. Ich fürchte, ich meine das alles völlig ernst. 😉

Byebye

A.

Die Fremde wünschte sich für einen Zeitraum von zwei Monaten »Liebe all in«. Sie wollte sich einmal richtig lebendig fühlen und Dinge tun, die sie noch nie getan hatte. Sie wünschte sich, endlich das Leben zu spüren, weil Leben genau das ist. Endlich! Sie wollte keine Zeit mehr verlieren und das wirklich Wichtige nicht mehr auf morgen verschieben. Ich machte, was die Stimme mir sagte, und legte meinen Fokus nur auf diese Fakten. Ich musste zugeben, dass ich die Sehnsucht dieser Frau nachvollziehen konnte.

»Ich weiß, was dich zögern lässt«, sprach die Stimme. »Sie begrüßt dich mit *Huhu* und nennt dich *Larsi*, und du findest ihre Fotos auch nicht supersexy. Aber erinnere dich bitte an Wayne Dyers Worte: ›Die höchste Form der Ignoranz ist, etwas abzulehnen, von dem man nicht die geringste Ahnung hat.‹ Du lehnst sie nur ab, weil sie anders ist und nicht deiner Idealvorstellung entspricht. Darüber haben wir doch schon gesprochen, du erinnerst dich?«

Ich nickte.

»Sehr gut«, redete die Stimme weiter. »Versuche für diesen Moment alles zu vergessen, was du weißt. Wenn du keine Erwartung an deine Zukunft hast, was bedeutet das hier? Was ist diese Nachricht an dich?«

»Ein Zeichen?«, fragte ich.

»Ja, aber was noch?«

»Eine Chance?«

»Ganz genau«, sagte die Stimme. »Eine Gelegenheit, die das Schicksal gerade direkt vor deine Füße geweht hat. Weißt du, was die meisten Menschen am Ende ihres Lebens bereuen? Es sind die Dinge, die sie nie gemacht haben, die Gelegenheiten, die sie stets ausgelassen haben, all die verpassten Chancen. Du weißt das doch alles, du schreibst Bücher darüber, hältst Vorträge, gibst Seminare. Man muss sich selbst immer wieder an das Wesentliche erinnern. Du bist übrigens nichts Besonderes!«

»Wie bitte?«, fragte ich verwundert.

»Zugegeben, diese Nachricht ist schon speziell, aber Millionen Menschen erhalten solche Zeichen jeden Tag. Mal in Form eines flüchtigen Blickes in der U-Bahn, eines netten Gespräches in der Bäckerei oder eben einer Nachricht auf Facebook. All das sind Chancen, die wir ergreifen oder eben nicht. Jede Begegnung hat die Macht, unser Leben komplett auf den Kopf zu stellen. Ob das auf Tinder, Twitter, Instagram, in einem Chatroom, im Supermarkt, in einem Café, während der Arbeit oder abends an einer Bar passiert, spielt keine Rolle. Am Ende sind das nur Orte, es sind die Rahmenbedingungen. Wichtig ist, was in dem Rahmen passiert. Auf die Menschen kommt es an. Alles andere ist nur dein Ego, das eine Geschichte braucht, um sich wertvoll zu fühlen. Oft ist das die Geschichte, die wir anderen über uns erzählen. Aber wenn du eines Tages auf deinem Sterbebett liegst – ähnlich wie in ihrer Idee des zweimonatigen Experiments –, denkst du nicht mehr darüber nach, welche Geschichte du anderen über dein Leben erzählen kannst. Verstehst du die Bedeutung dahinter?«

»Ich denke schon«, sagte ich.

»Was hast du denn zu verlieren?«, fragte die Stimme. »Sind es nicht so völlig verrückte Ideen wie diese, die uns letztlich am längsten im Gedächtnis bleiben? ›Erst die Möglichkeit, einen Traum zu verwirklichen, macht unser Leben lebenswert.‹ Erinnere dich an diesen Satz von Paulo Coelho, den er in euer »Buch der Weisheit« geschrieben hat. Lebe danach! Nicht der Traum ist entscheidend, sondern die Möglichkeit zu haben, diesen Traum träumen zu dürfen. Du stehst nun vor so einer Möglichkeit. Gib dem Universum die Erlaubnis, dich berühren und verwandeln zu dürfen. Versuche diesen Menschen mit anderen Augen zu sehen, so wie du es vorher noch nie getan hast. Stell eine echte Verbindung her und warte ab, was diese Energie mit dir macht. Betrachte es als Experiment, ohne vorher schon zu wissen, wie es ausgeht. Wie gesagt, Millionen Menschen bekommen solche Chancen jeden Tag auf einem Silbertablett präsentiert, doch die meisten lassen sie einfach ungenutzt an sich vorüberziehen, weil sie immerzu nach einem Ideal Ausschau halten, das gar nicht existiert. Gott bezeichnet das übrigens als ›den größten Trick des Teufels‹, der auf diese Art Millionen Menschen auf der ganzen Welt in ihrem Unglück gefangen hält. In einem Gefängnis, das sie selbst erschaffen haben. Dabei ist die Möglichkeit des Glücks zum Greifen nah.«

Ich musste nach dieser Ansprache erst mal durchatmen. Das waren interessante Gedanken, die tatsächlich meine Fantasie anregten, neu auf diese Situation zu blicken. Meinem Ego gefiel es natürlich, wie die Stimme unser Buch nannte: Buch der Weisheit. Denn genau das ist es für mich immer gewesen. *Rock Your Life* – ein Buch des Lebens, des Wissens, der Liebe und ja, auch der Weisheit. Erneut ging ich zu meinem Bücherregal, zog eines der raren Exemplare heraus und legte mich damit aufs Sofa. Ich schlug das dritte Kapitel »Achte auf die Zeichen deiner Umwelt« auf und überflog den Text. Ein Satz stach mir sofort ins Auge: »Das Gold liegt direkt vor deinen Füßen. Alles, was du tun musst, ist, es aufzuheben und keine Angst vor der Verantwortung zu haben, die der neue Reichtum mit sich bringt.«[9]

---

9 Rudolf Schenker / Lars Amend: Rock Your Life, mvg 2018, Seite 112

Ein Moment kann alles verändern

Ich klappte das Buch wieder zu und staunte nicht schlecht. Wie ähnlich doch die Worte klangen. Alle Informationen waren längst da. Sie standen seit über zehn Jahren direkt vor mir in meinem Schrank. Ich hatte sie selbst aufgeschrieben. Dennoch war es den Alltagsdämonen gelungen, über die Zeit hinweg Oberwasser zu erlangen und mich immer wieder vom Kern des Wesentlichen abzudrängen. »Der größte Trick des Teufels.« So nannte es die Stimme. Ich hörte auf nachzudenken, hob mein Smartphone auf, das auf dem Boden neben dem Sofa lag, öffnete die Facebook-Nachricht der fremden Frau, las mir die drei Seiten lange Nachricht erneut durch und antwortete, was mir in dieser Sekunde durch den Kopf ging:

Warum zwei Monate?
Wie kommst du auf diese Zeitspanne?

Im Gegensatz zu ihr musste ich nicht lange auf eine Antwort warten, denn schon am gleichen Abend fand ich das hier in meinem Postfach:

Das ist kurz genug, um das Gefühl der Endlichkeit in uns zu haben. Also in einer Entscheidungssituation von »Mach ich das jetzt oder nicht?« das Gefühl zu erzeugen: »Ich mach's, weil in zwei Monaten bin ich ja vielleicht nicht mehr da.« Und es ist lang genug, um in der Zeit einige der schönsten Altstädte dieser Erde zu besuchen. Aber die Zeitspanne ist random. Sie soll es einfach ermöglichen, zu sagen: »Liebe, ich gehe ›all in‹, weil mein Leben endlich ist.« Wenn man weiß, dass man noch achtundvierzig Jahre

und drei Monate lebt, verschiebt man den Tanzabend eher
wieder, bei zwei Monaten aber nicht. Das ist die Idee.
Also, das Experiment würde sich auch anders formulieren
lassen: »Komm, wir leben nur noch fünfzig Jahre. Komm,
wir machen ›Liebe all in‹.« Vielleicht entsteht bei dieser
Wortwahl bei weniger gestörten Menschen allerdings
von Anbeginn ein gewisser Druck (so à la: »Ach du
grüne Neune, mit der guten Pute muss ich die nächsten
fünfzig Jahre verbringen?!«), deswegen erscheinen mir
zwei Monate da weniger belastend. Und wenn man mag,
wird nach den zwei Monaten wieder um zwei Monate
verlängert. Bis man halt wirklich irgendwann tot ist.
Und schau, wie schön muss es sein, so gelebt zu haben.
I can feeeeeeeel it. Was würdest du dir von einem
Wunscherfüller wünschen?

Es war tatsächlich eine schöne Vorstellung. Eine Beziehung ohne
Druck, dafür mit Leichtigkeit, aber dennoch mit einer ehrlichen
Verbindlichkeit. Ein Vertrag für zwei Monate. Ohne Grenzen.
Ohne Ego. Keine Lügen. Volles Vertrauen. Herz auf. Handy aus.
Liebe »all in«. Warum nicht? Genau, warum eigentlich nicht?
Was hatte ich schon zu verlieren? Es konnte nur besser werden.
Und falls ich merken würde, dass das Experiment in die völlig
falsche Richtung läuft, könnte ich immer noch abbrechen und
hätte wenigstens eine kuriose Geschichte zu erzählen.

Geht es in Wahrheit nicht genau darum? Sein Herz als
Schatztruhe zu betrachten und diese mit den schönsten, witzigsten und abenteuerlichsten Geschichten zu füllen, die man
sich nur vorstellen kann, und eben nicht achtlos an ihnen vorbeizugehen. Ein bisschen weniger Annika, dafür mehr Pippi.
Mehr Räubertochter, weniger Angst. Mehr Rockstar, weniger

Langeweile. Ich dachte eine Weile über meine Gedanken nach und musste schmunzeln, denn in meinen Coachings rate ich Frauen oft, ihre männlichen Partner wie kleine Kinder zu behandeln, die man nur ein bisschen austricksen müsse. Genauso fühlte ich mich in diesem Augenblick. Ich baute mir selbst eine Geschichte zusammen, damit sie mir ein gutes Gefühl gab.

»Wir Männer sind einfach gestrickte Wesen«, erkläre ich in solchen Gesprächen gern mit einem leichten Augenzwinkern. »Wir sagen zwar, dass wir Freiheit wollen, aber in Wahrheit wollen wir nur das Gefühl von Freiheit. Denn wenn wir das Gefühl haben, jederzeit gehen zu können, wollen wir gar nicht mehr gehen. Ein Gefängnis ist nur dann ein Gefängnis, wenn man keinen Schlüssel für den Ausgang besitzt. Gib deinem Partner diesen Schlüssel und wünsche ihm ganz viel Spaß bei allem, was er tun und lassen möchte. Du wirst sehen, dass ihm dieses Gefühl von Freiheit schon reichen wird, um innere Ruhe zu finden. Wenn er dein Seelenverwandter ist, dein echter Partner, will er nämlich gar nicht weg von dir. Er möchte nur sein eigenständiges Ich nicht verlieren.«

Sie hatte gefragt, was ich mir von einem Wunscherfüller wünschen würde. Darüber musste ich erst nachdenken. Man soll bekanntlich vorsichtig mit seinen Wünschen sein, denn sie könnten ja in Erfüllung gehen. Was würde ich mir wünschen, wenn sich dieser eine Wunsch nur um mich drehen dürfte, also keine Antworten wie »Weltfrieden«, »Gleichberechtigung«, »Tierschutz« oder »Abschaffung des Welthungers« erlaubt wären? Was ich sicher wusste, war, dass meine Antwort nicht »Money & Fame« lauten würde. Ich hatte gerade ein langes You-Tube-Interview mit Drake gesehen, einem meiner Lieblingssänger, das er dem HipHop-Format »Rap Radar« gegeben hatte. In dem Video war sein neues, gigantisch großes Haus zu sehen, das auf einem riesigen Bruce-Wayne-mäßigen Anwesen stand. Das Ganze wirkte wie ein Statement. Alles war überdimensional, protzig und prunkvoll, wie in einem modernen Museum. Und teuer. Wirklich sehr teuer! Als wollte Drake damit sagen: »Seht alle her, ich bin die Nummer eins im Game, und das ist meine Hundert-Millionen-Dollar-Bude, ihr Ficker!« Ein Butler reichte Drake während des Interviews einen Drink. Um ihn herum überall Bedienstete, Angestellte, Bodyguards. Auf mich wirkten die Bilder wie die Inszenierung der Hollywood-Fantasie darüber, wie das große Glück optisch auszusehen hat. Der erfolgreichste Musiker des letzten Jahrzehnts hatte sich in meinen Augen ein Haus gebaut, aber kein Zuhause. Etwas zum Vorzeigen, aber nichts fürs Herz. Es fehlten Liebe und Wärme. Jedenfalls war das mein Eindruck, während ich das Interview sah, in dem er am Ende auch zu seiner persönlichen Situation befragt wurde. Drake sagte, er sei glücklich als Single, würde das Leben in vollen Zügen genießen und ganz entspannt auf die eine Frau warten, die zu seinem Lifestyle passen würde. Mir kamen diese Worte nur allzu bekannt vor, deswegen erkannte ich auch sofort den Selbstbetrug in seiner Aussage. Drake hatte sich seinen eigenen goldenen Käfig erschaffen, in dem er am Ende des Tages einsam und allein war.

Nein, Geld und Berühmtheit würde ich mir nicht wünschen. Wahrscheinlich würde ich mich mit einem erwartungsfrohen Peter-Pan-mäßigen Lausbubenlächeln vor die Wunscherfüllerin stellen und zu ihr sagen: »Hallo, wie schön dich zu treffen. Du bist aber hübsch. Ich möchte gern wahre Liebe erkennen. Bitte zeig sie mir.« Der vietnamesische Dichter und Zen-Meister Thich Nhat Hanh, den ich für seine Weisheit sehr verehre, beschreibt diesen Wunsch folgendermaßen: »Wahre Liebe schenkt uns Schönheit, Frische, Festigkeit, Freiheit und Frieden.

Wahre Liebe beinhaltet ein Gefühl tiefer Freude darüber, lebendig zu sein. Wenn wir das nicht spüren, dann ist es keine wahre Liebe.«[10] Genau das wollte ich.

Ich behielt meine Antwort jedoch für mich und teilte sie nicht mit der mysteriösen Fragestellerin. Eine wirklich dumme Angewohnheit, die schon früher zu dem ein oder anderen zwischenmenschlichen Problem und Missverständnis geführt hat. Man muss wissen, bei mir als einem introvertierten Menschen findet ein Großteil des Lebens in meiner Gedankenwelt statt. Das ist auch der Grund, warum mir selten wirklich langweilig wird, wenn ich allein bin. Ich denke einfach über irgendwas nach und erschaffe mir so meine eigene kunterbunte Wirklichkeit. Ich brauche auch nicht ständig Menschen um mich herum, um neuen Input zu bekommen. Für mich ist das sogar eher anstrengend. Ich ziehe Inspiration und Energie aus mir selbst. Manchmal liege ich auf dem Sofa oder in der Badewanne und beginne aus dem Nichts heraus laut zu lachen oder führe kurze Selbstgespräche – ich interviewe mich selbst. Dann springe ich auf und schreibe die gewonnenen Erkenntnisse auf, mache mir kurze Notizen oder diktiere etwas in mein iPhone. Danach vergesse ich aber, dass ich all diese Informationen nur gedacht und noch nicht laut ausgesprochen habe. Ich denke einfach nicht mehr daran, meine Gedanken mit jenen Menschen in meiner Nähe zu teilen, die es wahrscheinlich am meisten interessieren würde, da dies ja nur eine Wiederholung dessen wäre, womit ich mich vorher schon ausführlich beschäftigt hatte.

Im Moment interessierte mich aber sowieso etwas anderes, weswegen ich meinen langen Gedanken über meinen Wunsch zur Seite schob und einfach nur schrieb:

---

10   Thich Nhat Hanh: Einfach lieben, O.W. Barth 2016, Seite 11

Bist du eigentlich bei Insta? Ich gucke so selten hier in Facebook rein.

Ihre Antwort kam drei Minuten später:

Huhu, Lars, leider nope. Man kann mir hier in Facebook, per Mail, in WhatsApp oder einen Brief schreiben (per Brieftaube, versteht sich) oder in Reality ein Pläuschen halten, aber Insta hab ich leider nicht. 👻🙃

Endlich mal kein halbnacktes Instagirl mit einer Million Selfies, dachte ich und war wirklich erleichtert. Damit hatte sie bei mir sofort Punkte gesammelt. Ich schrieb zurück:

Brieftaube finde ich natürlich gut.
Gibst du mir deine Nummer?
Wenn du magst …

Sie schickte mir ihre Nummer mit einem weiteren Smiley, ich speicherte sie unter »Crazy Facebook Love Challenge« ab, schaltete mein Handy aus und legte mich mit leichtem Herzklopfen schlafen. Später erzählte sie mir, dass sie dachte: »Was ist das jetzt wieder für ein Typ? Will meine Nummer und meldet sich tagelang nicht.« Doch so weit dachte ich in diesem Moment gar nicht. Ich hatte wieder die Verantwortung für mein Leben übernommen, hatte mit meiner Antwort aktiv eine Möglichkeit zur Veränderung meines Schicksals geschaffen und war nun gespannt, wohin mich dieser erste kleine Schritt führen würde.

Sag ja!

>»Will man glücklich sein, muss es aus einem selbst kommen
>und nicht von einem anderen Menschen.«
>*Astrid Lindgren*

Ich hatte lange geschlafen. Es war eine erholsame und kraftspendende Nacht. Keine wilden Fantasien, nur friedliche Ruhe. Als ich meine Augen öffnete, zählte ich von sieben bis null herunter, stand sofort auf, um in der Küche die Espressomaschine anzustellen, und legte mich aufs Sofa im Arbeitszimmer, um weiter nachzudenken. Silvester stand vor der Tür. Das alte Jahr war noch nicht ganz vorbei, das neue immer noch nicht da. Eine Zeit zwischen Vergangenheit und Zukunft. Ein eigenartiger Zustand des Stillstands, der inneren Einkehr. Die meisten Menschen haben während dieser Tage keine beruflichen Verpflichtungen und füllen im Kreise ihrer Liebsten ihre Akkus wieder auf, um für die kommenden Aufgaben bestmöglich vorbereitet zu sein. Für mich ist diese Zeit zwischen den Jahren schön und anstrengend zugleich. Schön, weil ich meine Eltern und Verwandten sehe. Anstrengend, weil ich viel zu viel Zeit an kalten Bahnhöfen und in vollen Zügen verbringe: Berlin – Langgöns – Frankfurt am Main – Neustadt an der Weinstraße – Stuttgart – Berlin. Ich kenne nicht wenige Menschen, die in Großstädten wohnen und diese Strecken nicht mehr auf sich nehmen, eben weil sie am Jahresende so dringend Erholung benötigen, was ich absolut nachvollziehen kann. Auf der anderen Seite muss ich mir immer wieder klarmachen, dass es in diesem Leben nicht mehr viele gemeinsame Weihnachtsessen mit meinen Eltern geben wird. Wie viele Menschen würden alles dafür tun, nur um noch ein einziges Mal mit ihrem Vater oder ihrer Mutter reden zu können? Nur noch einmal gemeinsam den Weihnachtsbaum schmücken, zusammen lachen, streiten, singen, weinen. Für wie viele Menschen wären die beschriebenen Reisestrapazen nichts als das pure Glück?

Während der Weihnachtszeit führt man oft viele Gespräche – innerhalb der Familie, aber auch mit alten Freunden, Nachbarn und Bekannten, die man zufällig beim Spazierengehen trifft. So hörte ich an Heiligabend die Geschichte einer Familie aus meinem Dorf, die seit über drei Jahrzehnten zerstritten war und vor allem mit einer Frau nie mehr gesprochen hat. Als das verstoßene Familienmitglied schließlich starb, erzählte die Frau, die mittlerweile Großmutter war: »Ich wünschte, ich hätte mich noch von meiner Schwester verabschieden und meinen Frieden mit ihr machen können.« Die unendliche Traurigkeit in ihren Augen, ihr Wissen, dass sie dieses Gefühl der Ungewissheit und Schwere nie mehr verlieren wird, hatte mich tief berührt. Ich hatte diese Geschichte auf meinem Instagram-Kanal geteilt und dazu geschrieben:

Du wirst bald deinen letzten Atemzug nehmen, also verdammt: Sag, was du sagen musst, und tu, was du tun musst. Deswegen, bitte: Wenn du jemandem verzeihen willst, dann tu es. Wenn du jemanden liebst, dann sag es. Wenn du jemanden toll findest, unternimm etwas. Und zwar JETZT! Es geht nicht darum, dass deine Entschuldigung oder die Hand, die du reichst, angenommen wird, sondern darum, dass du dein Herz geöffnet und es ehrlich versucht hast. Nur so findest du Seelenfrieden, wenn du nichts unversucht gelassen hast und nichts bedauern musst. Ein kleiner Gedanke für die Weihnachtszeit. Noch ist es nicht zu spät.

»Ich muss der mysteriösen Facebook-Frau noch schreiben«, dachte ich, bevor mich die Stimme erinnern konnte, wie heuchlerisch mein Post doch sei. Über all das dachte ich nach, während ich darauf wartete, dass meine Espressomaschine die richtige Temperatur erreichte. Ich verschob sogar meine Morgenmeditation. So wichtig erschienen mir die Gedanken, die in mir wirbelten. Warum ging es mir so gut, überlegte ich weiter. Warum war ich mit dieser wunderbaren Energie aus dem Bett aufgestanden? Was genau machte den Unterschied aus? Es war die konkrete Hoffnung auf ein anderes Ende meiner Geschichte. Das alte Jahr würde heute vorbeigehen, so viel stand fest, aber mein Leben würde morgen neu beginnen. Ob das tatsächlich so sein würde, wusste ich natürlich nicht, aber allein der Gedanke reichte aus, um diese Hoffnung in mir zu erzeugen. Denn am Ende, das wusste ich hingegen ganz sicher, war Hoffnung alles, was ich brauchte.

Ich bereitete mir meinen ersten Espresso zu, genoss ihn in vollen Zügen und dachte an all die Neujahrsvorsätze, die im Laufe des heutigen Tages wieder überall ins Universum geschickt werden würden. All die utopischen Versprechen, von denen man schon insgeheim wissen würde, sie langfristig doch niemals einhalten zu wollen.

Ich war noch nie ein besonders großer Fan dieser Listen, weil sie in meinen Augen nur für schlechte Laune sorgen. Noch mehr Regeln, noch mehr Verbote, noch weniger Freude. Warum sollte man sich das antun? Wenn du wirklich etwas an dir verändern möchtest, dann fang einfach an. Jetzt, in diesem Moment. Warum auf ein bestimmtes Datum warten? Wenn du etwas im August nicht freiwillig beginnst, wirst du im Januar auch nicht ernsthaft damit anfangen. Nicht ernsthaft! Außerdem ist der Schwerpunkt, wenn es um die üblichen Neujahrsvorsätze geht, in der Regel völlig falsch gesetzt. Die Wahrheit ist: Du kannst noch so hart arbeiten. Du kannst jeden Tag ins Fitnessstudio gehen, dich gesund ernähren und genug Wasser trinken. Du kannst Yoga machen, Muskeln aufbauen und durch viel Fleiß neue Fähigkeiten entwickeln. Du kannst viel Geld verdienen und in einem schönen Haus wohnen. Du kannst Leistungen vollbringen, die du niemals für möglich gehalten hättest. Du kannst dich auch vom gesellschaftlichen Druck, noch mehr leisten zu müssen, abwenden, weniger arbeiten und die meiste Zeit des Jahres in der Natur verbringen, meditieren und einen perfekten ökologischen Fußabdruck hinterlassen. Wenn du aber nicht die Dinge regelst, die sich in deinem Kopf abspielen, wirst du all das Beschriebene haben können und trotzdem nicht glücklich sein. Vielleicht sollte auf der Liste mit Neujahrsvorsätzen nur noch ein einziger Satz stehen: »Ich verschiebe das, was mich glücklich macht, nicht mehr auf morgen!«

»Es gibt ein großes und doch ganz alltägliches Geheimnis.
Alle Menschen haben daran teil, jeder kennt es, aber die
wenigsten denken je darüber nach. Die meisten Leute nehmen es
einfach so hin und wundern sich kein bisschen darüber.
#Dieses Geheimnis ist die Zeit.«[11]

Michael Ende in Momo

»Verschiebe das, was dich glücklich macht, nicht mehr auf morgen«, hallte es in meinen Gedanken nach, und ich griff automatisch nach meinem iPhone, um in meinem Kalender nach freier Zeit zu suchen. Doch ich fand keine! Der Januar war voller Termine: ein *High Power Weekend* mit meinen Inner Circle Coaching Membern, eine Autogrammstunde, Interviews mit dem »Focus«, der »Cosmopolitan« und acht Online-Blogs, dazu noch ein Meeting mit einer der größten deutschen Film- und Produktionsgesellschaften. Eine wichtige, weil gut bezahlte Keynote in Berlin stand an und eine noch wichtigere, weil noch besser bezahlte in München. Dann war ich zusammen mit Deepak Chopra und John Strelecky in Laura Seilers »Rise Up & Shine Uni« eingeladen und musste für eine Live-Sendung mit Andrea Ballschuh zum ZDF nach Mainz. Die regulären Aufnahmen für meinen Podcast kamen noch obendrauf. Im Februar stand mein lange geplanter Urlaub mit Freunden in Sri Lanka und Thailand an, und im März und April war wieder Business angesagt. Wie sollte ich bei dem Programm bitte zwei Monate für die Liebe freischaufeln? Außerdem wollte ich diese Challenge nicht irgendwo reinquetschen, sondern mich wirklich darauf einlassen und nicht alle zehn Minuten auf mein Handy gucken

---

11   Michael Ende: Momo, Thienemann 1986, Seite 57

und an den nächsten Termin denken müssen. Ich lachte über mich selbst. Für das, wonach ich mich am meisten sehnte, hatte ich faktisch am wenigsten Zeit – die Ironie des Lebens.

Wie konnte ich die Liebe-all-in-Situation also lösen? Die erste Möglichkeit, die mir einfiel, war alles andere als »all in«. Sie klang nahezu lächerlich: »Hey du, also ich hab mir das überlegt. Ich bin bei der Challenge auf jeden Fall dabei und freue mich auch schon total. Sie ist mir genauso wichtig wie dir, deswegen habe ich gerade in meinem Kalender nachgesehen. Wir können uns Ende April treffen, also in vier Monaten. Wird super!« Zu diesem Gedanken fiel mir nur ein Satz ein: AUF GAR KEINEN FALL! Sie wollte ja die Liebe eben nicht mehr auf später verschieben. Und ich auch nicht.

Ich atmete durch und schrieb ihr eine WhatsApp-Nachricht (fünf Tage, nachdem ich nach ihrer Nummer gefragt hatte):

Glaubst du, man könnte das, was du gesagt hast – mit dem Experiment für zwei Monate –, auch auf achtundvierzig Stunden komprimieren? Also nicht zwei Monate, sondern zwei Tage ...

Ihre Antwort kam sofort:

Huhu, Lars, ich muss darüber nachdenken. Ist eine Frage, die ich mir noch nicht gestellt habe, und ich will ja nicht irgendeinen Quatsch erzählen.

Ich schrieb:

Ich weiß es auch nicht, deswegen frage ich ja.

Zwei Stunden später schrieben wir hin und her:

So, ich habe jetzt genug darüber nachgedacht. Also,
prinzipiell spricht nichts gegen die zwei Tage. Das
Experiment ginge schon auch so: Hey, wir sterben
übermorgen, erleben wir noch ein letztes Mal »Liebe
all in«. Auch wenn das in meiner Welt etwas Druck
erzeugt, dir binnen dieser achtundvierzig Stunden
möglichst ALL meine Facetten zeigen zu dürfen. Also
wundere dich nicht, wenn ich als persische Prinzessin
verkleidet mit fünf Gabeln in der Hand und einer
Clownsnase im Gesicht aufkreuze. Dir soll schließlich
nichts entgehen.
Die entscheidende Frage ist: Was ist, wenn uns
die zwei Tage gefallen UND wir die Apokalypse
überleben?

Dann tanzen wir den berühmten Regentanz aus
»Last Boy Scout« und wiederholen das einfach.
Stell dir zwei fremde Menschen in einem Raum vor, einem
schönen Hotelzimmer mitten in einer fremden Stadt, und
sie bleiben dort für achtundvierzig Stunden. Kein Handy,
kein Internet, kein Fernsehen, keine Ablenkungen,
nur Sein und der Versuch von Authentizität.

Sind beide denn frei? Also nicht in festen Händen?

Ja, klar.

Dann lass es uns probieren ... Was haben wir schon
zu verlieren in unseren letzten beiden Tagen

Erdenleben? ... Oh, jetzt spür ich's grad am ganzen Körper. Gääänsehaut oder Panik? 🫣 Aber den Mutigen gehört die Welt. Wann und wo?

> In welcher Stadt warst du noch nicht in Deutschland? Wo würdest du gern mal hin. Nicht lange überlegen.

Nach Würzburg wollte ich schon immer mal ... Du?

> Ich bin mir nicht sicher, ob ich die letzten beiden Tage meines Lebens in Würzburg verbringen will. Stell dir unsere Todesanzeige vor: Gestorben in Würzburg 😂 Was hältst du von Frankfurt?

Ja, prinzipiell gut, weil ist in meiner Nähe, aber... Ehm, mir kommt grad der Gedanke, dass vielleicht irgendwelche Eltern meiner Schüler in Hotels in Frankfurt arbeiten könnten. Sorry, bin bissi paranoid, nachdem ich am Dienstag zwei Schüler meiner Schule in meinem Fitnessstudio gesehen habe und mich bei jedem Squat vergewissern musste, dass sie nicht gucken. 🫣😂
Wie findest du Heidelberg?

> Köln?

Ja 🫣

> Was hältst du vom 5. bis 7. Januar? Sonntag bis Dienstag.

Ich habe ja Ferien. Das passt bei mir. 😊

Perfekt 👍

Jippie, ich bin grad irgendwo zwischen tiefenentspannt und Schnappatmung. 😂

Fünfzig Minuten später schrieb ich:

Hab gebucht. Extra ohne Geld-zurück-Option. Damit keiner mehr einen Rückzieher macht. 😊

😂😂 I like 🙏😂

Ich finde, das Jahr fängt gut an 😎

😊

Ich legte mein Handy zur Seite, lächelte und holte meine Morgenmeditation nach. Am Abend fand eine Hausparty bei Freunden in Friedrichshain statt, aber ich wusste schon, dass ich am letzten Tag des Jahres keine Menschen sehen wollte. Mein Kühlschrank war voll. Ich hatte genug Espresso vorrätig. Es gab keinen Grund, dieses Jahr noch einmal meine Wohnung zu verlassen. Trotz der Leere, die allgegenwärtig war, fühlte ich mich nicht unwohl. Und obwohl in meinem Leben ganz offensichtlich nicht alles perfekt lief, spürte ich tief in meinem Herzen, dass alles gut war, wie es war: It's All Good! Ich war auf dem richtigen Weg – auf meinem Weg. Diese Erkenntnis gab mir Zuversicht. In mein Tagebuch schrieb ich am 31. Dezember 2019 um 22:53 Uhr folgende Worte:

Ich finde, dass wir uns nicht jedes Jahr austauschen müssen. Ich muss zum Jahresbeginn kein »neues Ich« erfinden. New Year, New Me? Fuck that! Ich muss mein altes Ich nicht ablegen oder gegen eine neuere Version eintauschen. Ich bin ein Mensch, kein iPhone! Ich brauche kein Update. Wir sollten endlich damit aufhören, so zu tun, als sei unser »altes Ich« nichts mehr wert, nur weil es gerade nicht so rund läuft. Du bist genug. Schon jetzt!

Sei stolz darauf, dass du dieses Jahr, das nicht mehr lange existieren wird, überstanden hast. Sieh dich an: Du hast es geschafft. Du bist noch immer hier, auf dieser Welt, mit allem, was dich ausmacht. Umarme dich dafür, für all deine sichtbaren und unsichtbaren Narben und Schrammen, für all die ausgetragenen Kämpfe, all die Schmerzen. Liebe dich dafür, dass du noch immer nicht aufgegeben hast. Liebe dein altes Ich, das dich in wenigen Stunden ins Jahr 2020 bringen wird, lerne, lies, bilde dich weiter, trainiere, werde stärker, werde besser ... aber bitte ohne Druck. Davon haben wir doch schon viel zu viel. Sei lieber stolz auf alles, was du bereits geleistet hast, schließe Frieden mit deiner Vergangenheit und beginne zu leben, zu lieben. Ja, zu LIEBEN! Mach es in Würde, mit Style – Kopf nach oben –, weil du dich wertschätzt und das Wunder erkennst, das du schon jetzt bist ... und nicht, weil du glaubst, dass du nicht genug bist und erst etwas sein oder erreichen musst.

Erinnere dich an die Zeit, heute vor einem Jahr, als du dachtest, du würdest all die Hürden, die vor dir liegen, niemals überwinden, all die Aufgaben niemals schaffen. Sieh dich um, du hast es überlebt. Genau, wie du es jetzt erneut überleben wirst. 2020 wird das Jahr der vielen kleinen Schritte.

Und an meine Instagram-Pinnwand schrieb ich:

20 Erinnerungen für das neue Jahr für dich

1. Entscheide dich für Liebe, nicht für Angst.

2. Erinnere dich an deine Träume, sie vermissen dich.

3. Wenn du jemanden liebst, sag es. Aber vor allem: Zeige es.

4. Du musst es nicht tun, nur weil alle es tun.

5. Lass es sein, den falschen Menschen gefallen zu wollen.

6. Es ist okay, sich ab und zu verloren zu fühlen.

7. Achte nicht auf die anderen, geh weiter in deinem Tempo.

8. Wenn dich etwas belastet, rede darüber.

9. Ruf an und sag: »Baby, ich wollte nur deine Stimme hören.«

10. Hab Geduld! Es wird passieren, wenn es passieren soll.

11. Sei für einen Augenblick dankbar, dass du in Freiheit lebst.

12. Du darfst zu jeder Zeit deine Richtung korrigieren.

13. Wenn sie »Das geht nicht!« sagen, frag zurück:
    »Würdet ihr euer Leben darauf verwetten?«

14. Perfekt ist langweilig. Es ist okay, anders zu
    sein.

15. Sei stolz auf dich und alles, was du bereits
    geleistet hast.

16. Sag Ja zu Menschen, die das Beste in dir hervor-
    holen.

17. Schmerzen gehen vorbei, Erfolge bleiben für immer.

18. Aufgeben ist keine Option!

19. Ruhe bewahren, durchatmen, Schritt für Schritt.

20. Der beste Zeitpunkt zu beginnen? Jetzt!

One Love, One Dream. One Team.

Dein Lars

Achtundvierzig Stunden Liebe »all in«

»Suche nicht nach Liebe, suche nach einem besseren Morgen.
So wird deine Reise für dich jene Liebe finden,
nach der du suchst.«
The RZA (Wu-Tang Clan)

Da war ich nun. Auf dem Weg zu meinem Liebesexperiment. Vorher hatte ich allerdings noch einen Auftritt beim ZDF, weshalb es für mich erst mal nach Mainz ging. Der Zug fuhr pünktlich in Berlin ab. Ich hatte mir am Hauptbahnhof noch einen Obstsalat und zwei vegane Bagels geholt und saß nun auf meinem Platz – mit Blick in die Fahrtrichtung. Ich wollte sehen, was auf mich zukommt. Ein gutes Motto für die erste Reise des Jahres, fand ich. Viel Gepäck hatte ich nicht. Eine kleine Sporttasche, das war's. Travel light! Das war schon seit jeher meine Devise. Bloß nicht zu viel Ballast mitnehmen. Immer beweglich und flexibel bleiben.

Obwohl das Wochenende begann, war das Großraumabteil nur mittelmäßig gefüllt. Eine Reihe vor mir hatte sich ein älteres Ehepaar an einem Vierertisch ausgebreitet und innerhalb einer Minute ihr Arsenal an Tupperware ausgepackt: gefüllt mit Mettbrötchen mit Zwiebeln, eingelegten Gurken, Hackbällchen, gekochten Eiern, dazu Salzstreuer und Ketchupflasche. Das volle Programm. Wie passend, dachte ich und grinste meine Bagels an. Ich hatte am 1. Januar aus einem spontanen Impuls heraus beschlossen, mich den ganzen ersten Monat 2020 vegan zu ernähren. Als kleine Dreißig-Tage-Challenge, um mit guter Energie ins neue Jahr zu starten. Ich schloss meine Augen und versuchte den Wurst-Zwiebel-Ei-Geruch zu verdrängen, der sich mittlerweile im ganzen Abteil ausgebreitet hatte, was jedoch nur mittelmäßig gut funktionierte. In Spandau kam dann eine offensichtlich überforderte Mutter mit ihrem pubertierenden Sohn dazu, die bereits lautstark miteinander stritten, noch bevor sie überhaupt auf ihren Plätzen saßen. Solche Situationen, die auf den ersten Blick ärgerlich und störend erscheinen, betrachte ich stets als persönliche Prüfung und stelle mir dabei jedes Mal aufs Neue die gleiche Frage: »Wie zen bist du wirklich?« Ich richtete mich auf, nahm eine gerade Haltung ein und begann zu meditieren. Ich tauchte ab in meine innere Insel des Friedens und nahm für die kommenden vierzig Minuten kaum noch wahr, was um mich herum passierte. Die Geräusche waren schon da, aber sie störten mich nicht mehr. Ich ließ sie einfach zu, ohne mich mit ihnen zu verbinden. Der Zauber der Transzendentalen Meditation.

Bis nach Mainz waren es danach noch knapp drei Stunden. Die Mutter und der Junge stritten immer noch, zwar leise, aber sie stritten. Es kam mir so vor, als bestünde ihre Beziehung aus nichts anderem. Er wollte »YouTuber« werden. Das wusste mittlerweile das ganze Abteil. Und sie wollte nichts von seinen »Hirngespinsten« wissen. Auch das war allen unfreiwillig Beteiligten völlig klar. Nachdem ich die beiden eine Weile beobachtet hatte, war ich eindeutig auf der Seite des Jungen. Er hatte ständig neue Versuche unternommen, ihr von seinem Wunsch zu erzählen, warum er das machen wolle, wie er das umsetzen wolle und was er dafür von ihr bräuchte. Natürlich waren seine argumentativen Fähigkeiten begrenzt, aber er gab sich auf seine kindliche Art wirklich Mühe, es einigermaßen verständlich zu erklären. Die Mutter jedoch blockte vollständig ab. Ihr Hauptargument: Solange er in Physik eine Fünf hatte, brauche er gar nicht an so etwas denken. Mein Eindruck war, dass sie kein Wort von dem verstand, was ihr Junge erzählte. Das für mich Schlimme an der Situation war allerdings, dass sie sich nicht einmal die Mühe machte, seine Welt verstehen zu wollen. Für sie war das nur sinnloses »Kasperletheater«. Der arme Junge stand auf verlorenem Posten.

Ich erinnerte mich an meine Jugend, wie ich 1989 als elfjähriger Junge bei meinem Fußballkumpel Christian Heußner im Zimmer saß und stundenlang auf seinem Atari C64 gespielt habe. Damals gab es noch nicht die technischen Möglichkeiten, die wir heute haben. Es gab kein Internet, keine Smartphones, die Welt war noch analog. Das digitale Zeitalter, in dem wir heute leben, ist so schnell gekommen, dass man sich nicht wundern darf, wenn unsere Eltern und Großeltern diesen Fortschritt teilweise nicht mehr nachvollziehen können. Die Nerds, die vor zwanzig oder dreißig Jahren in der Schule noch ausgelacht, gemobbt und verprügelt wurden, sind heute die Chefs von Facebook, Google und Amazon. Zu meiner Schulzeit haben viele Eltern noch gesagt: »Sitz nicht so lange vor dem Computer, du wirst noch ganz dumm und bekommst viereckige Augen.« Heute sind viele dieser Kids Milliardäre und regieren die halbe Welt. Jeder große Fußballverein hat mittlerweile seine eigene eSport-Mannschaft, in der junge Menschen, vereinfacht gesagt, gegeneinander auf dem Computer spielen. Es fanden sogar ernsthafte Gespräche mit dem IOC statt, ob eSport nicht eine offizielle olympische Disziplin werden könnte.

Aus purer Lust am Leben

Im Februar 2015 schrieb der fünfzehnjährige Sumail Hassan Syed aus Pakistan eSport-Geschichte, als er mit seinem Team die Asien-Meisterschaften gewann und ein Preisgeld von 1,2 Millionen US-Dollar mit nach Hause nahm. Die Stars dieser Szene füllen Stadien, verdienen Millionen und machen was? Sie sitzen vor einer riesigen Leinwand und spielen ein Computerspiel. Wenn das für mich schon kaum zu verstehen ist, wie sollte das bitte die Generation meiner Eltern oder Großeltern auch nur ansatzweise nachvollziehen können? Natürlich ist die Wahrscheinlichkeit, dass sie die »verrückten Träumereien« ihrer Kinder als Spinnereien und »Kasperletheater« abtun, enorm hoch und nur allzu verständlich. Und gleichzeitig ist es so wichtig, dass Kinder ihren Eltern aus ebenjenen Gründen nicht böse sind und trotz aller erschwerten Umstände nicht aufgeben, sondern weiter ihr Ding durchziehen.

Ich sah aus dem Fenster. Überall Felder, Wälder, kleine Ortschaften. All die Bauernhöfe, Wiesen und vergessenen Provinzdörfer, an denen wir mit zweihundertfünfzig Stundenkilometern vorbeifuhren. Ich bin auch in so einem Ort aufgewachsen, dessen Namen noch nie jemand gehört hat, in einem kleinen Dorf in Mittelhessen, wie es sie in Deutschland zu Tausenden gibt. Es ist schon interessant, dachte ich. Man muss nicht in Hamburg, Wien, Berlin, New York oder in einer anderen supercoolen Großstadt wohnen, um supercoole Dinge zu machen. Alles, was man braucht, ist ein Smartphone und ein Internetzugang. Das war's! Sobald man seine Leidenschaft mit der Welt teilt, passieren magische Dinge. Es gibt Menschen, die irgendwo weit abgeschieden auf einem Bauernhof in Ostfriesland oder in den Bergen Österreichs wohnen, aber sie bloggen darüber, erzählen von ihren Erfahrungen, ihren Träumen, ihren alltäglichen Schwierigkeiten, ihren Ängsten, ihren Ideen. Ich gucke mir diese Videos an, und sie inspirieren mich, sie zaubern mir ein Lächeln ins Gesicht. Bevor man der Stimme in seinem Kopf Glauben schenkt, die sagt, das würde alles nichts bringen und auch kein einziges Problem lösen, sollte man es wenigstens probieren. Im Zweifel hat man dabei einfach nur eine gute Zeit. Ich musste an Kelvin aus Pennsylvania denken, der nicht viel älter war als der Junge, der mir im Zug schräg gegenübersaß. Von seiner Geschichte hatte ich auf Instagram erfahren, als er ein Foto mit einem kleinen Text dazu postete.

Kelvin wohnte mit seinen Eltern in einem kleinen verschlafenen Ort, in dem nicht viel passierte. Als er siebzehn war, beobachtete er während seiner Schulaufgaben, wie ein kleines Reh durch ihren Garten lief. Das Grundstück grenzte direkt an einen Wald, und da es nicht mal Nachbarn gab, hätten die Tiere aus der Umgebung bis zur Veranda laufen können. Da die meisten Tiere aus dem Wald scheu waren und Menschen eher mieden, passierte das aber nicht. Bis zu jenem Tag, der Kelvins Leben für immer verändern sollte. Als der Junge das Reh sah, stand er auf und ging langsam auf die Veranda, um das Tier aus der Nähe zu betrachten. Er glaubte, dass es bei seinem Anblick sofort verschwinden würde. Tat es aber nicht, im Gegenteil. Das Reh und Kelvin gingen vorsichtig aufeinander zu. Kelvin streichelte es, und das Reh beschnupperte den Jungen. Dann ging Kelvin zurück ins Haus, um einen Apfel zu holen. Das Reh ließ sich füttern und verdrückte den Apfel mit wenigen Bissen. Kelvin ging wieder ins Haus und kam wenig später mit einer Handvoll Brotcracker zurück. Auch die schmeckten dem Reh vorzüglich. Die beiden spielten noch ein bisschen im Garten herum und verabschiedeten sich. Am nächsten Tag kam das Reh jedoch wieder, und Kelvin spürte eine besondere Beziehung zu diesem Tier. Er gab seinem neuen Freund den Namen »Money« und machte sich einen Spaß daraus, mit ihm wie zu einem Homie aus der »Hood«, dem Ghetto, zu reden: »Hey, Money, was ging heute ab im Wald? Hast du gute Geschäfte gemacht? Gab's Stress mit den Wölfen oder hast du einfach dein Leben gechillt, Bro? Du hast gechillt? Yeah, my boy! Warum auch Stress anfangen? Hier, nimm eine Karotte. Die hast du dir verdient. Wollen wir uns später das Spiel angucken oder hast du noch ein Date unten am Bach? Ach, das ist ja erst am Wochenende. Alter Playboy!«

Nachdem Money und Kelvin erneut etwas Zeit im Garten verbracht hatten, lief das Reh zurück in den Wald. Auch am nächsten Tag kam es wieder, doch dieses Mal hatte es seine Freunde mitgebracht: drei weitere Rehe und einen Hirsch. Offensichtlich musste Money ihnen schon viel von Kelvin erzählt haben, denn auch sie hatten keinerlei Angst vor dem jungen Menschen. Kelvin hatte plötzlich den Spaß seines Lebens und gab ihnen die Namen Canela, Lola, Tequila und Bambi. Als Team waren sie ab sofort die »Deer Squad«. Kelvin nahm sein altes Handy und filmte jeden Tag, wie er mit seinen tierischen Kumpels im Garten abhing und witzige Monologe über das Leben im »Wood« führte. Er stellte die Videos auf seinen YouTube-Kanal und postete Fotos auf Twitter, Facebook und Instagram. Nach einigen Wochen merkte er, dass es ganz schön kostspielig war, jeden Tag Futter für seine Bande zu besorgen, also wurde

er kreativ. Er nahm ein Foto von Canela, wie sie gerade genüsslich eine Karotte zerkaute, ließ davon T-Shirts mit dem Spruch
»Wir müssen alle essen« anfertigen und verkaufte sie über eine
Website, die er extra dafür angelegt hatte. Die T-Shirt-Verkäufe
deckten die Ausgaben für das Futter, und alle waren happy. So
begann es. Aus Spaß. Aus Leidenschaft. Aus der puren Lust am
Leben.

Mittlerweile hat Kelvin allein auf seiner Instagram-Seite
@brothernature zweieinhalb Millionen Follower, gibt weltweit
Interviews, und Popstars wie Diplo, Vashti und Elizabeth Gil-
bert zählen zu seinen Fans. Der »Rehflüsterer«, wie er sich selbst
nennt, hält in ganz Amerika motivierende Vorträge über Tierschutz und wie man ein erfülltes Leben führen kann. Und wenn
er wollte, könnte er allein über seine Instagram-Seite aufgrund
seiner hohen Reichweite Werbeeinnahmen von über zehntau-
send Dollar pro Post generieren.

Natürlich hätte Kelvin am Anfang seiner wahrlich einzigartigen Reise alles überdenken können. Er hätte sich fragen können,
was wohl seine Mitschüler, seine Eltern oder die Menschen aus
seinem Dorf von ihm halten würden, ob ihn jemand auslachen
oder belächeln würde? Ein Junge aus der Provinz, der mit Re-
hen spricht, als seien sie in einer Straßengang aus dem Ghetto?
Ist der jetzt völlig verrückt worden? Wen sollte das überhaupt
interessieren? Kelvin hatte jedoch nicht eine Sekunde solche
Gedanken, sondern handelte spontan und machte einfach, was
sein Herz ihm riet. Vielleicht hat er sich auch von Snoopy inspirieren lassen, der einst zu Charlie Brown sagte: »Weißt du,
ich habe keine Zeit, um mir Gedanken darüber zu machen, wer
mich nicht mag. Ich bin zu sehr damit beschäftigt, die Menschen zu mögen, die mich lieben.« Und in Kelvins Fall hatten
die, die ihn lieben, eben vier Hufe.

Wenn man seinem Herzen folgt, ist die Liebe nicht weit

Mit diesem Gedanken stieg ich in Mainz aus, checkte im Hotel ein und freute mich auf meinen Fernsehauftritt, der am nächsten Tag im Sendestudio des ZDF aufgezeichnet werden sollte. Was für ein Wink des Schicksals! Ich durfte über genau jene Themen reden, mit denen ich mich gerade selbst am intensivsten beschäftigte: Neujahrsvorsätze, Authentizität, Liebe, Dankbarkeit, Demut. Als mich die Moderatorin Andrea Ballschuh dann im Kontext unseres Kinofilmes »Dieses bescheuerte Herz« ebenfalls als »Wünscheerfüller« bezeichnete, musste ich breit in die Kamera grinsen. Das war wieder eines jener Zeichen, die man auf seiner Reise ins Glück entweder wahrnimmt oder übersieht. Ich erkannte das Zeichen und hätte in dem Augenblick zufriedener nicht sein können.

Von Mainz ging es mit der Regionalbahn weiter nach Frankfurt. Der Plan war, in der Wohnung meiner Mutter zu übernachten und am nächsten Vormittag mit dem Zug weiter nach Köln zu fahren. Meine Mutter war nicht zu Hause, so hatte ich die Wohnung für mich. Sie liegt etwas außerhalb, am Stadtrand im Grünen, direkt an einem kleinen Bach. Trotz der Januarkälte öffnete ich sofort das Fenster im Wohnzimmer, um das beruhigende Plätschern des Wassers zu hören. »Be water, my friend«, hörte ich Bruce Lee in Gedanken zu mir sagen, und es fühlte sich an, als würde ich schweben. Alles schien plötzlich ganz leicht. Keine Vergangenheit, keine Zukunft, nur dieser Moment. Nur der Wald im Hintergrund mit seinen kahlen Bäumen, nur der Espresso, der auf der Herdplatte zischte, nur das kristallklare Wasser des Baches – das Geräusch von Freiheit, Frieden und Grenzenlosigkeit. Be water, my friend. Ich war auf Durchreise, von einer Welt in die nächste. So fühlte sich dieser Moment an. Mein Handy summte. Eine gute Freundin, mit der ich mich zum Abendessen verabredet hatte, schickte mir die Adresse des Restaurants. Ich googelte den Ort, errechnete die Fahrtzeit und sprang bestens gelaunt unter die Dusche.

An der U-Bahn-Haltestelle Dornbusch stieg ich aus. Sofort kamen alte Erinnerungen hoch. Meine erste eigene Wohnung lag hier um die Ecke. Ebenso der Hessische Rundfunk, wo ich mit Anfang zwanzig fünf Jahre lang als Musikredakteur arbeiten durfte. Da mir noch etwas Zeit blieb, lief ich einen kleinen Umweg und stand nach wenigen Minuten vor dem Haupteingang. Ich schaute auf das große Schild, dessen Buchstaben in der Dunkelheit hellblau leuchteten. Schöne Bilder stiegen in mir empor, wie ich Woche für Woche sonntagabends mit meinen Freunden im Studio des Radiosenders saß, um die coolste Musik und die besten Geschichten aus der Popkultur in die Welt hinauszuschicken. Ich war so jung, durfte mich ausprobieren und lebte meinen Traum. Was für ein Geschenk! Langsam und tief in meine Gedanken versunken lief ich an dem großen Sendekomplex vorbei, überquerte den angrenzenden Fußballplatz und dachte an einen meiner absoluten Lieblingsmomente aus jener Zeit. Es war das Jahr 2003, und ich hatte das Vergnügen, einen Nachmittag mit Pharrell Williams in Köln verbringen zu dürfen. In seiner Hotelsuite stand ein Klavier, auf dem er unentwegt alte Soullieder spielte und dazu in seiner einzigartigen Falsettstimme Curtis Mayfield und Nina Simone imitierte. Wir sprachen über unsere Leidenschaft zur Musik, über Mädchen, die Liebe und welche Songs wir auf eine Kassette aufnehmen würden, um die Frau unseres Herzens zu beeindrucken. Was für ein Spaß! Ich nahm unser Gespräch auf Band auf und ging damit später ins Studio, um daraus ein dreistündiges »Love-

Special mit Pharrell« zu zaubern. »Bro«, hatte Pharrell mit strahlenden Augen in mein Mikrofon gesagt, als wir über »Bonita Applebum« von A Tribe Called Quest sprachen. »When she's not naked by the half of the song, you're doing something wrong.« Ich konnte mich noch an jedes Detail erinnern, obwohl es schon fast zwanzig Jahre her war. Danach empfahl Pharrell noch »Fantasy« von Earth, Wind & Fire und »My Cherie Amour« von Stevie Wonder. »Just imagine, listening to these songs with your beautiful girl while lying on a blanket in the park, kissing her and feeding squirrels potato chips.«

Während die alten Bilder vor meinem geistigen Auge abliefen, fiel mir auf, dass schon wieder ein Zeichen meinen Weg gekreuzt hatte. Eine meiner schönsten beruflichen Erinnerungen durfte ich vor langer Zeit in Köln sammeln, und eines meiner verrücktesten Abenteuer würde schon morgen ebenfalls in Köln beginnen. »Na, hoffen wir mal, dass das ein gutes Omen ist«, sprach ich leise zu mir selbst und pustete kalte Atemluft in den Abendhimmel. Dann sah ich schon meine Freundin Armani, die vor dem Restaurant auf mich wartete und mir zur Begrüßung eine Avocadopflanze in die Hand drückte.

»Hier, für dich. Frohes neues Jahr.«

Das Restaurant war fantastisch. Mediterrane Küche, alles vegan, gute Stimmung, freundliche Menschen. Wir teilten uns einen »kleinen Vorspeisenteller«, der eine Großfamilie satt gemacht hätte, und plauderten über Gott, die Eintracht und die Welt.

»Wie läuft's eigentlich mit deinem Freund?«, fragte ich nach einer Weile.

»Gut«, antwortete Armani, ohne mit der Wimper zu zucken.

»Bist du happy?«, fragte ich erneut.

»Ja, schon«, kam es vorsichtig aus ihr heraus.

Ich hatte ihren Freund während der Buchmesse getroffen, als wir abends in größerer Runde in Frankfurt unterwegs waren. Ein netter Kerl Mitte zwanzig, unauffällig, etwas langweilig und in seinem Erscheinungsbild eher durchschnittlich. Wie ein Nachbar, den man im Treppenhaus noch begrüßt, während man schon wenige Schritte später nicht mehr genau weiß, wie er aussieht. An Armani hingegen erinnert sich jeder, der sie einmal getroffen hat: klug, witzig, weltoffen und angriffslustig. Sie war neunzehn, studierte Jura und jobbte nebenbei als Model, um ihr Studium zu finanzieren. Sie hätte locker als Doppelgängerin der jungen Eva Mendes durchgehen können. In meinen Augen hatte dieser Typ mit Armani den Fang seines Lebens gemacht.

»Aber?«, fragte ich nach und biss auf eine gegrillte Aubergine.

»Er ist gerade für einige Monate nach Bali gegangen, um eine Yoga-Ausbildung zu machen«, sagte sie. »Ich war schon mal dort und kenne die Energie der Insel, vor allem in den Ashrams. Ich weiß auch, was für eine Art Frauen dort sind. Wenn du den ganzen Tag von halbnackten Körpern umgeben bist und eine Aura der Liebe über allem schwebt …«

Sie machte eine kleine Pause und strich etwas Hummus auf ihr Brot.

»… und die Luft nur so knistert vor sexuell aufgeladener Spannung«, erzählte sie weiter. »Na ja, du weißt schon.«

»Habt ihr denn vor seiner Abreise darüber geredet?«, fragte ich.

»Ja, aber nicht so richtig. Er sagte, ich solle mir keine Sorgen machen und er würde sich alle paar Tage bei mir melden.«

»Das war's?«

»Ja.«

»Vertraust du ihm?«, fragte ich.

Armanis Blick verriet mir ihre Antwort.

»Was ist eigentlich Liebe für dich?«, fragte ich weiter.

Sie überlegte kurz und sagte: »Gesehen zu werden. Ich meine, wirklich gesehen zu werden, nicht nur meine Hülle, mein Körper. Das ist für mich Liebe.«

»Und fühlst du dich gesehen?«

»Manchmal«, sagte sie und lächelte verlegen.

»Das ist doch schon mal ein Anfang«, lächelte ich zurück. »Stell dir eine Beziehung ohne mentale Grenzen vor, ohne Scham, ohne Ego und ohne Wertung, dafür mit vollstem Vertrauen, gegenseitiger Neugierde und absoluter Ehrlichkeit.«

»Wow«, sagte sie.

»Ich weiß, wow!«

»Gibt es denn sowas?«

»Keine Ahnung«, lachte ich, »aber ich bin verliebt in diese Vorstellung. Das Schöne ist doch, dass wir ein ganzes Leben Zeit haben, um das herauszufinden. Es klappt vielleicht nicht immer sofort, aber es ist denkbar. Und solange es denkbar ist, ist es auch möglich.«

»Ach Lars, du bist ein Träumer«, grinste Armani.

»Es waren doch immer die Träumer, die unsere Welt verändert haben: Galileo Galilei, Henry Ford, Steve Jobs. Hahaha, mir reicht es schon, wenn ich meine kleine Welt zu einem besseren Ort machen kann. Wenn ich das schaffe, Armani, dann habe ich alles erreicht im Leben. Aber kommen wir mal zum Wesentlichen: Was hat es mit der Avocadopflanze auf sich?«

Sie begann zu lachen.

»Ich züchte sie. Mein Zimmer im Studentenwohnheim ist schon voll mit ihnen. Das macht so viel Spaß. Sie nennen mich schon ›Die Avocadoflüsterin‹, hahaha. Wir müssen ihr noch einen Namen geben.«

Ich betrachtete das zarte Pflänzchen, das in seinem kleinen Topf auf dem Tisch neben uns stand, und musste an »Léon, der Profi« denken. Ein Filmklassiker von Luc Besson mit Jean Reno, Gary Oldman und der sehr jungen Natalie Portman in ihrer ersten Filmrolle überhaupt. Sie spielt darin die zwölfjährige Mathilda, deren Familie von korrupten Polizisten der Drogenbehörde getötet und von dem einfach gestrickten, aber durch und durch liebenswerten italienischen Auftragskiller Léon gerettet wird, dessen Tagesablauf darin besteht, Milch zu trinken, Gangster umzubringen und die Blätter seiner Topfpflanze behutsam mit Wasser abzutupfen. In einer berühmten Szene sagt Mathilda zu ihm: »Du liebst deine Pflanze, hab ich recht?« Und Léon antwortet: »Sie ist mein bester Freund. Sie ist immer fröhlich. Keine Fragen. Und sie ist wie ich: keine Wurzeln.«

Auf dem Nachhauseweg dachte ich noch lange über den Film nach. Wovon träumten denn sowohl die kleine Mathilda als auch der alte León? Beide wollten auf ihre Art Wurzeln schlagen, mit einem Seelengefährten durchs Leben gehen und die Liebe finden. Ich saß in der U-Bahn, mitten in Frankfurt und kurz vor Mitternacht, mit einer Avocadopflanze auf dem Schoß und hörte »Shape Of My Heart« von Sting, den Titelsong des Films. Als ich die Wohnungstür aufschloss, stellte ich die Pflanze auf die Fensterbank, holte ein nasses Küchentuch und tupfte vorsichtig die Blätter ab. Ein Happy End war noch immer möglich. Mit diesem Gefühl legte ich mich aufs Sofa, zog die Decke über mich und schlief sofort ein.

Das Experiment beginnt

Am nächsten Morgen. Es war *der* Morgen. Nächste Station: Köln. Das Experiment würde heute beginnen: achtundvierzig Stunden Liebe »all in«. Mein Smartphone-Wecker klingelte. Ich drehte mich zur Seite, schaltete im Halbschlaf die Weckfunktion aus und wachte schließlich mit fürchterlichen Kopfschmerzen auf. »Bitte nicht«, grummelte ich vor mich hin. »Nicht heute. Nicht jetzt. Nicht so.«

Ich richtete mich langsam auf, und der pochende Schmerz im Kopf wurde immer schlimmer. Als langjähriger Kopfschmerzpatient war ich daran gewöhnt, was es natürlich nicht erträglicher machte. Ich schlurfte rüber in die Küche und trank ein großes Glas lauwarmes Leitungswasser, um meine inneren Organe zu aktivieren. Dann suchte ich nach einer Zitrone, aber in der Obstschale lagen nur ein paar vertrocknete Cocktailtomaten. Ich versuchte den Schmerz erst mal mit einer Dosis Koffein zu reduzieren und bereitete mir eine Kanne Espresso zu. Bis er fertig war, trank ich ein zweites Glas Leitungswasser in einem Zug aus, setzte mich und begann in Ruhe zu atmen.

Ich dachte nach. In der Schule hatten wir gelernt, dass man täglich mindestens zweieinhalb Liter Wasser zu sich nehmen sollte. Warum? Im Prinzip ist es ganz einfach: Ein erwachsener Mensch besteht zu 70 Prozent aus Wasser. Durch Ausscheidungen und über die Haut gehen pro Tag rund zweieinhalb Liter verloren. Der Verlust muss ausgeglichen werden, also müssen diese zweieinhalb Liter auch wieder rein in den Körper: anderthalb Liter über Getränke, der Rest kommt automatisch über feste Nahrung. Hatte ich gestern Abend genug Wasser getrunken? Ich wusste es nicht mehr genau.

Ich sprang unter die Dusche und gab mir ein neues Versprechen: Ab heute betrachtest du dich als wunderschöne Blume, die jeden Tag ausreichend gewässert werden will.

»Geht Unkraut auch als Blume durch?«, fragte ich mich selbst und bekam prompt folgende Antwort zurück: »Du weißt doch, der einzige Unterschied zwischen Unkraut und einer Blume ist deine Bewertung.«

Ich stellte die Dusche auf kalt und hoffte darauf, dass mich die Kühle für einen Moment erlösen würde – von den Kopfschmerzen und meinen eigenen Gedanken, die niemals Ruhe gaben. Meine Kälteschock-Therapie funktionierte, und die Lebensgeister kehrten Schritt für Schritt in meinen Körper zurück.

Huhu, Lars, ich bin gerade in den ICE eingestiegen und sitze schon auf meinem Platz. Schickst du mir noch die Adresse des Hotels? Yippie. Bis nachher ... 😊

Ich las ihre Nachricht auf meinem Handy und sah auf die Uhr. Mir blieb noch etwas Zeit. Ich räumte kurz die Wohnung auf, trank den restlichen Espresso aus und schickte ihr die Adresse. Dazu schrieb ich:

Here we go. Ich habe auf meinen Namen reserviert. Wer zuerst da ist, checkt zuerst ein. Ich fahre auch gleich los. See you ...

Da meine Kopfschmerzen zurückkamen, schluckte ich mit Unbehagen doch eine Tablette, hinterließ meiner Mutter ein kleines Post-it mit einem Herz auf dem Küchentisch, nahm meine Reisetasche in die linke, meine Avocadopflanze in die rechte Hand und machte mich ebenfalls auf den Weg. *Viva Colonia!*

Erst als ich am Kölner Hauptbahnhof in die U-Bahn umstieg, kamen die ersten vorsichtigen Gefühle von Vorfreude und Aufregung in mir auf. Ich fühlte mich nicht krank, aber auch nicht richtig gesund und hatte sogar eine zweite Kopfschmerztablette nehmen müssen, was mir gar nicht gefiel. Aus der Erfahrung wusste ich, dass die Schmerzen für den restlichen Tag wohl nicht ganz verschwinden würden. Ich musste diesen Umstand akzeptieren und das Beste daraus machen. Am Friesenplatz stieg ich aus, fuhr mit der Rolltreppe nach oben und setzte mich kurz auf eine Bank, um mich mental wieder vollständig ins Jetzt zu bringen und mir den Grund dieser Challenge zurück ins Gedächtnis zu rufen: »Achtundvierzig Stunden Liebe ›all in‹, als gäbe es kein Morgen mehr.« Abgesehen von den Kopfschmerzen war da einerseits Vorfreude, andererseits: Was, wenn wir uns nichts zu erzählen hätten? Was, wenn es überhaupt nicht harmonieren würde? Was, wenn sie mir gefallen würde, ich ihr aber nicht? Was, wenn es andersherum sein würde?

Durchatmen.

Mein Smartphone vermeldete eine neue Nachricht.

Ich bin jetzt im Zimmer. 😊

Cool. Ich brauche noch dreißig Minuten.

Okay, ich richte mich dann schon
mal häuslich ein. Bis gleich.

Ich schob mein Handy zurück in die Hosentasche und musste über ihren Satz »Ich richte mich dann schon mal häuslich ein« schmunzeln. Endlich war ich da. Bis zum Hotel waren es nur noch wenige Minuten zu Fuß. Ich ging langsam, obwohl ich schnell gehen wollte. Ich achtete auf jeden Schritt. Vielleicht hoffte ich insgeheim, dass die Kopfschmerzen weniger würden, je später ich ankäme.

»Hast du dir schon deinen ersten Move überlegt?«, sprach die Stimme plötzlich zu mir.

»Was meinst du damit?«, überlegte ich und schaute auf meine weißen Sneakers, die von der Reise etwas schmutzig geworden waren.

»Na, dein Opener, dein erster Satz«, sagte die Stimme. »Was du machen wirst, wenn sie vor dir steht. Schließlich ist sie schon da. Du hingegen kommst neu in die Szene. Alle Augen sind auf dich gerichtet, Baby!«

»Wir drehen doch keinen Kinofilm«, sagte ich ruhig.

»Ich meine ja nur, dass der erste Eindruck entscheidend für den restlichen Verlauf deines Abenteuers sein wird. Der erste Schritt gibt immer den Ton an.«

Ich dachte über meine eigenen Gedanken nach. Wahrscheinlich hatte die Stimme recht. Komisch, dass mir das nicht früher in den Sinn gekommen war. Nun war es ohnehin zu spät, denn ich stand schon vor dem Hotel. Ich checkte bei der freundlichen Dame an der Rezeption ein, nahm meine Schlüsselkarte und ihr Lächeln dankend entgegen und ging direkt weiter auf die Toilette, wo ich erst mal meine Sneakers putzte, mir viel zu lange mit etwas zu warmem Wasser die Hände wusch und mich ebenso lange im Spiegel ansah. Da waren sie: die Kopfschmerzen und die Bedenken.

»Was hast du dir nur dabei gedacht?«

»Was schon?«, lachte die Stimme. »Zu leben, zu lieben, zu sein. Peter Pan, Pippi Langstrumpf, Abenteuer, Erinnerungen sammeln. Das Leben zu spüren. Schon vergessen?«

»Wie könnte ich?«, lachte ich zurück, kramte mein Parfüm aus der Tasche hervor, verrieb etwas davon an meinem Hals und an den Handgelenken und ging zurück in die Lobby. Ich sah mich kurz um. Es war Sonntagnachmittag, kurz vor drei. Die meisten Wochenendgäste waren schon gegangen. Eine merkwürdige Uhrzeit für ein erstes Date. Und ein merkwürdiger Ort. Aber was war an diesem Date schon normal? Der Fahrstuhl kam, und ich hielt meine Zimmerkarte an den Sensor. Unser Zimmer lag im dritten Stock.

»Denke immer daran«, flüsterte mir die Stimme zu, während ich noch immer ohne Eile den Flur entlangging. »Den ersten Satz kannst du nur einmal sagen.«

Ich atmete noch einmal durch. Dann klopfte ich.

»Ich komme«, hörte ich sie rufen.

Die Zimmertür öffnete sich.

Sie sagte: »Hi.«

Ich sagte: »Hi.«

Wir blickten uns kurz in die Augen und umarmten uns. Ihr Kopf drückte sich an meinen Hals, und ohne zu überlegen küssten wir uns sofort auf den Mund. Innig und zärtlich. Als ob daran nichts Ungewöhnliches wäre und wir das immer so täten. Einfach, als ob wir uns schon lange kennen würden. Ich nahm in dem Moment so viel wahr: Sie war viel hübscher als auf den Fotos auf Facebook. Ihre Haare waren dunkel und dufteten zartsüßlich, was mich an den Rosenstrauch im Vorgarten meines Elternhauses erinnerte. Doch vor allem nahm ich wahr, dass die Avocadopflanze, die ich immer noch in meiner Hand hielt, beinahe kopfüber hing, sodass ich erst mal richtig ins Zimmer eintrat, die Tür schloss und meine Sachen abstellte. Sie schaute mir dabei zu, wartete geduldig, bis ich die Hände frei hatte, und als ich aufblickte, lächelte sie mich an und streckte ihre Arme aus. Ich lief auf sie zu und sagte: »Achtundvierzig Stunden, Liebe ›all in‹, here we come.«

Ohne ein weiteres Wort miteinander zu wechseln, taumelten wir küssend in die Mitte des Zimmers und ließen uns in das große und flauschige Kingsize-Bett fallen, aus dem wir für eine gefühlte Ewigkeit auch nicht mehr rauskamen. Irgendwann kamen mir Pharrells Worte in den Sinn, über die ich nur schmunzeln konnte. »If she's not naked by the half of the song, you're doing something wrong«, hatte er damals zu mir in einem Hotelzimmer in Köln gesagt. Nun war ich wieder in einem Hotelzimmer in Köln, und es hatte nicht mal eine Minute gedauert – sogar ohne Musik. Ich beugte mich über sie, lächelte sie schweigend an und ließ mich dann erschöpft zurück in mein Kissen fallen. Mein Kopf hämmerte wie verrückt, aber ich versuchte, es mir nicht anmerken zu lassen.

»Wie man sieht: Reden wird wirklich überbewertet«, lächelte sie ironisch und beugte sich seitlich zu mir.

»Das finde ich auch«, sagte ich. »Es gibt sooo viele andere Dinge, die man stattdessen tun kann.«

»Du kannst mich jetzt übrigens mal nach meinem Namen fragen«, sagte sie und stieß mit ihrem Zeigefinger zwischen meine Rippen.

»Ich dachte, das sei ein Geheimnis.«

»Wieso?«, fragte sie.

»Weil du ihn mir nicht gesagt hast.«

»Aber nur, weil du nie gefragt hast.«

»Okay, dann frage ich jetzt«, grinste ich. »Wie lautet Ihr Name, holde Maid?«

»Sie dürfen mich Anahita nennen, mein Herr.«

»Sehr angenehm, Prinzessin Anahita. Wie komme ich denn zu der Ehre, Ihre zauberhafte Anwesenheit genießen zu dürfen?«

»Also bitte«, protestierte sie. »Wenn schon, dann Kaiserin Anahita.«

»Ich verstehe, Prinzessin sein ist was für Anfängerinnen. Du bist natürlich der Boss, hmm?«

»Bin ich«, lachte sie.

»Find ich gut, sehr gut sogar. Ich bin gern dein treu ergebener Liebesdiener. Stets zu Ihren Diensten, meine schöne Kaiserin.«

»Gut zu wissen«, sagte sie und rollte sich auf mich. »Falls es okay ist, werde ich deine Liebesdienste schon bald wieder in Anspruch nehmen.«

»Hab ich denn eine Wahl?«, lachte ich.

Sie schüttelte den Kopf und sagte: »Keine Wahl.«

»Okay, ich muss mir vorher noch schnell einen Zweitnamen für dich überlegen. Du weißt schon, für alle Fälle, so ein Undercover-Name.«

Sie nickte und gab mir einen Kuss.

»Ich hab's«, freute ich mich und versuchte ihr in die Lippe zu beißen, was mir aber nicht gelang, weil sie schneller war und ausweichen konnte. »Ich werde dich Rocky nennen. Wie den Boxer. Sylvester Stallone. Die Legende. Ja, du bist ab sofort, Rocky, der Champion.«

»Einverstanden«, sagte sie.

»Die Bauchmuskeln dazu hast du ja schon. Sind die eigentlich echt oder hast du die heute morgen noch schnell aufgemalt?«

»Hey, was soll das denn heißen?«

Anahita sprang auf und betrachtete sich in der Glaswand, die sich hinter dem Bett befand.

»Das sind alles Muskeln«, lächelte sie und war ein bisschen stolz auf sich. »Jahrelange Arbeit, mein Freund. Hier fühl mal.«

Sie beugte sich zu mir, und ich fasste ihren Bauch an, der wirklich extrem gut trainiert war. Natürlich war mir ihr schöner Körper, ihr Äußeres generell, schon vorher aufgefallen, aber jetzt gab es zum ersten Mal die Gelegenheit, ihr dafür ein Kompliment zu machen, ohne dass es komisch wirkte.

»Du hast einen wunderschönen Körper«, sagte ich. »Deine Brüste, dein Bauch, deine Beine, dein Hintern. Wirklich, wunderschön.«

Ich zog sie an mich und streichelte ihr übers Gesicht.

»Du bist eine wunderschöne Frau.«

Sie schloss die Augen und sagte: »Danke.«

»Ich bin wirklich erleichtert deswegen«, redete ich weiter und setzte mich auf. »Jetzt, wo ich weiß, dass du von uns diejenige mit dem Sixpack bist, muss ich nicht mehr ins Fitnessstudio gehen. Was für ein Glück. Du kennst ja die Regel, dass man zu zweit immer alles gerecht aufteilen muss. Du bist trainiert und doof. Ich bin dick und schlau. Perfekt!«

»Du Scherzkeks.«

Ich fuhr ihr erneut über ihren straffen Bauch, küsste ihn und legte mich mit dem Kopf in ihren Schoß.

»Ist ja nicht so, dass ich das Fitnessstudio liebe«, sagte sie. »Aber es hilft mir. Einmal die Woche Krafttraining und ich habe keine Knieschmerzen mehr. Und bin sonst halt auch fitter, wenn ich dann mal einen fünfstündigen Ausritt oder eine Radtour mache oder so. Das Sixpack ist eigentlich nur ein Nebeneffekt.«

Ich antwortete nicht, deswegen schob sie eine Frage hinterher.

»Und du?«

»Ich liebe Sex«, sagte ich, um sie etwas zu provozieren. »Das ist mein Sport. Siebenmal die Woche, natürlich immer mit unterschiedlichen Trainerinnen.«

Anahita klopfte mir gegen die Brust, so wie das Ehepaare tun, die sich schon lange kennen, wenn der Partner wieder eine unanständige Bemerkung gemacht hat.

»So, so«, sagte sie.

»Ja, das Leben ist hart.«

»Also, so wie ich das sehe, ist im Augenblick gar nichts hart«, konterte sie, und ich liebte sie dafür. Genau mein Humor. Es war interessant. Ich hatte in der vergangenen Stunde nicht einmal an meine Kopfschmerzen gedacht. Sie machten sich wieder bemerkbar, aber ich gab ihnen keine Aufmerksamkeit. Dafür war dieser Moment zu schön.

Wir schwiegen eine Weile.

Meine Augen waren geschlossen. Anahita streichelte mich. Ob sie mich dabei ansah oder an die Decke starrte, konnte ich nicht sagen.

»Wovon träumst du?«, fragte ich leise.

»Nur vom Hier und Jetzt«, sagte sie. »Keine Zukunft, nur Ich sein.«

»Und kannst du Du sein?«

»So sehr, Lars. Du hast ja keine Ahnung, wie sehr ich gerade Ich bin.«

»Das ist schön«, sagte ich und streckte meinen rechten Arm in die Luft. Sie nahm ihn und fing sofort an, ihn sanft zu kraulen.

»Was hast du eigentlich deinen Freundinnen gesagt, wo du hinfährst? Oder machst du das regelmäßig, dass du mal eben für zwei Tage mit einem Fremden im Hotel verschwindest?«

»Noch nie habe ich sowas gemacht. Das Setting hier ist wirklich sehr ungewöhnlich für mich, deswegen hab ich es auch niemandem erzählt. Ich wollte nicht, dass mir irgendwer mit seinen Zweifeln einen Strich durch die Rechnung macht. Hatte ja selbst schon genug. Du musst nämlich wissen: Ich lebe streng nach dem Motto ›Under Five In Life‹ und bin eigentlich eher ein bisschen prüde, auch wenn gerade alles gegen mich spricht, hahaha. Meiner Familie und meiner besten Freundin habe ich gesagt, dass ich auf einem Meditationswochenende bin.«

»Aha«, sagte ich leise. »Das können wir gern heute Abend machen, wenn du magst. Also zusammen meditieren. Dann hast du streng genommen nicht mal gelogen.«

»Sehr gern. Weißt du, es fühlt sich für mich jetzt schon wie eine lange Meditation an. Das alles. Ich bin ganz ruhig, ganz bei mir. Es ist so schön friedlich hier.«

»Ja, ich finde, wir machen das ziemlich gut«, sagte ich. »Und wir haben keine Zeit verschwendet. Ist es nicht erstaunlich, was man alles in einer Stunde erleben kann, wenn man weiß, dass einem nur noch achtundvierzig davon bleiben?«

»Erleben und erfühlen«, ergänzte Anahita. »Es ist der reine Wahnsinn!«

»Der reine Wahnsinn«, wiederholte ich leise und verlor mich wieder im Durcheinanderland meiner Gedanken.

»Und woran denkst du?«, fragte mich Anahita nach einer Weile.

»Dass wir gut zusammen schweigen können«, antwortete ich. »Es ist schon komisch. Eigentlich haben wir den Verlauf eines normalen Dates komplett auf den Kopf gestellt. Ich meine, die meisten Dates fangen mit einem zögerlichen Kennenlernen an. Man unterhält sich, flirtet, schreibt sich Nachrichten, telefoniert, geht zusammen aus, und irgendwann landet man als Höhepunkt des Schauspiels gemeinsam im Bett. Wie in einem Theaterstück. Es ist ja immer der gleiche Ablauf. Wir hingegen haben direkt ganz oben mit dem Sex angefangen und gehen jetzt gemeinsam ganz entspannt die Energiekurve runter. Warum ist vor uns da eigentlich noch niemand draufgekommen?«

»Hahaha, gute Frage.«

»Ernsthaft, die Menschen sollten zuerst richtig lange und intensiv miteinander schlafen und erst dann beginnen, sich näher kennenzulernen, zu reden und Fragen zu stellen. Das ist doch viel ehrlicher. Ich sag dir auch, warum: Weil das ganze Gehabe wegfällt, das Getue, die Angeberei und der Druck, den so viele Menschen verspüren, auf Biegen und Brechen gefallen zu wollen. Wenn du entspannt und ausgeglichen bist, musst du aus Unsicherheit oder mangelndem Selbstbewusstsein auch keine Märchen erfinden und dich auch nicht als jemand ausgeben, der du in der Form vielleicht gar nicht bist. Die Menschen sollten ihre Dates ab sofort einfach rückwärts leben. Ich finde, wir sollten ein neues Movement starten oder noch besser, gleich ein Patent dafür anmelden.«

»Klingt ja erst mal nicht verkehrt«, lachte Anahita. »Ich habe aber einen Einwand, I'm afraid.«

»Ach ja, und der wäre?«

»Ich glaube nicht, dass dieses Konzept für jeden geeignet ist. Also, ich als Frau – und ich weiß, wie ernsthaft unglaubwürdig das jetzt erscheinen mag, nach dem wie wir uns gerade erst kennengelernt haben –, ich möchte dieses Geschenk, meinen Körper, meine tiefen Emotionen und alles, was damit zusammenhängt, nicht mit jedem sofort teilen. Ich brauche keinen Mann, um meine Lust zu befriedigen. Wenn ich Sex habe, dann geht es mir um etwas anderes. Du hast auf die verrücktesten Nachrichten, die ich jemals irgendwem geschrieben habe, geantwortet. Ich wusste, dass wir auf einer anderen Ebene sind. Man muss schon spirituell und mit dem Herzen auf einer Wellenlänge sein, sonst könnte dein Konzept das Go für belanglose Sexorgien oder das körperliche Ausnutzen einer Person sein. Da will ich dann lieber kein Patent drauf haben. Das Konzept ist gut, gilt aber nicht für jeden. Man muss es schon ernst meinen.«

»Natürlich klingt das auf den ersten Blick merkwürdig, und es ist auch nicht so, dass ich schon lange darüber nachgedacht hätte. Wenn ich aber sehe, wie viele Menschen enttäuscht von ihren ersten, zweiten, dritten und achtzehnten Dates sind und dass der ›normale Weg‹ also auch nicht wirklich funktioniert, dann lohnt es sich doch, einmal neu darüber nachzudenken. Ich sage ja gar nicht, dass ich recht habe. Ich träume einfach nur laut.«

»Träum ruhig weiter, ich komm gleich wieder. Muss kurz ins Bad.«

Sie gab mir einen Kuss, hüpfte aus dem Bett und verschwand. Mir fiel auf, dass ich mich noch gar nicht richtig in unserem Zimmer umgesehen hatte. Es war schön groß, schlicht und stylisch und vor allem unglaublich gemütlich. Die perfekte Wahl, um für achtundvierzig Stunden die Welt zu vergessen, um sich seine eigene zu erschaffen. Ich sah auf die Uhr an der Wand. Die zwei Stunden, die ich gerade mit dieser Frau verbracht hatte, fühlten sich wie zwei Jahre an. Es war, als kannte ich sie schon, bevor sie mir ihren richtigen Namen sagte. In gewisser Weise stimmte das ja auch. »Was für ein verrückter Moment«, murmelte ich leise vor mich hin.

Anahita kam aus dem Bad zurück und hielt mir eine Flasche Mineralwasser vors Gesicht.

»Hier, du musst trinken.«

»Muss ich?«, lachte ich.

»Ja, musst du. Du hast Flüssigkeit verloren. Einmal austrinken bitte.«

Ich leistete keinen Widerstand und trank das Wasser in einem langen Zug aus. Sie konnte anscheinend meine Gedanken lesen, denn ich hatte wirklich Durst. Sie kümmerte sich, was mir sehr gefiel. Dann kuschelte sie sich zu mir unter die Decke und sagte: »Okay, du kannst jetzt weitermachen.«

»Womit denn?«, fragte ich.

»Mit dem Träume teilen.«

Ich atmete laut aus, blickte im Zimmer umher und ließ meine Gedanken schweifen. Warum auch immer, aber ich landete bei Woody Allen.

»Worüber lachst du?«

»Wie bitte?«, fragte ich.

»Du hast gerade über irgendwas gelacht.«

»Echt? Hab ich gar nicht mitbekommen«, sagte ich und erklärte ihr die besondere Liebesbeziehung, die ich zu meinen Tagträumen hege, dass ich oft vergesse, meine Gedankenwelt mit den Menschen in meiner Umgebung zu teilen, und dass sie mich gern jederzeit daran erinnern dürfe, wenn ihr das auffiele.

»Du seist hiermit erinnert«, lachte sie.

»Ich habe an einen Sketch von Woody Allen gedacht. Du weißt schon, der berühmte Filmregisseur.«

»Jap, schon mal gehört.«

»Er hat einmal etwas ziemlich Witziges gesagt, was irgendwie auch auf unsere Situation hier zutrifft. Warte, ich versuche es dir aus der Erinnerung nachzuerzählen: In meinem nächsten Leben möchte ich rückwärts leben, heißt es da. Du beginnst mit dem Tod und bringst somit das Schlimmste zuerst hinter dich. Dann wachst du in einem Altersheim auf und fühlst dich jeden Tag etwas fitter. Eines Tages wirst du dort rausgeworfen, weil du zu gesund bist. Du bekommst eine Rente und fängst ein paar Jahre später an zu arbeiten. An deinem ersten Arbeitstag bekommst du eine goldene Uhr geschenkt und dein Chef gibt dir zu Ehren eine kleine Party. Dann arbeitest du vierzig Jahre lang, bis du jung genug bist, um den Ruhestand zu genießen – du gehst auf Partys, trinkst jede Menge Alkohol und wechselst ständig deinen Partner. Dann bist du bereit für die Schule. Irgendwann kommst du in die Grundschule, wirst zu einem Kind und darfst den ganzen Tag spielen – keinerlei Verpflichtungen. Wieder etwas später wirst du zu einem Baby und wirst geboren. Die letzten neun Monate deines Lebens verbringst du wie ein Astronaut – frei schwebend und in einer Art Luxus-Spa mit Zentralheizung und Zimmerservice. Besser als jedes Hotel. Das Zimmer, in dem du wohnst, wird sogar jeden Tag etwas geräumiger und größer. Und dann, voilà, ist mit einem Orgasmus alles zu Ende.«

»Good One«, sagte sie. »Hab ich noch nie so gesehen, aber die Geschichte hat was. Irgendwie kommt durch diese Sicht Leichtigkeit zurück ins Leben, hmm?«

Anahita setzte sich auf mich.

»Ich finde übrigens, wir sollten mit genau jenem Ende auf der Stelle weitermachen. Du weißt schon.«

Schön, einfach für sich selbst

Als ich meine Augen öffnete, war es dunkel. Anahita lag neben mir und las in einem Buch. Ich warf einen flüchtigen Blick auf das Cover, musste aber nicht lange die Titelzeile lesen, denn ich kannte es – *Schiffbruch mit Tiger*. Ein Wahnsinnsbuch! Mein Schädel hämmerte wie verrückt.

»Wie lange habe ich geschlafen?«, fragte ich.

»Weiß nicht genau, ich bin auch eingenickt und vor ein paar Minuten erst aufgewacht«, sagte Anahita und legte ihr Buch zur Seite.

»Oh Mann«, nuschelte ich ins Kissen. »Uns bleiben nur achtundvierzig Stunden und was machen wir? Schlafen erst mal eine ausgiebige Runde. Es ist nur, ich habe so krasse Kopfschmerzen, dass ich es kaum aushalte.«

»Wirklich? Och nein! Wie lange denn schon?«

»Ich bin heute morgen damit aufgewacht. Dann habe ich eine Tablette genommen und kurz bevor ich hier ins Hotel bin noch mal eine, aber die Schmerzen gehen einfach nicht weg.«

»Dann hattest du die *ganze Zeit* Kopfschmerzen?«, fragte Anahita.

Ich konnte nicht genau erkennen, ob ihr Blick vorwurfsvoll oder mitleidig war. Ich drückte beide Mittelfinger gegen meine Schläfen und nickte.

»Wieso sagst du denn nichts? Ich habe zwar selbst fast nie Kopfschmerzen, aber meine Schwester hat ständig Migräne. Die Arme musste sich schon so oft davon übergeben. Gib mir mal eine Hand. Ich kenne da einen Akupressurpunkt. Wenn du willst, drücke ich die Stelle, allerdings kann es am Anfang schmerzhaft sein. Aber dann wird es besser. I promise!« Sie grinste frech und fügte schadenfroh hinzu: »Wir laufen dann zwar Gefahr, dass du mich hasst, weil der Punkt so wehtut. Ich nehme diese Bürde aber gern auf mich. Soll ich?«

»Welche Hand willst du?«, fragte ich.

»Auf welcher Seite sind denn die Schmerzen?«

»Auf beiden«, sagte ich.

»Dann ist es egal.«

Ich ließ meine linke Hand in ihren Schoß fallen und schloss wieder die Augen. Der Schmerz, den ich dann in meiner Handfläche spürte, war so stechend, dass er die Schmerzen im Kopf völlig überlagerte. Ich zuckte kurz zusammen und drehte mich zum Fenster, damit Anahita mein schmerzverzerrtes Gesicht nicht sehen konnte. Auf ihre Frage, ob ich es aushalte, nickte ich nur und presste meinen Kopf ins Kissen. Ich hielt es aus. Ich wollte es aushalten. Ich musste. Ich wollte nicht als komplettes Weichei dastehen. Aber mal ehrlich: Wie viel Kraft konnten so zierliche Finger eigentlich haben? Mit diesen Schmerzen hatte ich nicht gerechnet. Nach einer Weile drückte sie nicht mehr ganz so fest, und ich nutzte die Gelegenheit, um meine Hand wegzuziehen.

»So, jetzt die andere Hand. Einmal umdrehen bitte.«

Ich gab sie ihr, und nach kurzer Zeit sagte ich: »Es ist schon viel besser, du Rocky Balboa. Spätestens jetzt weiß ich sicher, dass der Name genau richtig für dich ist.«

»Hah, gut, dann wäre das ja auch geklärt.«

»Weißt du was, ich springe kurz unter die Dusche. Wo hast du das eigentlich gelernt?«

»Gelernt habe ich das am Anfang eigentlich gar nicht so richtig. Es ist mehr so Intuition. Ich drücke schon immer allen aus meiner Familie die Wehwehchen weg, und auch mir selbst helfe ich durch Handauflegen, wenn ich zum Beispiel mal verspannt bin. In meiner Familie kann nämlich echt niemand massieren, also muss ich da selbst ran. Außer mein Onkel. Von dem habe ich viel übernommen. Als ich noch ein Kind war, sagte er immer: ›Wenn du jemanden massierst, dann machst du die schlechte Energie raus und die gute Energie rein.‹ Und letztes Jahr habe ich eine längere Reise gemacht und dabei Akupressur und balinesische Massage gelernt und festgestellt, dass ich vieles einfach schon immer so gemacht habe, ohne zu wissen, warum.«

»Also, du kannst die balinesische Massage gleich an mir ausprobieren, wenn du magst. Aus der Nummer kommst du jetzt eh nicht mehr raus.«

Ich lächelte und ging zu meiner Tasche, die noch immer neben der Tür am Eingang stand, holte meinen Kulturbeutel heraus und ging ins Badezimmer. Die Regenwalddusche war größer als mein komplettes Badezimmer in Berlin, und ich hoffte darauf, die schon deutlich geringeren Schmerzen mithilfe des Wassers endgültig besiegen zu können.

Ich genoss die dicken Tropfen, die auf mich herabprasselten, und erinnerte mich wieder an eine alte Technik, die ich bereits vor langer Zeit entdeckt hatte. Bei der sogenannten Duschmeditation geht es darum, dass man sich vorstellen soll, all den Stress, seine Angst und die Sorgen von seinem Körper zu waschen. Man konzentriert sich vollständig auf das Wasser, das die Haut berührt, durch die Haare läuft, an den Lippen abperlt. Jeder einzelne Wassertropfen saugt etwas von den Schmerzen und negativen Gedanken auf und spült sie fort. So die Vorstellung! Schmerz, Traurigkeit, Bedauern, Furcht und Depressionen fließen durch den Abfluss ganz einfach raus aus deinem Leben. Du stehst unter der Dusche und reinigst somit nicht nur deinen Körper, sondern auch deine Seele.

»Ist hier noch Platz für mich?«, hörte ich Anahitas Stimme plötzlich neben mir.

»Aber klar doch!«, freute ich mich über ihren Besuch.

»Was macht dein Kopf?«

»Besser«, lächelte ich und zog sie zu mir unter den kleinen Tropenwasserfall. »Ich danke dir. Du bist eine Heilerin.«

»Ich weiß, ich weiß«, lachte sie und gab mir einen langen Kuss. Dann trat ich einen Schritt nach hinten, um sie besser sehen zu können. Sie war auf ihre ganz eigene wunderbare Art sonderbar. Sie wusste zum Beispiel nicht, wer Idris Elba oder Tony Hawk oder Banksy war, dafür liebte sie Kant und Nietzsche, hatte schon Muay Thai geboxt und wusste, dass Rafael Nadal und Roger Federer gute Freunde waren. Sie hatte keinen Fernseher in ihrer Wohnung, liebte aber Filmabende mit ihrer Familie. Sie war hübsch, definierte sich aber nicht über ihr Äußeres, klug, aber nicht belehrend. Sie lebte ihr Leben nach ihren ganz persönlichen Vorstellungen, ohne dabei Dinge zu tun, um anderen gefallen zu wollen. Ihr war es nicht peinlich, peinlich zu sein oder von gewissen Menschen noch nie etwas gehört zu haben, von denen ich felsenfest der Meinung war, dass es gar nicht möglich sei, sie nicht zu kennen. Als ich beiläufig in einem Nebensatz erwähnte, dass »Californication« die vielleicht beste TV-Serie aller Zeiten sei, zusammen mit »Breaking Bad« und »The Sopranos«, lächelte sie nur, setzte sich im Schneidersitz vor mich und sagte: »Breaking Bad habe ich mitbekommen. Der Typ, der diese Drogen herstellt, damit er seine Familie durchbringt, oder? Da hab ich mir gedacht: Es gäbe so viele andere Wege. Echt jetzt? Hab's nicht weitergeguckt. Aber da du ja hier voller Enthusiasmus bist, verkünde ich feierlich, dass ich den anderen beiden Serien eine Chance gebe, wenn wir mal nichts mehr zu reden haben oder uns einfach nach einem Schlumbumbeltag sehnen. Erzähl mir davon, ich wähle aus, welche ich zuerst gucken will.«

Ich erzählte, und sie stellte Fragen. Sie war bereit, sich auf meine Welt einzulassen, und zeigte echtes Interesse. Das war cool. Vielleicht musste man gar nicht immer die gleichen Interessen haben, dachte ich. Vielleicht liegt der Schlüssel einfach nur im Interesse für den anderen? Vielleicht liegt darin die Schönheit einer Beziehung, die Schönheit eines Menschen? Ich erinnerte mich an die Kinderbuchautorin Rainbow Rowell, die einmal sagte, dass Kunst nicht gemacht wird, um schön zu sein und anderen zu gefallen, sondern um etwas zu fühlen, wenn man sie betrachtet. So war es, wenn ich Anahita ansah. Sie löste etwas in mir aus, auch wenn ich noch nicht genau sagen konnte, was es war. Aber es gefiel mir sehr. Und schön war sie auch. Sie war es, aber sie tat es nicht für die anderen. Sie lief keinem Modetrend hinterher, war kein cooles Insta-Girl. Sie war schön, einfach für sich selbst, auf ihre ganz besondere Weise.

Kleine magische Reisen

»Awww, ich liebe dieses Hotel«, sagte Anahita und kam gut gelaunt aus dem Bad. Sie trug jetzt einen Bademantel und hatte ein weißes Handtuch als Turban um ihre nassen Haare geschlungen. Über die Boxen im Raum lief das Soulalbum von *Tyler, the Creator*, das im letzten Sommer erschienen war. Anahita bewegte sich intuitiv genau richtig zum Beat. Ich saß auf dem Bett und stellte fest, dass ich nicht die geringste Form von Aufregung in mir spürte. Mein Herz schlug nicht schneller, als ich sie erneut beobachtete, keine Nervosität, keine Scham, kein hektisches Suchen nach Themen, über die man reden könnte, nur um etwas zu sagen. Ich sah sie an und war ganz ruhig. Nicht superverliebt, nicht auf Wolke sieben schwebend. Auf eine mir neue Art schien alles klar zu sein, so unkompliziert, so einfach.

»Weißt du, was witzig ist?«, fragte sie, während sie in ihrem Koffer kramte und zwischendurch immer wieder kurz tanzte.

Ich antwortete nicht.

»Es gibt Menschen, die haben in einem Jahr nicht so viel Sex wie wir an einem einzigen Tag.«

»Und dabei ist der Tag noch lange nicht vorbei«, sagte ich.

Sie lachte mich an, und ich lachte zurück.

»Ich hatte mal über ein Jahr lang keinen Sex«, sagte ich weiter.

Anahita setzte sich auf die Bettkante und rubbelte ihre Haare trocken.

»Echt jetzt? Warum?«, fragte sie.

»Das war ein Jahr, in dem es mir gesundheitlich nicht so gut ging. Ich glaube, ich habe in der Zeit nicht einmal an Sex gedacht. Ich dachte, dass ich sterben würde.«

»Wirklich?«

»Ja«, sagte ich und legte mir das Kissen hinter mir zurecht. »Ich habe beim Laufen Blitze gesehen, und mir wurde ständig schwindelig. Abends im Bett kamen noch Panikattacken dazu. Ich bekam keine Luft und dachte, ich würde ersticken. Wann immer ich die Augen schloss, begann mein Herz zu rasen und ich hatte ernsthaft die Sorge, dass es bald ganz aufhören würde zu schlagen. Das ging über Monate.«

»Not nice«, sagte Anahita.

»Not nice«, wiederholte ich und legte meine Füße zu ihr.

»Was hattest du denn? Haben die Ärzte was rausgefunden?«

»Ich habe meinen ganzen Körper durchchecken lassen, wirklich alles, von oben bis unten – nichts! Heute weiß ich, dass die Belastung der ganzen Jahre zuvor aus mir rauswollte, die Energie hat sich einen Weg gesucht, um meinen Körper zu verlassen. Es war eine mentale Sache. Ich glaube ja ohnehin, dass das Leben ein einziges Mindgame ist. Alles spielt sich im Kopf ab. Glück, Schmerz, alles. Auch wenn wir Sex haben. Die ganze Lust, die Gefühle von Liebe und Ekstase. Reine Kopfsache.«

Anahita griff meinen Fuß und begann ihn zu streicheln.

»Ja, gerade so Krankheiten kann man auch auf seelischer Ebene betrachten. Aber mal was anderes: Hat dir der Sex denn gar nicht gefehlt?«, fragte sie.

»Überhaupt nicht«, sagte ich. »Ich wollte einfach nur gesund werden. Ich liebe Sex und ich habe gern Sex und ich finde auch, dass Sex in einer glücklichen Beziehung ein absolut wichtiger Bestandteil ist, aber ich muss nicht ständig Sex haben, um mich als ›ganzer Mann‹ zu fühlen. Außerdem ist Sex so viel mehr als nur der Orgasmus.«

»Du glaubst gar nicht, wie viele Männer es gibt, die das nicht so sehen«, sagte Anahita. »Für die ist Sex nur der Orgasmus, und zwar ihr eigener.«

»Glaubst du wirklich?«

»Oh ja! Also meine Erfahrung ist da ja eher spärlich, aber du musst dich nur mal umhören und zwischen den Zeilen lesen. Ich glaube übrigens auch, dass Sex ein wichtiger Indikator in einer Partnerschaft ist. Wenn es da nicht für beide so läuft, dass sie zufrieden sind, ist ganz oft auch in der Partnerschaft eine latente Unzufriedenheit zu spüren. Vielleicht nicht bei allen, aber doch ist Sex ein sehr guter Indikator dafür, wie es um eine Beziehung bestellt ist. Das ist einfach so. Und es ist ein Teufelskreis, denn sobald man merkt, dass etwas nicht in Ordnung ist, will man es nicht ansprechen, weil ab diesem Zeitpunkt das Problem real wird. Außerdem will man keinen Druck reinbringen und hofft darauf, dass die Zeit schon alles ändert. Und so geht das dann immer weiter.«

»Was meinst du, woran liegt das?«, fragte ich und rutschte etwas tiefer in mein Kissen hinein.

»Ich glaube, weil zu viel unausgesprochen bleibt und zu viel Ego im Spiel ist. Vielleicht reden wir nicht ehrlich darüber, weil Sex in unserer Gesellschaft immer noch zu schambehaftet ist. Und vielleicht wollen wir als Frauen auf keinen Fall ›schuld‹ sein, dass der Mann nicht zum Orgasmus kommt. Allein dadurch kommt schon irgendwie Druck rein, dem Mann unbedingt gefallen zu wollen. Da kann es schon mal so sein, dass man sich als Frau ein bisschen verliert, weil man so sehr möchte, dass der Partner befriedigt ist, glücklich ist. Denn ist er es nicht, wäre das ja wieder ein weiterer Indikator dafür, dass etwas nicht stimmt. Und um die Ecke wartet ja schon die erfolgreichere, vielleicht noch attraktivere Frau. So wird der Druck noch größer. Und immer so weiter. Ach, es gibt viele Gründe.«

»Übrigens ist das mit dem Gefallen-Wollen kein Thema, das exklusiv bei euch Frauen liegt. Wir Männer haben beim Sex nämlich noch ein ganz anderes Problem: die Angst zu versagen und nicht gut genug zu sein. Du darfst nicht vergessen, dass für so viele Männer da draußen Sex nur eine Performance ist.«

»Alles Ego.«

»Exakt, deswegen verstehe ich viele Männer auch nicht, wenn sie beim Sex nur an sich und ihren eigenen Orgasmus denken. Ganz ehrlich, wenn sie schon in ihrem Ego gefangen sind, also gefallen wollen, dann wäre doch das größtmögliche Kompliment, das sie bekommen können, wenn die Frau am Ende glücklich und befriedigt neben ihnen liegt. Also sollten sie doch alles dafür tun, damit genau das passiert.«

Anahita lachte und sagte: »Passiert aber nicht. Ganz ehrlich, ich habe schon soooo oft ›Prahlereien‹ von Männern gehört und ich denke dann jedes Mal: Gott behüte, dass irgendwer so über mich spricht, als ob ich eine Matratze wäre. Wenn es wirklich so war, wie er gerade sagt, kann es unmöglich beiden gefallen haben. Ist ja voll die One-Man-Show. Da geht's nur darum, wie er sie wie genommen hat, um dann so oder so zu kommen. Bäh!«

»Wirklich, ich begreife das nicht. Wenn du schon gefallen willst, dann willst du doch, dass deinem Partner der Sex gefällt. Es macht aus einer egobehafteten Perspektive doch gar keinen Sinn, da nur an sich zu denken.«

»Hmm, ja, vielleicht ist es ja nur Gerede und die Typen sind doch viel mehr auf die Bedürfnisse der Frauen eingestellt, als sie ihren Kumpels erzählen. Aber ich kenne schon Beziehungen, wo nicht aufeinander geschaut wird. Nach fünf Jahren Beziehung will der Mann vielleicht vor seiner Partnerin gar nicht mehr performen, sondern sich einfach schnell Erleichterung verschaffen. Ich weiß es doch auch nicht, ich habe ja jetzt nicht die unglaublich hohen Erfahrungswerte. Aber was ich weiß, ist, dass viele Männer zuerst auf sich und ihre Bedürfnisse schauen und dabei völlig die Ebene verfehlen, um die es mir beim Sex geht. Ich glaube, Osho hat mal gesagt, dass man sich lieber selbst Abhilfe verschaffen solle, wenn es einem beim Sex nur um den Orgasmus geht. Sex ist für mich viel mehr eine Verschmelzung von Energien. Eine Art Meditation. Nur das Hier und Jetzt zählt. Es dient keinem Zweck. Es folgt keinem Plan, so à la: ›Heute müssen wir noch!‹ Man macht es einfach, weil man will, nicht weil man das Gefühl hat, es tun zu müssen. Man achtet auf sich – gegenseitig. Dann ist es für mich am schönsten. Und das finde ich übrigens schön an dir«, sagte Anahita und fuhr mit ihren Fingerspitzen über mein Bein. »Du siehst mich.«

»Danke.«

»Und du wartest auf mich.«

»Ja, das tue ich.«

»Ist das immer so bei dir?«, fragte sie.

Ich musste ein paar Sekunden darüber nachdenken.

»Früher war das überhaupt nicht so«, antwortete ich schließlich. »Ich glaube sogar, dass ich in meinen Zwanzigern kein guter Liebhaber war. Ich war viel zu unsicher und körperlich auch sehr schnell reizbar. Die ganze Sache dauerte meistens nur ein paar Minuten und hat auch nicht wirklich Spaß gemacht. Um ehrlich zu sein, lerne ich gerade erst, guten Sex zu haben.«

»Komm, veräpple mich nicht«, lachte Anahita.

»Tu ich nicht«, sagte ich. »Über die Meditation habe ich erst so richtig verstanden, was es bedeutet, sich loszulösen und wirklich eins zu sein, auch mit einem anderen Menschen. Die Kontrolle abzugeben, miteinander zu schwingen, eine Energie zu werden, gemeinsam zu lieben. Ich meine, wirklich zu lieben. Der Orgasmus stört am Ende eigentlich nur, weil dann schon wieder alles vorbei ist. So wie du gesagt hast: Letztlich ist Sex doch nur eine weitere Form der Meditation. Du begibst dich mit einem anderen Menschen auf eine kleine magische Reise. Manchmal siehst du dabei den Schatz auf der anderen Seite des Regenbogens, manchmal nicht, aber darum geht es nicht. Es geht um den Weg selbst. Wie immer im Leben. Der Weg ist entscheidend, nicht das Ankommen. Das gemeinsame Erlebnis ist das Ziel. Ich sag dir, es hat Jahre gebraucht, bis ich das begriffen habe. Jetzt kann ich die Dauer dieser kleinen magischen Reise über meinen Kopf steuern.«

»Das hab ich gemerkt«, lachte Anahita.

»Und weißt du, ich habe das Gefühl, dass diese Reise immer schöner wird, je älter ich werde.«

»Ja, das stimmt, die Erfahrung macht viel aus. Man lernt sich selbst viel besser kennen. Ich muss dir was sagen«, sagte Anahita und rollte sich neben mich.

»Okay, jetzt kommt's«, lachte ich. »Du bist verheiratet, hast drei Kinder von drei Männern, arbeitest undercover als Auftragskillerin für den CIA und verbringst deine Zeit nur mit mir, weil du ein paar Tage untertauchen musst, da deine Deckung aufgeflogen und du per internationalem Haftbefehl gesucht wirst. Das ist kein Problem für mich. Ich habe vollstes Verständnis.«

»Was? Nein, du Spinner!«

»Schade, hätte ich cool gefunden. Okay, vielleicht nicht den ersten Teil, eher so ab dem Part mit der Auftragskillerin, hahaha. Das wäre doch mal eine Story gewesen. Wie bei ›Mr. & Mrs. Smith‹. Kennst du den? Das ist ein alter Film mit Brad Pitt und Angelina Jolie. Sie sind verheiratet und arbeiten beide heimlich als Auftragskiller, wissen das aber nicht von dem anderen. Superlustig, vor allem, wenn man weiß, dass die beiden während der Dreharbeiten wirklich ein Liebespaar waren.«

»Ja klar, den habe ich damals gesehen.«

»Also, was ist so wichtig, dass du es mit dem Satz ›Schatz, wir müssen reden!‹ ankündigen musst?«

»Hey, das hab ich gar nicht gesagt. Ich sagte: ›Ich muss dir was sagen.‹ Da gibt es einen Unterschied.«

»Na gut«, grinste ich und legte mich demonstrativ wieder auf den Rücken, um ihr meine volle Aufmerksamkeit zu widmen. »Ich bin ganz Ohr.«

»Ist es wegen deines Alters grad nicht komisch für dich?«

»Was ist denn mit meinem Alter falsch?«, fragte ich.

»Nichts ist falsch, aber du bist ja schon über vierzig«, sagte sie. »Einundvierzig, richtig?«

»Gut recherchiert, Sherlock«, lachte ich.

»Ja, deswegen. Ich war noch nie mit jemandem zusammen, der so alt ist.«

»Echt, wie alt bist du denn?«, fragte ich zurück.

»Neunundzwanzig, dieses Jahr werde ich dreißig«, sagte sie.

»Witzig«, sagte ich und grinste sie an.

»Was denn?«

»Ich war auch noch nie mit jemandem zusammen, der so alt ist.«

»Wirklich nicht?«

Sie sah mich mit großen Augen an, und ich konnte genau erkennen, dass sie gerade überlegte, ob ich nur Spaß machte oder es wirklich so meinte. Ich ließ sie grübeln und es bereitete mir große Freude, sie in der Ungewissheit zu lassen.

»Jetzt sag mal, wirklich? Wie alt war denn bitte deine letzte feste Freundin, als du sie kennengelernt hast?«

»Einundzwanzig«, sagte ich.

»Echt, so jung?«

»Ja.«

»Und wie lange wart ihr zusammen?«

»Drei Jahre.«

»Hmm, und wie alt war die letzte Frau vor mir?«

»Neunzehn oder zwanzig, ich weiß nicht mehr genau.«

»Hmm, und wie lange warst du mit ihr zusammen?«

»Eine Nacht.«

»Oh wow, Mister, ich würde mal sagen, du hast da ein Muster, das du dir genauer anschauen solltest, bevor es noch pathologisch wird«, begann sie zu lachen. »Ich habe echt gedacht, dass ich die Jüngste wäre. Ich meine, du bist zwölf Jahre älter als ich. Iiiiiiiiii.«

»Auch nur ein paar Atemzüge, wenn du bedenkst, wie alt das Universum ist«, sagte ich ebenfalls lachend und richtete mich auf. »Du musst das so sehen: Ich bin zu alt für dich, und du bist zu alt für mich, also passen wir doch wunderbar zusammen. Wie hat es Joan Collins so treffend formuliert: ›Das Alter ist irrelevant, es sei denn, du bist eine Flasche Wein.‹ Hast du Hunger?«

Anahita nickte.

»Komm, wir ziehen uns an und gehen nach oben ins Restaurant. Die haben hier ganz fantastischen Hummus. Apropos Wein, ich muss dir eine unglaubliche Geschichte erzählen.«

»Au ja«, grinste Anahita. »Ich liebe es, Geschichten erzählt zu bekommen. Ist sie auch gut?«

»Vielleicht die beste, die du je gehört hast.«

Der Fahrstuhl Richtung Himmel

Auf dem Weg nach oben ins Restaurant fragte mich Anahita, nach welchen Kriterien ich eigentlich dieses Hotel ausgesucht hätte.

»Das *25hours* gibt es in mehreren Städten, und ich war schon in den Hotels in München, Berlin, Zürich, Wien und Frankfurt. Ich mag den Stil, der passt zu mir. Außerdem hast du hier keine nervigen Pauschaltouristen, sondern nur coole junge Leute. So wie wir.«

Anahita grinste und sagte: »Mit cool und jung meinst du mich, oder?«

»Genau, coole junge Leute, so wie du.«

»Außerdem ist das Essen immer toll, und morgen früh gibt es ein sensationelles Frühstück. Darauf freue ich mich schon. Mir ist sowas wichtig, an Orten zu sein, an denen man sich wohlfühlt. Ich brauche kein Schickimicki, aber ein Gefühl von Wärme. Ich hatte schon so eine Vorahnung, dass wir die meiste Zeit im Zimmer sein würden, deswegen musste es schön mummelig sein. Aus all diesen Gründen habe ich dieses Hotel für uns gewählt. Ich wollte für unsere letzten zwei Erdentage jedenfalls die perfekten Rahmenbedingungen schaffen.«

»Das sind sie, das sind sie.«

Im Aufzug konnten wir kaum die Finger voneinander lassen. Die Fahrt nach oben fühlte sich wie Schweben an. Während wir uns küssten, hatte ich plötzlich »In High Places« von Mike Oldfield im Ohr und begann zu summen. Ich trat einen Schritt nach hinten, schloss meine Augen und streckte meine Arme aus. Ich stellte mir vor, wie ein Segelflieger durch den Weltraum zu fliegen. Schwerelos, grenzenlos, völlig frei.

»Die Drogen, die du genommen hast, will ich auch«, lachte Anahita.

»Komm, wir fahren noch mal nach unten und fliegen dann gemeinsam nach oben«, sagte ich. »Du musst dir jetzt dieses Lied anhören. Wir müssen das gemeinsam hören. Es geht nicht anders.«

Anahita schüttelte den Kopf.

»Du bist ja verrückt.«

»Das bin ich, Baby.«

Der Fahrstuhl hielt im obersten Stockwerk, wir blieben stehen, und ich drückte auf »Erdgeschoss«. Während der Fahrt nach unten suchte ich den Song in meiner Playlist und stellte mich hinter Anahita. Aus Gewohnheit hatte ich mein Handy mitgenommen. Es befand sich zwar im Flugmodus, aber den Song hatte ich als »All Time Favourite« sowieso fest gespeichert. Zum Glück wollte im Erdgeschoss niemand einsteigen. Es ging wieder nach oben.

Ich drückte auf Play, schob mein Handy in die Hosentasche und umarmte Anahita, während der Gesang einsetzte und ich leise mitsang.

Check out, did you check your heart?

This cloudless blue

This starlight night, yeah

Shoot out into the shining

That devil moon

He sings of love, yeah

Can we get much higher?

Can we get much lighter?

Navigator to heaven

Wir kamen oben an, und sie sagte völlig trocken und unerwartet: »Lars, nicht dass der Fahrstuhl abstürzt bei deinem Gesäusel.«

Kurz blickte ich in ihre frechen Augen, und dann lachte sie auch schon los.

»Ist ein schönes Lied. Bissi unmelodisch, aber so eins, das man bei jedem Mal Hören etwas mehr mag, denk ich.«

»Eines der schönsten überhaupt«, sagte ich. »Und weißt du was? Das Lied ist älter als du, aber jünger als ich, passt also perfekt zu uns.«

»Du und deine Musik. Dein Leben ist eine Ansammlung von Songs, wie es scheint.«

»Natürlich«, sagte ich mit strahlenden Augen. »Musik ist das Leben. Ohne Musik wären wir verloren. Das glaube ich wirklich. Wir könnten auf alles verzichten, Bücher, Theater, Filme, aber auf Musik? Niemals!«

Da im Restaurant keine Gäste saßen, gingen wir direkt weiter in die »Monkey Bar«. Wir begrüßten die Kellner, die miteinander ihre Späße machten, und setzten uns auf einen freien Platz in der Mitte des Raumes. Vor uns flackerte der Kamin. Ich ließ mich in die weichen Kissen fallen und verschaffte mir einen Überblick. Außer uns waren noch elf weitere Gäste anwesend – drei Pärchen, ein Freundeskreis bestehend aus drei Männern und einer Frau, und dann noch ein Mann, der etwas abseits allein zu Abend aß. Anahita warf einen Blick in die Karte. Ich schloss meine Augen und hörte der Musik zu, die aus den Boxen kam. Es lief »Purple Rain« von Prince, und sofort stiegen Erinnerungen an seinen Tod in mir auf. Als er im April 2016 an einer Überdosis Schmerzmittel starb und ich davon in den Nachrichten erfuhr, war ich tief betroffen. Für mich war Prince der größte, talentierteste und einflussreichste Popstar aller Zeiten. Ich weiß noch, wie ich nachdenklich meine Arbeit liegen ließ, all seine Schallplatten aus dem Regal holte und stundenlang seine Musik hörte. Auch an den folgenden Tagen sah ich mir immer wieder alte Musikvideos, Liveshows, Filme und Dokumentationen mit ihm und über ihn an. In den 1980er-Jahren gab es in der Popwelt nur zwei echte Megastars: Michael Jackson und Prince. Selbst Superstars wie Madonna, Queen, David Bowie oder Whitney Houston spielten nicht in ihrer Liga. Michael Jackson war der bessere Showman, aber Prince der bessere Musiker. Hätte ich wählen müssen, wäre ich, ohne lange überlegen zu müssen, im Team Prince gewesen.

In einem seiner raren Interviews, die ich mir während der Zeit nach seinem Tod angesehen hatte, erzählte er von einem der wichtigsten Momente seines Lebens. Prince war fünfzehn Jahre alt und wurde von seinem Lehrer gefragt, was er später für einen Beruf ausüben möchte. Er schrieb alle Berufe, die er kannte, auf einen Zettel und überlegte, ob er sich zum Beispiel in der Rolle eines Bäckers, Maurers, KFZ-Mechanikers oder Schreiners sehen konnte. Er nutzte dafür die Kraft der Visualisierung. Er konnte es nicht. Prince fand allein die Vorstellung undenkbar, und so blieb am Ende nur ein einziger Beruf übrig, den er auf dem Zettel nicht durchgestrichen hatte: Musiker!

»Ich wusste, dass mir im Leben nur die Musik bleiben würde«, erzählte er in dem Interview, »aber ich wusste auch, wie schwierig es werden würde. Also tat ich alles, was nötig war, um mein Ziel zu erreichen. Mir war klar, dass es für mich nur diesen einen Weg gab.«

Im Alter von fünfzehn Jahren hat er eine Entscheidung getroffen und ab diesem Zeitpunkt alles für seinen Traum getan. Er hat ihn wie einen kostbaren Schatz beschützt, hat sich von Menschen getrennt, die seinen Traum zerstören wollten, und sich mit Menschen umgeben, die so dachten wie er. Prince hat über vierzig Jahre lang jeden Tag genau das Leben geführt, das er immer leben wollte. Wirst du das später auch von dir behaupten können? Diese Frage ist seitdem mein ständiger Begleiter. Natürlich ist es traurig, wenn ein Mensch im Alter von siebenundfünfzig viel zu jung stirbt. Wenn man aber bedenkt, wie viele Menschen steinalt werden, aber niemals wirklich ihr Leben gelebt haben, niemals dem Ruf ihres Herzens gefolgt sind, niemals wahrhaftig glücklich waren, dann bekommen diese vierzig Jahre, in denen Prince seinen Traum tatsächlich jeden Tag erleben durfte, plötzlich eine ganz andere Bedeutung.

»Was möchtest du essen?«

Anahitas Stimme riss mich aus meinen Gedanken.

»Ich mache gerade einen veganen Monat«, sagte ich.

»Wie toll«, strahlte Anahita. »Ich bin Vegetarierin, gehe aber auch immer mehr in die vegane Richtung.«

»Was hältst du davon«, sagte ich und warf einen gezielten Blick ins Menü, das mir noch grob in Erinnerung war, »wenn wir ein bisschen was von allem nehmen und jeder sich dann das vom Tisch pickt, was er möchte.«

»Als würdest du meine Gedanken lesen. Genau so wollte ich es auch vorschlagen.«

Ich griff nach ihrer Hand und erzählte ihr die Geschichte von Prince und meinen Gedanken, die mir gerade durch den Kopf gegangen waren.

»Ich bin ja Lehrerin, wie du weißt«, begann Anahita zu erzählen, »und rede mit meinen Kindern auch immer mal wieder über ihre Berufswünsche. Da kommen manchmal echt witzige Sachen bei raus.«

»Lass mich raten«, sagte ich, »YouTuber, Fußballer und Popstar.«

»Fußballer, ja. Je nach Alter wollen manche Kinder Influencer werden und *fame* sein.«

»Klar wollen sie das«, lachte ich, »reich und berühmt, die erstrebenswertesten Werte unserer Zeit.«

»Aber das kommt eigentlich erst so ab der sechsten Klasse. Ich unterrichte in einer Schule, in der eine Grundschule integriert ist, es aber auch eine Haupt- und Realschule gibt. Bei mir in der Grundschule sind die noch gar nicht so auf *fame* aus«, sagte sie nicht mehr scherzhaft. »Viele Kinder wollen auch einfach nur das werden, was ihre Eltern machen, und sagen dann, sie wollen im Pflegedienst arbeiten oder bei der Bahn. Die Eltern sind bei den ganz Jungen noch richtige Vorbilder, die Heroes schlechthin.« Sie machte eine kurze Pause, um ihre Gedanken zu sortieren, und fuhr fort: »Was Prince gemacht hat, seinen Beruf per Ausschlussverfahren zu wählen, ist übrigens eine ziemlich gute Strategie. Ich habe nach dem Abi auch erst mal Nahost-Studien an der Uni belegt, habe in Medizin und Psychologie reingeschnuppert und mich ein Semester lang einfach mal ausprobiert, um dann festzustellen, dass das alles nichts für mich ist. Für mich war die Frage entscheidend: Wie kann ich die Welt verändern, ohne sie verändern zu müssen?«

»Was meinst du damit?«, fragte ich.

»Also, ich habe mir überlegt, wie ich in meinem Wirkungsradius maximal viel Gutes bewirken kann, ohne ständig gegen Wände rennen zu müssen. Meine Idee war daher, die Welt im Kleinen zu verändern. Und für mich und die zwanzig Seelen in meiner Klasse ist es eben gar nicht klein, sondern etwas Großes. Auch wenn ich dafür niemals den Friedensnobelpreis kriegen werde oder sonst irgendeine Auszeichnung, fühle ich, dass mein Tun wichtig ist. Vielleicht nicht für die Welt im Großen und Ganzen, da haben sicher Politiker und irgendwelche CEOs größeren Einfluss, Dinge zu verändern. Aber für mich und die Kinder in meiner Klasse zählen wir, zähle ich. Für die hat es eine Bedeutung. Aus diesem Grund bin ich Lehrerin geworden.«

»Ich glaube, ich habe mich gerade in dich verliebt«, grinste ich. »Darf ich auch in deine Klasse kommen, Frau Lehrerin?«

»Dafür bist du nicht jung genug«, lachte sie.

»Darf ich dann wenigstens bei Ihnen nachsitzen kommen, Frau Lehrerin? Ich habe auch extra keine Hausaufgaben gemacht.«

»Pah, Hausaufgaben! Die Kinder sollten lieber länger in der Schule sein, damit wir mehr Zeit haben, alles im Unterricht zu üben. Stell dir mal eine Welt vor, in der unsere Kinder nicht nur das kleine Einmaleins, sondern auch soziale Themen üben könnten und dann als Hausaufgabe höchstens aufbekommen, keine Angst vor Fehlern zu haben, jederzeit neu beginnen zu dürfen und große Träume zu haben?«

»Kann man dich noch heiraten oder wurdest du schon versprochen?«

»Du bist ein Quatschkopf«, lachte Anahita und boxte mich. »Hör zu!«

»Ich höre!«, grinste ich und spitzte mit meinen Händen einen unsichtbaren Bleistift.

»Ich habe mal ein paar Jahre in der Schweiz unterrichtet und dort mit meinen Kindern über die großen Erfindungen der Menschheitsgeschichte gesprochen.«

»Ich muss kurz einwerfen, dass die Schweiz das schönste Land der Welt ist«, unterbrach ich sie.

»Das finde ich auch«, sagte Anahita. »Es tut fast schon weh, so schön ist die Landschaft dort.«

»Okay, gut, dass wir das geklärt haben.«

»Ich rede also mit den Kindern über große Erfindungen, über Erfinder wie Thomas Edison und Erfinderinnen wie Melitta Bentz. Die hat übrigens vor über hundert Jahren eine Erfindung gemacht, ohne die du heute kaum lebensfähig wärst.«

»Echt, was denn?«

»Sie hat den Kaffeefilter erfunden.«

»Ah, am Vornamen hätte ich es erahnen können. Wusste ich nicht. Aber zu meiner Verteidigung: Ich trinke auch nur Espresso, keinen Filterkaffee.«

»Auf jeden Fall besprechen wir so allerlei Erfindungen und wie sie das Leben der Menschheit verändert haben. Irgendwie haben wir plötzlich über Solarenergie geredet und dass es genug Sonne gäbe, um die Welt mit Strom zu versorgen, man diesen aber noch nicht so gut leiten oder speichern könne. Da fing ein Junge aus meiner Klasse richtig zu überlegen an, wie man mit Spiegeln in der Sahara und Satelliten im Weltraum den Strom zu uns bekommen könnte. Plötzlich haben alle Kinder ihre Ideen eingebracht, und ich sagte nur zu ihnen: ›Wenn ihr einmal berühmt und im Fernsehen seid, vergesst nicht, eurer Klassenlehrerin von damals Grüße auszurichten.‹ Die Kinder haben so gelacht. Dann sagte ich noch zu ihnen: ›Wisst ihr, all die berühmten Erfinder und Erfinderinnen, über die wir in dieser Woche gesprochen haben, waren auch mal Kinder wie ihr. Auch ihre Entdeckungen begannen mit kleinen Zeichnungen, mit einfachen Ideen in ihren Köpfen. Stellt euch mal vor, wenn ihr große Erfinderinnen und Erfinder seid und eure Idee gerade heute, hier und jetzt, begonnen hat. Das ist doch möglich.‹ Lars, die waren sooo begeistert. Ich hatte das Gefühl, dass sie richtig gespürt haben, dass auch sie eine Erfinderin, ein Astronaut oder was auch immer sein können.«

Sie machte eine kurze Pause und fügte zwinkernd hinzu: »Ja, ja, das Leben einer Grundschullehrerin halt. Voller Kinderträume, die es gilt, aufrechtzuerhalten.«

»Und wieder habe ich mich in dich verliebt«, sagte ich und gab ihr einen langen Kuss.

»Beurk. Du bist ganz widerlich kitschig, weißt du das?«, lachte sie.

»Und du bist ein bisschen wie ich, nur in schlau. Dafür sehe ich besser aus, hehehe. Aber schon witzig irgendwie, dass du eine Lehrerin bist.«

»Warum?«, fragte Anahita.

»Na ja, mein Vater war Französisch- und Englischlehrer. Meine Mutter hat auch kurz als Lehrerin gearbeitet, Mathe und Sport. Und die Partnerin meines Vaters – meine Eltern sind geschieden – ist ebenfalls Lehrerin. Ich bin also ein klassisches Lehrerkind, deswegen musste ich gerade so schmunzeln. Welche Fächer hast du studiert?«

»Mathe, Deutsch und Englisch.«

»Wow, nicht gerade die einfachsten Fächer«, sagte ich voller Bewunderung.

»Es war auf Grundschullehramt. Ich sag mal so: Schwer war's nicht.«

»Du warst bestimmt eine Streberin in der Schule, die nie geschwänzt hat, immer eine Eins hatte und von der alle abschreiben wollten.«

»Das war ich wirklich«, sagte sie. »Schuldig in allen Punkten der Anklage. Aber ich habe einfach gern gelernt. Mir hat das Spaß gemacht, gründlich zu sein. Ich habe stundenlang am Tisch gesessen und Bücher gewälzt und immer mit meinen Eltern geschimpft, wenn sie mich zum Essen gerufen haben. Haha, das war schon sehr verrückt. Ich meine, ein Kind, das mit seinen Eltern schimpft, weil die es beim Lernen stören.«

»Du bist also ein Nerd«, grinste ich.

»Ja, vielleicht.«

»Finde ich cool.«

»Wirklich?«

»Ja, ich meine das ernst. Ich finde das bewundernswert. Ich wollte früher nur Skateboard fahren, ›Rage Against The Machine‹ hören und mit Mädchen knutschen. Ich habe die Schule gehasst. Das war nichts für mich. Ich war heilfroh, als ich da raus war.«

»Hast du wirklich die Schule gehasst oder waren es eher die Lehrer, die dir die Inhalte nicht vermitteln konnten?«

»Guter Punkt«, sagte ich, »darüber muss ich mal nachdenken. Weißt du noch, Woody Allen und seine Geschichte vom rückwärts gelebten Leben?«

»Ja«, sagte Anahita.

»Ist es nicht interessant, dass wir so viele Dinge, die wir tagtäglich tun, eigentlich nur deswegen machen, weil wir hoffen, damit eine bessere Zukunft für uns zu erschaffen? Ständig ist alles zukunftsorientiert. Wir müssen in der Schule lernen, um später in einem guten Beruf arbeiten zu können. Wir müssen einen guten Beruf haben, um unsere Familie ernähren zu können und später eine sichere Rente zu haben. Wir Menschen sind wie Windhunde, die permanent am Rennen sind. Immer geht es darum, in der Zukunft etwas zu sein. Eine alte Frau sagte einmal: ›Als ich jung war, hätte ich alles dafür gegeben, die Schule zu überspringen, um direkt mit dem Studium zu beginnen. Während ich studierte, hätte ich alles dafür gegeben, mit einem bestandenen Diplom direkt ins Arbeitsleben eintauchen zu können. Dann hätte ich alles dafür gegeben, einen Partner zu finden, zu heiraten und Kinder zu bekommen. Als meine Kinder dann auf der Welt waren, hätte ich alles dafür gegeben, sie ein paar Jahre älter zu zaubern, um wieder an meinen alten Arbeitsplatz zurückkehren zu können. Und dann, als es so weit war, hätte ich alles dafür gegeben, endlich in Rente gehen zu können. Jetzt, wo ich alt bin, würde ich alles dafür geben, um noch einmal neu anzufangen, denn ich liege im Sterben und muss zu meinem Bedauern feststellen, dass ich während all der Jahre vergessen habe, wirklich zu leben.‹«

»Oh, wie ich diese Frau fühle. Ich habe mir in der Oberstufe immer gesagt: Okay, noch drei Wochen, dann sind die Klausuren rum. Ich wollte immer die Zeit vorspulen, um dann endlich frei zu sein. Aber die nächste Verpflichtung wartete schon. Meine Ansprüche an mich waren so hoch. Und weil ich ja so gern gelernt habe, glaube ich, dass ich gar nicht gemerkt habe, wie ich mich die ganze Zeit hinter den Büchern versteckt habe. Das Lernen war etwas Sinnvolles und hat so viel Zeit in Anspruch genommen, dass ich mir ums restliche Leben keine Sorgen machen musste.«

Anahita musterte kurz den Hummus, den der Kellner an einen der Tische neben uns brachte, und sprach nach einer kleinen Pause weiter.

»Ich habe mich aber irgendwann selbst dabei ertappt und nach dem Abi entschieden, das echte Leben nie mehr hintanzustellen. Ab da habe ich frei nach dem Motto gelebt: Man muss die Feste feiern, wie sie fallen. Interessant ist, dass ich mein Studium dann sogar noch besser abgeschlossen habe, zumindest den Teil an der Uni mit 1,0. Entweder war das Studium leichter als das Abitur oder aber das Leben im Hier und Jetzt hat mich effizienter lernen lassen. Ich weiß es nicht. Ich bin auch noch überhaupt kein Guru darin, immer im Hier und Jetzt zu sein, aber ich folge einfach meinem Herzen. Deswegen sitze ich, glaube ich, auch hier mit dir. Ich wollte die Liebe nicht mehr auf später verschieben. Aber irgendwie fehlte mir immer jemand, der das genauso sieht wie ich. Wie gesagt, ich bin kein Guru darin, ist nur eine Erkenntnis.«

Ich zog sie an mich und küsste sie erneut. Der Kamin flackerte vor uns, und wir schauten beide direkt in die Flammen.

Eine Weile saßen wir einfach da.

»Das erinnert mich an zu Hause«, sagte sie. »Wir haben auch einen Kamin. Mein Vater sitzt jeden Tag davor, im Winter wie im Sommer, und füttert ihn mit Brennholz. Manchmal, bei Familienpartys, wenn es eh schon megawarm im Haus ist, macht mein Papa dann noch den Kamin an. Das ist dann wirklich wie in einer Sauna. Ich glaube, er liebt einfach das Geräusch so sehr, den Duft und die Wärme, während wir uns alle einen abschwitzen.«

Ich schmunzelte in mich hinein, denn mein Vater hatte auch schon immer ein ganz spezielles Verhältnis zu seinem Kamin.

»Guten Abend, ihr zwei. Seid ihr so weit?«

Einer der Kellner lachte uns an.

»Ich will euch gar nicht lange von eurem Gespräch abhalten. Möchtet ihr vielleicht etwas essen? Darf ich euch etwas bringen?«

»Oh ja«, lachte Anahita und reichte mir die Karte.

»Also«, sagte ich. »Wir nehmen einmal den Hummus-Teller, einmal Babaganoush, einmal den gegrillten Römersalat und einmal die Süßkartoffelpommes aus dem Ofen. Ich denke, das sollte erst mal reichen. Wir teilen uns alles.«

»Sehr gut«, sagte der Kellner. »Ja, das reicht auf jeden Fall. Möchtet ihr schon etwas trinken? Einen Wein, Wasser, einen Cocktail?«

»Ah, Wein«, sagte Anahita. »Das war dein Stichwort. Du wolltest mir noch eine Geschichte erzählen.«

»Hahahaha, daran habe ich schon gar nicht mehr gedacht«, lachte ich. »Okay, die kommt gleich. Was willst du trinken?«

»Ich nehme einen frischen Minztee, falls ihr habt«, sagte sie zum Kellner, der bestätigend nickte.

»Und für mich bitte einen Espresso und eine große Flasche Mineralwasser mit zwei Gläsern.«

»Perfekt«, sagte der Kellner und verschwand in Richtung Küche.

»Jede Wette, dass niemand hier im Raum erraten würde, dass wir uns erst vor vier Stunden kennengelernt haben«, sagte ich und beobachtete die anderen Gäste, die sich alle, bis auf den einen, der allein an seinem Tisch saß, angeregt unterhielten.

»Ich habe eine andere Wette«, entgegnete Anahita.

»Ah ja?«

»Jede Wette, dass du mir jetzt sofort diese eine Geschichte erzählst, die angeblich die beste sein soll, die ich jemals in meinem Leben gehört habe. Mein Freund, ich kenne viele Geschichten und ich sag mal so: Die Messlatte ist hoch, und ich bin mehr als gespannt!«

»Ich habe der Geschichte, die du gleich hören wirst, folgenden Namen gegeben: ›Der Sechsundneunzigjährige, der vergaß zu sterben‹. Und ich erzähle sie dir, weil das Alter vorhin noch eine große Rolle für dich gespielt hat. Ich bin mir fast sicher, dass du danach eine andere Meinung dazu haben wirst, aber wir werden sehen.«

Der Sechsundneunzigjährige, der vergaß zu sterben

Der Kellner brachte die Getränke. Er gab Anahita ihren frischen Minztee und stellte den Espresso vor mir auf den Tisch. Ich öffnete die Wasserflasche, füllte unsere Gläser bis zur Hälfte, nahm den Espresso in die Hand und begann zu erzählen.

»Weißt du, Ana, es gibt Geschichten, die so unglaublich klingen, dass sie nur vom wahren Leben geschrieben werden können. Die folgende ist so eine. Alles begann damit, dass ein Berliner Weinhändler namens Frank Krüger einen Geheimtipp bekam. Ein italienischer Sommelier empfahl ihm, in die portugiesische Kleinstadt Colares zu fahren und dort nach der sagenumwobenen roten Rebsorte Ramisco zu suchen. Unter Kennern sei das ein wahrer Schatz, eine Art Pinot Noir mit geringerem Alkohol, viel Säure, viel Tannin und im Charakter ›wilder als der heftigste Pommard‹. Diese Traube wird direkt am Atlantik nordwestlich von Lissabon angebaut, salzig und kühl durch die Meerbrise. Absolut beste Voraussetzungen für einen Jahrhundertwein.«

Ich machte eine Pause und nahm einen Schluck von meinem Espresso.

»Hmm, sehr gut«, sagte ich bewusst ein bisschen zu übertrieben und sah zu Anahita rüber, »schön nussig mit einem Hauch von Amaretto im Abgang.«

»Also, bisher hat mich deine Weingeschichte noch nicht aus den Socken gehauen, mein Lieber«, sagte sie und lehnte sich ebenso demonstrativ zurück.

»Kommt noch, kommt noch«, sagte ich, »die Geschichte handelt gar nicht von Wein, auch wenn es am Anfang so scheint.«

Dann erzählte ich weiter.

»Von der Neugierde gepackt, machte sich Frank Krüger wenig später auf den Weg in das traumhaft gelegene Siebentausend-Einwohner-Städtchen und begann mit seiner Recherche. Während er einige edle Tropfen verkostete, erfuhr er von einem außergewöhnlichen Winzer aus der Stadt: Baron von Bruemmer, einhundertunddrei Jahre alt und deutschstämmig. Ende der 1960er-Jahre war er nach einer hoffnungslosen Krebsdiagnose gemeinsam mit seiner Frau nach Colares gekommen, in der Hoffnung, in dieser wundervollen Natur in Ruhe sterben zu dürfen. Es kam aber anders, der Baron starb nicht und gründete im Alter von sechsundneunzig Jahren sein eigenes Weingut.

Was für eine sonderbare Geschichte, dachte sich Frank Krüger, freute sich aber selbstverständlich sehr über diesen Hinweis und schaffte es tatsächlich, einen Termin beim Baron zu bekommen. Er wurde auf dessen wunderschönem Weingut hoch über Colares empfangen. Die Lage war sensationell und die Vegetation im Garten rund um die Weinberge wunderschön: Palmen, wilde Rosen, alte Brunnen, eine Kapelle mit Azulejos-Kacheln. Ein kleines Paradies. Doch vom Baron selbst fehlte noch jede Spur. Frank Krüger wurde in den Weinkeller geführt, wo er fantastische Tropfen probieren durfte. Nach der Verkostung und einem ausführlichen Rundgang durch den Weinberg bekam der Baron schließlich seinen Auftritt, den der junge Berliner wohl nie vergessen wird.

›Guten Tag! Herr Krüger aus Berlin, richtig?‹, stellte sich der Baron vor. ›Ich habe mal in Berlin gewohnt, am Kaiserdamm, zwischen den beiden Weltkriegen. Gestatten, Bodo von Bruemmer, hundertdrei Jahre, Weltkriege und Revolutionen in Russland und Portugal überlebt, Gründer der Herstatt-Bank, Züchter von Araberhengsten, heute Winzer.‹

Diese Worte musste Frank Krüger erst einmal sacken lassen. Natürlich stellte er kurz darauf die eine Frage, die wohl jeden Menschen in dieser Situation brennend interessierte: Wie kommt ein Sechsundneunzigjähriger auf die Idee, mit dem Weinmachen zu beginnen? Und so fing der Baron an, aus seinem Leben und von seiner Ankunft in Portugal zu erzählen: ›Wissen Sie, ich kam zum Sterben nach Lissabon. Die Ärzte in Zürich diagnostizierten bei mir in den 1960er-Jahren Pankreaskrebs und gaben mir nur noch wenige Wochen zu leben. Ich dachte, ich suche noch schnell einen charmanten Ort für meine Frau, damit sie es schön hat, wenn ich nicht mehr bin. Wir stolperten über eine Anzeige in der FAZ, kamen am Flughafen in Lissabon an, und ich wusste sofort: Hier bin ich zu Hause. Dann kauften wir dieses Grundstück in Colares. Anfangs gab es hier nur ein paar Steine. Wir bauten alles auf. Ich begann, Rosenwasser zu trinken, und eine Woche verging. Ich starb nicht. Eine zweite Woche verging. Ich starb nicht. Monate vergingen. Ich starb nicht. Irgendwann vergaß ich meine Diagnose und begann, mich um andere Dinge zu kümmern. Ich nahm wieder mein altes Bankerleben auf und fing damit an, Araberhengste zu züchten. Ich gewann Rennen in aller Welt, wir lebten wie ein fahrender Zirkus, das war schon lustig. Doch die Katastrophe, der Tod, war immer präsent.‹

Dann kam das Jahr 1994. Die Frau des Barons starb, und die Pferdepest raffte all seine Hengste hinweg. Alle starben, nur derjenige, der schon längst nicht mehr am Leben sein sollte, lebte einfach weiter.

›Sie dürfen nie aufgeben!‹, sagte der Baron. ›Die Ärzte haben mich viermal als unheilbar krank diagnostiziert. Ich habe einen Tumor im Herzen, der aussieht wie ein kleiner Atompilz. Er macht mir keine Angst mehr, man muss sich mit seinen Krankheiten anfreunden.‹

Frank Krüger war von der enormen Willenskraft des alten Mannes schwer beeindruckt. Im Alter von sechsundneunzig Jahren musste er für eine schwere Operation in ein Krankenhaus nach Zürich gebracht werden. Alle dachten, das war's jetzt endgültig. Doch als der Baron entgegen aller Erwartungen putzmunter aus der Narkose erwachte, war er entschlossen wie nie zuvor: Er müsse in Colares seinen eigenen Wein anbauen! Trotz Widerstand aus der Familie und dem engsten Freundeskreis ließ sich der alte Mann nicht von seinem Vorhaben abbringen. Er engagierte Berater, baute seinen Keller um, in dem früher die Araberhengste überwintert hatten, und begann, seinen neuen Traum zu leben. Im November 2016 ist der Baron im Alter von einhundertfünf Jahren friedlich auf seinem Anwesen in Portugal verstorben. Er war Colares' jüngster und ältester Winzer zugleich, pflanzte seinen ersten Weinberg im Alter von sechsundneunzig Jahren und brachte drei Jahre später seine ersten eigenen Weine heraus. Noch fast ein ganzes Jahrzehnt lang erfreute er sich an seiner neuen Leidenschaft. Der Baron hatte ganz sicher ein spannendes, glückliches und erfülltes Leben, doch erst im allerletzten Teil seiner sehr langen Reise wurde er zu einer wahren Legende. Ich finde, seine Geschichte ist ein gutes Beispiel dafür, dass das Alter eines Menschen tatsächlich nur die Zahl auf einem Blatt Papier ist.«

Ich sah zu Anahita rüber, die anerkennend mit dem Kopf nickte und lächelte.

»Nicht schlecht, das muss ich zugeben. Das war eine echt gute Geschichte. Und sie ist wirklich wahr? Alles ist so passiert?«

»Zu 100 Prozent«, sagte ich. »Alles wahr.«

»Ja, so eine Geschichte kann man schon erzählen. Das hast du sehr gut gemacht, Lars«, sagte sie in einem wohlwollenden Lehrerinnen-Ton.

»Hahaha, danke«, sagte ich. »Schon verschiebt sich die Perspektive über das Alter, hmm? Man ist nie zu alt, für nichts. Und es ist auch nie zu spät, um sein Leben neu zu beginnen.«

»True. Weißt du, was Osho über das Lebensende gesagt hat?«

»Nein, aber ich habe das Gefühl, dass du es mir gleich erzählen wirst«, lächelte ich.

»Eigentlich geht es vielmehr um die Liebe«, sagte Anahita. »Osho hat gesagt, du kannst dein ganzes Leben verpasst haben. Wenn du aber während deines letzten Atemzuges, in deinem letzten Moment auf der Erde Liebe sein kannst, dann hast du nichts verpasst – weil es keinen Unterschied zwischen einem einzigen Moment Liebe und einer Ewigkeit Liebe gibt. Wenn du also nur eine Sekunde deines Lebens bedingungslose Liebe sein kannst, dann hast du alles richtig gemacht und ein gutes Leben gehabt, weil deine Seele erfahren hat, weswegen wir alle hier sind.«

»Sind diese Geschichten nicht unfassbar hoffnungsvoll?«, sagte ich mehr zu mir selbst. »Egal, wie aussichtslos eine Situation zu sein scheint, an welchem noch so dunklen Ort man sich befindet und wie alt man ist, ein gutes Ende ist zu jeder Zeit möglich. Das Licht ist schon da. Jeder Sonnenstrahl zählt, jede Sekunde ist wichtig, jeder Atemzug ist bedeutend.«

»Eigentlich ist es so einfach, hmm?«

Der Kellner kam zurück und brachte unser Essen.

»Seid ihr bereit?«, grinste er, und wir räumten sofort den kleinen Tisch vor uns frei. »Ich habe für euch einmal den klassischen Hummus-Teller mit roter Bete, einer Curry-Mango-Soße und warmes Pitabrot. Dann einmal Süßkartoffelpommes aus dem Ofen mit Salat, Kürbiskernen und einem Sesamdressing. Weiter geht's mit unserer libanesischen Spezialität Babaganoush. Das ist ein Püree aus gegrillten Auberginen mit Tahina, Harissa, Sauerteigbrotbröseln und Petersilie. Zum Schluss noch einen gegrillten Römersalat mit Karotten-Ingwer-Dressing, gerösteten Haselnüssen und Dillöl. Einen guten Appetit euch beiden.«

»Danke dir«, antworteten wir simultan und starrten sprachlos vor Glück auf unser Festmahl.

»Ist es nicht unglaublich, am Leben zu sein und so etwas Köstliches genießen zu dürfen?«, sagte ich.

Anahita nickte und flüsterte: »Jippieeee. Los geht's!«

Wirklich leben

Muss man wirklich kurz vor dem Ende stehen, um die Magie der Gegenwart tatsächlich wertschätzen zu können? Muss es erst eine künstliche Verknappung wie unsere Achtundvierzig-Stunden-Challenge geben, um die Liebe, die in all den unendlich vielen Kleinigkeiten des Alltags steckt, wieder zu erkennen? Müssen wir erst in der Gefahr sein, etwas verlieren zu können, um es wirklich festhalten zu wollen? Vielleicht geht es nicht anders, überlegte ich, während Anahita und ich nebeneinandersaßen und in aller Ruhe und Dankbarkeit unser Abendessen genossen. Vielleicht muss es die Endlichkeit des individuellen Lebens geben, damit wir Menschen mental überhaupt in der Lage sind, so etwas wie Glück empfinden zu können. Denn wäre jegliche Empfindung, jeder Moment, jede Mahlzeit, jeder Kuss und jedes Gefühl bis in alle Ewigkeit verfügbar, jederzeit abrufbar und beliebig oft reproduzierbar, würden wir ihnen wohl kaum Beachtung schenken. Gold ist auch deswegen so wertvoll, weil wir wissen, dass es davon nicht viel gibt auf der Erde. Jedes Menschenleben ist so viel seltener, als jeder Goldbarren es jemals sein könnte, und unsere Lebenszeit so viel wertvoller als alle Goldreserven dieser Welt. Dennoch verhalten wir uns so, als seien die »normalen« Momente unseres Lebens, die eben nicht golden leuchten, die nicht zauberhaft auf Instagram aussehen und mit denen man nicht beeindrucken kann, langweilig und bedeutungslos. Aber besteht nicht der Großteil unseres Lebens aus ebenjenen Momenten? Vielleicht müssen wir wieder lernen, auch diese scheinbar belanglosen Momente zu lieben und die wahre Schönheit darin zu erkennen, anstatt ständig darauf zu hoffen, das große Glück woanders zu finden, an einem besseren Ort, mit einem besseren Partner, in einer besseren Zukunft? Würde ich jetzt sterben, fragte ich mich, vor Gott stehen und von ihr die Frage gestellt bekommen, ob ich meine Zeit auf Erden wirklich vollständig wertgeschätzt hätte, ich wäre mir nicht sicher, ob ich es bejahen könnte. Ich lehnte mich zurück und schloss meine Augen.

»Wieso warst du unglücklich?«, würde mich Gott fragen.

»Ich war immerzu auf der Suche nach Frieden, nach Glück und der Liebe«, würde ich sagen, »aber ich fand sie nie. Manchmal waren sie da, kurz, dann verschwanden sie wieder. Ich konnte die Liebe nie halten. Am Ende stand ich immer allein da.«

»Ich habe dir meine Engel geschickt«, würde Gott sagen, »und dir immer wieder die Chance gegeben, die Liebe, nach der du dich sehnst, durch sie erkennen zu können. Jedes Mal hast du dich gegen sie entschieden. Es war deine Entscheidung. Du wolltest leiden.«

»Du hast mir Engel geschickt?«, fragte ich.

»Ja«, lachte Gott. »Ich schicke jedem Menschen meine Engel. Sie sehen aber nicht aus wie Engel, so wie ihr sie euch vorstellt, deswegen werden sie von Menschen wie dir oft wieder fortgeschickt.«

»Und woran erkenne ich sie?«

»Engel können in den unterschiedlichsten Formen in dein Leben treten«, zwinkerte Gott mir zu. »Sie kostümieren sich auch gern. Das ist sogar ihr Lieblingshobby. Oft kommen sie auf die Erde, verkleidet als ganz normale menschliche Wesen.«

Was für ein schöner Gedanke, dachte ich und sah zu Anahita rüber, die genüsslich einen Löffel Babaganoush in ihrem Mund verschwinden ließ. Sie lächelte mich an, sagte kein Wort, aber ihr Gesichtsausdruck sprach Bände. Sie war voll und ganz in diesen Augenblick versunken. Was sie wohl gerade dachte? Sie löffelte etwas Hummus auf die Rote Beete, brach sich ein Stück Pitabrot ab und ließ sich wieder nach hinten in die Kissen fallen.

»Wenn ich jetzt sterben würde«, scherzte sie, ohne den Satz zu Ende zu sprechen. Das musste sie auch nicht. Ich verstand sofort und lächelte zurück. Sie war so viel weiter als ich. Sie war ganz hier und kostete jede Sekunde voll und ganz aus. Ich hingegen war in Gedanken ganz woanders. Eine Todesanzeige kam plötzlich aus den Tiefen meiner Erinnerung nach oben geschossen. Ich hatte sie vor einer Weile in einer Lokalzeitung gelesen, als ich auf der anderen Seite des Rheins einen Vortrag hielt. Sie trug die Überschrift: »Ich hatte ein tolles Leben! Tschüss, macht's gut. Danke für alles.«

Auf dem abgedruckten Foto war eine lebenslustige und fröhlich grinsende Frau zu sehen, die in ihrem Garten saß und ein Glas Sekt in die Luft streckte. In dem Artikel, der mich sehr berührte, stand, dass sich die Dame, die vierundachtzig Jahre alt wurde, kurz vor ihrem Tod noch von ihren Kindern, Enkeln und liebsten Freunden hatte verabschieden können. Ihr Sohn erzählte, dass sie sich bei allen für ihr »super Leben« bedankt habe, auch wenn es nun vorbei wäre. Sie habe alle Kontinente bereist, habe viele Erinnerungen gesammelt und tolle Partys geschmissen. Aus diesem Grund sollte die Beerdigung auch kein trauriger Leichenschmaus werden. Für den Gang zum Friedhof hätten sich zweihundertfünfzig Menschen angekündigt, und danach würde es ein großes Fest im Garten geben. Was für ein schönes Bild. Ich musste lächeln und an Mikkey Dee denken, den ehemaligen Schlagzeuger der legendären Rockband Motörhead. Auf seinem Instagram-Account hatte er über den Tod seines Bandkollegen Lemmy Kilmister geschrieben: »Als Lemmy fünfzig wurde, sagte er zu mir: ›Ich habe das perfekte Leben gelebt, Mikkey. Wenn ich morgen sterbe, dann sterbe ich als glücklicher Mann.‹ Danach lebte er noch zwanzig weitere Jahre. Er lebte siebzig Jahre zu seinen Bedingungen.‹«

Lemmy, der alte Baron und diese Dame aus Düsseldorf hätten sich sicher prächtig verstanden, dachte ich. Im Garten sitzen, umgeben von lieben Menschen, dazu schöne Musik, beste Weine und jede Menge gute Laune. Das ist es! Die einfachen Dinge des Lebens, die so oft übersehen werden, die so oft als Selbstverständlichkeit hingenommen werden. Dabei ist jeder Tag auf dieser Erde ein Geschenk, jedes Lächeln, jeder Schluck Wein, jeder Sonnenaufgang, jeder Kuss, jeder Kaffee am Morgen, jede Umarmung, jeder Spaziergang, jede Blödelei, jeder Atemzug. All diese Nebensächlichkeiten sind in Wahrheit die wichtigsten Puzzleteile unseres Lebens. Warum nur ist es so schwer, das zu erkennen?

Meine Gedanken sprangen wild umher und landeten bei Oliver. Ich hatte ihn auf einer Lesung in Mönchengladbach kennengelernt. Er war groß, schlank, gut trainiert, kam ebenfalls aus Düsseldorf und strahlte aus allen Poren. Sein Outfit war superlässig: Turnschuhe, Jeans, schwarze Lederjacke und ein weißes T-Shirt mit der Aufschrift »Grunge, Rock, Punk, Metal«. Nach meiner Show unterhielten wir uns ein paar Minuten über Gott und die Welt, lachten zusammen, umarmten uns, machten Fotos und wünschten uns gegenseitig von allen guten Dingen dieser Welt nur das Beste. Zwei Monate später erhielt ich von seinen Freunden Nedim und Anna folgende Nachricht:

Lieber Lars,

am 30. April 2018 waren wir gemeinsam mit unserem
langjährigen Freund Oliver bei deiner Lesung »Dieses
bescheuerte Herz« im Hotel Oberstadt von »1LIVE
Klubbing: eine Nacht in Mönchengladbach«. Wir wussten
wenig über dich, Oliver hingegen war ein sehr großer Fan
von dir. Er kannte vieles von deiner Arbeit und sprach
voller Begeisterung darüber. Dich als Mensch fand er sehr
sympathisch und authentisch, weshalb es für ihn auch
sehr wichtig war, sich in diese unendlich lange Schlange
zu stellen, um dein Buch signiert zu bekommen. Wir
haben geduldig gewartet und Ollis Freude genossen und
in Bildern festgehalten. Unser Freund verstarb nur sechs
Wochen später, und wir sind unendlich traurig. Er war
Sportler durch und durch und niemals heimgesucht von
ernsthaften Krankheiten. Am frühen Morgen des 15.
Juni beim lockeren morgendlichen Joggen hörte dieses
bescheuerte Herz, sein Herz, einfach auf zu schlagen.
Warum schreiben wir dir das? Weil es bei deiner Lesung
der letzte Tag war, an dem wir Olli fröhlich, gesund und
glücklich erlebten. Es war für uns ein wunderschöner
Abschluss mit Olli. Wir werden diesen langen Moment
bei dir nun nicht mehr vergessen. Du solltest das wissen.
Danke dafür! Deinen Namen kennen wir nun und werden
ihn nicht nur durch Olli in guter Erinnerung halten. Er
durfte nur siebenundvierzig Jahre alt werden.

Alles Gute für dich aus Düsseldorf,
Nedim & Anna

Ich hatte ihnen sofort eine Antwort geschickt.

Nedim & Anna, ihr Lieben,
mein herzliches Beileid für den Tod eures Freundes.
Behaltet das letzte Bild von Oliver bitte immer in
Erinnerung und nehmt es mit auf den Weg, der noch vor
euch liegt. Wir werden alle eines Tages sterben, glauben
aber, dass es stets die anderen trifft. Wir schieben die
Vorstellung beiseite, dass dieses wunderschöne Leben, das
Geschenk, das wir jeden Tag erleben dürfen, irgendwann
ein Ende haben wird. Wenn Menschen sterben, auch
Freunde, die uns nahestehen, sollte man ein großes Fest
feiern und das Leben zelebrieren und ganz laut DANKE
rufen: Danke, Olli, dass du uns wieder an das Wesentliche
im Leben erinnert hast: zu lieben, zu lachen, zu tanzen,
zu träumen, zu genießen. Den Menschen, die wir lieben,
zu sagen, dass wir sie lieben. Dankbarkeit zu empfinden
für all die Probleme, die wir nicht haben. Danke, dass du
uns daran erinnerst, dass wir keine echten Sorgen haben.
Danke, dass du uns an unsere eigenen Träume erinnerst,
denen wir schon zu lange keine Aufmerksamkeit mehr
geschenkt haben. Danke, dass du uns einen Denkzettel
verpasst hast, endlich aufzuwachen und mit dem Leben
zu beginnen. Danke, dass wir verstanden haben, dass wir
in diesem Leben nur ein Leben haben. Danke, dass du ein
Teil davon bist. Dein Leben hat etwas bewirkt. Du hast
deine Fußspuren in unseren Herzen hinterlassen, und wir
werden den Weg nun für dich weitergehen.
Ich drücke euch und schicke euch gute Energie.

In Liebe,
Euer Lars

»Na, wo bist du gerade in Gedanken?«, hörte ich Anahita fragen, und ich erzählte ihr von meinem kurzen Gespräch mit Gott und den Geschichten von Lemmy, Olli und der alten Dame aus Düsseldorf. Anahita hörte interessiert zu und erzählte mir dann vom Tod ihres guten Freundes, der an Krebs starb, als sie sechzehn war, und wie dieses Erlebnis ihr Leben verändert hatte.

»Weißt du, ich war soooo wütend auf das Universum. Wir hatten uns an alle Regeln gehalten, waren positiv, haben nach jedem Rückschlag den Kopf wieder erhoben – und dann starb er einfach so, nach über einem Jahr Kampf, ohne dass wir die Chance bekamen, irgendetwas daran zu ändern. Für mich war sein Tod nur sinnlos, und ich habe lange mit dem Universum gehadert. Eigentlich bis letztes Jahr, wo ich erneut das Gefühl hatte, dass auf das Universum kein Verlass ist und manche Dinge einfach keinen Sinn ergeben. Dann bin ich auf eine lange Reise gegangen, ohne Rückflugticket, und eines Tages in Indonesien spürte ich meinen Freund von damals ganz nah bei mir. Und plötzlich kam mir ein Gedanke.«

Anahita machte eine kurze Pause und sah zur Decke.

»Was, wenn sein Tod für *mein* Leben sinnlos war, aber nicht für *sein* Leben? Was, wenn er in einem anderen Leben sehr lange lebte, aber dafür sehr einsam war? Was, wenn seine Seele in diesem Leben die Erfahrung von ganz viel Liebe in ganz kurzer Zeit machen wollte? Was, wenn ich Teil seines Seelenplans sein durfte, um ihm dieses Geschenk zu geben? Was, wenn es für mich sinnlos und schmerzhaft war, für ihn aber maximal sinnvoll?«

Wir saßen da und schwiegen uns an. Arm in Arm. Jeder in seiner Welt versunken. Dann fragte ich: »Was ist letztes Jahr passiert, dass du wieder mit dem Universum gehadert hast?«

Anahita sah mir fragend in die Augen, zog die Augenbrauen hoch und sagte: »Ach, was soll's. Eigentlich sollte man beim ersten Date ja nicht über seinen Ex sprechen, aber wir haben ja nicht mehr so viele Erdentage. Wenn nicht jetzt, wann dann?«

Sie machte eine kurze Pause und nahm einen Schluck von ihrem Minztee.

»Letztes Jahr hatte sich mein Ex kurz vor unserer Hochzeit in eine andere verliebt, nachdem ich acht Jahre der festen Überzeugung war, in der schönsten Beziehung auf Erden zu leben. Nachdem ich ihn erst mal verkloppt hatte, habe ich eine ganze Zeit gebraucht, um wieder meinen Weg zu finden, meinen Kompass. Ich hatte so viel zu verzeihen, so viel Schmerz zu verarbeiten. Ich meine, man muss dazu sagen, dass ich bis zum Tag der Trennung keine Sekunde daran gedacht hatte, dass es nicht klappen könnte, dass ich nicht gut genug sein könnte. Ich habe eine Familie, die mir seit Anbeginn der Zeit sagt, wie unglaublich wundervoll ich bin, wie besonders. Ich war schon ein bisschen geschockt, dass er eine Bessere gefunden hatte, es zumindest direkt allen so erzählte, sie überall mit hinnahm, während ich am Boden zerstört war, nicht essen konnte und mehr weinte, als ich Wasser zu mir nahm. Ich sag's dir, da war so viel Scheiße vor meiner Haustür, und ich dachte: Entweder verpestet es meinen Vorgarten oder ich mache Dünger daraus. Ich wusste, dass der einzige Weg raus aus dem Schmerz der war, durch den Schmerz durchzugehen. Mann, Mann, Mann, was habe ich gelitten! Ich habe wirklich jede einzelne Träne zugelassen, jeden Gedanken, immer wieder und wieder. Ich wusste ganz genau: Ich muss zulassen, um loszulassen. Meine Familie und meine Freunde standen dabei die ganze Zeit wie eine Leibgarde an meiner Seite, immer bereit, mir eine Hand zu reichen, wenn ich wieder hinfiel, also circa 542 Mal am Tag. Es war interessant, weil mein Kopf ganz laut schrie: ›Das ist hier gerade alles falsch, total unfair. Er darf das nicht machen.‹ Ich war kein Arschloch gewesen in der

Beziehung, und so wie er mich behandelt hatte, fand ich, behandelte man nicht mal seinen ärgsten Feind. Und dennoch, ganz tief in mir drinnen wusste ich: ›Das ist deine Chance, Ana. Das Universum liebt dich. Es hat dir diese Aufgabe nicht geschickt, um dich zu quälen. Das Universum hat dir hier eine Chance geschickt, auch wenn du noch überhaupt nicht weißt, wie die aussehen soll. Du darfst nur nicht zerbrechen, Ana. Gib dir Mühe. Nicht zerbrechen.‹ Und so ging ich auf die Reise, ohne Rückflug, allein, nur mit dem Ziel, meinen Körper, meinen Geist und meine Seele wieder an einen Ort zu bringen, die Scherben zusammenzuführen, zu kleben, zu heilen. Außerdem musste ich ein paar Ozeane zwischen mich und ihn bringen, damit ich zur Ruhe kommen konnte. Ich war so erschöpft, ohne Perspektive, keinen Job, keine Wohnung, weil ich nach der Trennung meine sieben Sachen gepackt hatte und aus der Schweiz wieder zurück nach Deutschland bin. Ich hatte einfach das Glück, genug Geld gespart zu haben, damit ich diese Reise machen konnte, so lange sie auch dauern möge. Das war so eine schwere Zeit, zumindest für mich. Als er dann wieder den Kontakt suchte, merkte ich, dass ich nur zurückgehen würde, aus der Angst heraus, dass ich nicht noch mal jemanden so aufrichtig lieben könnte wie ihn. Und ich wollte nicht aus Angst heraus einen Menschen wählen. Also bin ich nicht zurück, sondern ins Ungewisse. Und nun sitze ich hier, neben dir, mit dem leisen Gefühl im Herzen, dass es viele Arten gibt zu lieben und dass ich mit dir eine ganz neue Erfahrung machen könnte. Zum Beispiel nämlich achtundvierzig Stunden Liebe ›all in‹, die letzten Tage Erdensein.«

»Du hast ihn echt verprügelt?«, lächelte ich.

Sie nickte. Ich hielt ihr anerkennend meine Faust hin, und sie schlug kommentarlos ein. Was für eine Geschichte, dachte ich. Dann fragte ich leise: »Und ich bin dein Kompass?«

»Ich weiß nicht«, antwortete sie. »Vielleicht hilfst du mir, meinen eigenen zu reparieren?«

»Und du meinen?«

»Klingt gut«, sagte sie und gab mir einen Kuss.

»Wenn man genau darüber nachdenkt, ist es ziemlich scheiße, tot zu sein«, sagte ich nun deutlich lauter und sah direkt in das Kaminfeuer. »Ich meine, man verpasst alles.«

Anahita hatte ihren Kopf gegen meine Schulter gelehnt, und ich streichelte sachte ihren Hals.

»Aber noch leben wir«, sagte sie. »Noch können wir die Geschichten, die wir später einmal über uns erzählen wollen, verändern.«

Die Zeit, die es braucht

»Weißt du, was ich manchmal über mein Leben denke?«, fragte ich und schob meine Antwort direkt hinterher. »Ob es später einmal als Warnung oder als Beispiel dient.«

»Du bist doch Schriftsteller«, sagte sie mit einem leichten Grinsen. »Du kannst dir ja ein Ende überlegen, das du selbst gern über dich lesen würdest. Und dann so leben. So wie ein Drehbuch.«

»Ich bin doch schon längst dabei«, antwortete ich. »Vielleicht ist heute dieser eine Tag, der alles verändert. Der erste Tag vom Rest meines Lebens.«

»It's all about decisions, Baby!«, lächelte sie.

»Das stimmt wohl«, sagte ich. »Findest du es nicht auch krass, dass eine einzige Entscheidung, etwas zu tun oder nicht zu tun, den Rest deines Lebens bestimmen kann? Jede noch so kleine Entscheidung verändert dein Schicksal. Fucking Mindblowing!«

»Voll, deswegen ist manchmal auch so ein krasser Druck dahinter. Könnte ja die falsche Entscheidung sein, die man trifft. Aber ist es nicht so, dass man bei jeder Weggabelung neu entscheiden und die Erfahrungen aus der Vergangenheit für seine Entscheidung nutzen kann? Dann geht man halt einfach seinen Weg, macht Fehler, entscheidet neu. Immer noch besser, als versteinert an der ersten Gabelung zu stehen und nicht vorwärtszukommen. So verfliegt der Druck, für mich zumindest.«

Sie machte eine kurze Pause, lachte und sah auf den Teller vor sich.

»Also, ich entscheide jetzt, dieses Hummus aufzuessen, auch wenn ich gleich platze. Es ist einfach zu lecker. Ich sag's ja immer wieder: Man soll die Feste feiern, wie sie fallen. Auf geht's!«

Anahita brach sich ein weiteres Stück Brot ab, und ich bestellte mir noch einen Espresso. Meinem Kopf ging es schon besser, aber ein neuer Schuss Koffein konnte nicht schaden. Mittlerweile waren fast alle Gäste gegangen. Der Mann, der den ganzen Abend allein in der Ecke gesessen hatte, war noch da und hielt sich an seinem Glas Bier fest. Er sah nicht wirklich unglücklich aus, nur etwas verloren. Ich kannte dieses Gefühl. Woran er wohl gerade dachte? Ob es ihm gut ging? Ob er traurig war? Wir versuchten zu erraten, weswegen dieser Fremde so lange dort allein an seinem Platz saß, und dachten uns die verrücktesten Geschichten aus. Anahitas Vorschlag, dass seine Frau und seine drei Töchter heute zusammen mit ihren Freundinnen den traditionellen und alljährlichen »Mädchen-Pyjama-Abend« machten und sein ganzes Haus somit voller »gackernder Hühner« wäre und er die Nacht freiwillig im Hotel verbringen würde, um seine Ruhe zu haben, gefiel mir am besten. Morgen würde es für ihn nach einem leckeren und ausgiebigen Frühstück also wieder nach Hause gehen, wo seine Liebsten schon auf ihn warteten. Vielleicht mochte ich die Idee deswegen so sehr, weil die Realität vermutlich anders aussah.

»Komm, wir machen ihm eine Freude«, sagte ich.

»Okay, okay«, sagte Anahita und klopfte aufgeregt gegen meinen Arm. »Aber wie, aber wie?«

»Was hältst du davon«, sagte ich und überlegte weiter, »wenn wir heimlich seine Rechnung übernehmen? Wir laden ihn ein, als wäre er unser Gast. Aber wir bleiben dabei versteckt im Hintergrund, sodass er nie erfahren wird, wer ihn eingeladen hat. Das wird für immer ein Geheimnis bleiben.«

»Für ihn, nicht für uns«, strahlte Anahita.

»Was denkst du?«, fragte ich.

»Eine tolle Idee«, sagte sie. »Stell dir vor, wie er auch in zehn Jahren noch grübeln wird, wer seine Rechnung an diesem Abend in Köln bezahlt hat und warum.«

»Ganz genau. Wir bringen etwas Spannung in sein Leben und erschaffen eine Geschichte, die er ab sofort nie mehr vergessen wird. Wer weiß, vielleicht verändern wir damit ja auch sein Schicksal. Eine kleine Tat, die vielleicht Großes bewirkt.«

»Au ja, das ist spannend. Das machen wir. Wie aufregend.«

Als der Kellner kam, ließen wir uns das übrig gebliebene Essen einpacken, und ich bat ihn, die Rechnung des Herren später einfach auf unser Zimmer zu schreiben. Ich bat ihn außerdem, uns nicht zu verraten, falls der Mann fragen sollte, wer für ihn bezahlt habe. Der Kellner nickte lächelnd und versprach es uns. Wir blieben noch ein paar Minuten schweigend nebeneinander sitzen und schauten ins Feuer. In Gedanken holte ich mein Notizbuch hervor, das auf meinem Küchentisch in Berlin neben der Espressomaschine lag, und schrieb dort hinein:

»Mach es dir zur Gewohnheit, schöne Dinge für Menschen zu tun. Und lass sie niemals herausfinden, dass du es warst.«

Wir spazierten noch eine Runde durchs Hotel und sahen uns im Foyer den kleinen Recordstore an. Neben dem Plattenspieler stand eine Kiste mit Schallplatten. Ich zog den »Kill Bill«-Soundtrack heraus, legte die B Side auf und setzte die Nadel beim zweiten Lied ab: »Don't Let Me Be Misunderstood« von Esmeralda. Wir ließen uns auf das große Ledersofa fallen und hörten uns den Song gemeinsam über Kopfhörer an. Im Regal standen jede Menge coole Designbücher, und ich entdeckte ein Buch über Stan Lee, den berühmtesten Comiczeichner aller Zeiten. Sofort begann mein Gedächtnis wieder allerlei gespeicherte Informationen nach oben in mein Bewusstsein zu holen. Stan Lee hatte seinen ersten erfolgreichen Comic erst kurz vor seinem neununddreißigsten Geburtstag gezeichnet. All die Jahre vorher wurde er für seine Kunst ausgelacht, abgewiesen und für nicht gut genug befunden. Kurz vor seinem Tod im November 2018 – er wurde fast einhundert Jahre alt – hielt Stan Lee eine Rede, in der er sagte: »Wenn du eine Idee hast, von der du aufrichtig überzeugt bist, lass sie dir nicht von irgendwelchen Idioten schlechtreden. Das bedeutet nicht, dass jeder deiner Einfälle genial sein wird, aber wenn es etwas gibt, woran du glaubst und was du wirklich tun möchtest, weil es dir etwas bedeutet, versuche es. Ich bin davon überzeugt, dass du nur dann deine beste Arbeit machen kannst, wenn du sie so machst, wie du glaubst, dass sie gemacht werden muss. Auf deine Weise. Und so, dass du stolz darauf sein kannst, wenn du damit fertig bist. Egal, was es ist. Wenn du auf das Ergebnis gucken kannst und sagen kannst: ›Das habe ich gemacht, und es ist verdammt gut.‹ Das ist ein wunderbares Gefühl. Lass dich von niemandem davon abbringen.«[12]

Stan Lee, der zwanzig Jahre lang für seinen Traum kämpfen musste, bis er diese eine Chance bekam, die sein Leben veränderte, erfand Superhelden wie Hulk, Iron Man, X-Men, Daredevil und Spiderman und machte aus einem kleinen Comicverlag das legendäre Marvel-Universum. Ich bekam auf der Stelle Gänsehaut, so wie immer, wenn ich über diese besonderen Erfolgsgeschichten nachdenke. Ich legte den Kopfhörer beiseite und erzählte Anahita davon. Früher hätte ich meine Gedanken für mich behalten, wäre in meiner kleinen Fantasiewelt geblieben, aber ich wollte sie dort mit hineinnehmen, sie einladen, an meiner Seite Platz zu nehmen. Und Anahita lächelte und wollte alles darüber wissen.

»Ich kann gar nicht genau sagen, warum mich diese Geschichten so bewegen«, fing ich an zu erzählen. »Immer wieder lande ich bei ihnen. Sie ziehen mich magisch an. Vielleicht liegt es daran, dass ich mich selbst als eine Art Außenseiter sehe, ein Outcast, der sich stets durchkämpfen muss, der Rückschläge überstehen und für sich und seinen Traum jeden Tag aufs Neue einstehen muss. Jedenfalls ist das die Geschichte, die sich in meinem Kopf ständig wiederholt. Vielleicht fühle ich mich diesen Menschen deswegen so verbunden. Hast du schon mal von Grandma Moses gehört?«

Anahita schüttelte den Kopf.

»Also, Grandma Moses heißt eigentlich Anna Mary Robertson Moses, aber sie wurde von allen nur Grandma Moses ge-

---

12 Stan Lee Keynote, 2017 UCLA Extension Certificate Graduation Ceremony: https://www.youtube.com/watch?v=eMo9Guj5gCc (letzter Aufruf im Oktober 2020)

nannt. Sie begann im Alter von fünfundsiebzig Jahren mit der Malerei. Eines ihrer Bilder verkaufte sie für rund eine Million Dollar. Als sie im Alter von einhunderteins starb, hatte sie sich also noch sechsundzwanzig Jahre lang an ihrem neuen Hobby erfreuen können. Ist das nicht der Wahnsinn? Oder Laura Wilder. Sie verbachte ihr ganzes Leben auf verschiedenen Farmen und schrieb jahrelang all ihre Erlebnisse in Form von kleinen Tagebucheinträgen auf. Ihre Schubladen waren voller Manuskripte. Eines Tages schlug ihre Tochter vor, diese Geschichten umzuschreiben und daraus ein Kinderbuch zu machen. 1932 erschien ihr Werk *Unsere kleine Farm*, das die ganze Welt eroberte. Rate, wie alt sie zu diesem Zeitpunkt schon war!«

Anahita zuckte mit den Schultern und sagte: »Ehm, bestimmt über vierzig.«

»Sie war schon fünfundsechzig. Ist das nicht toll? Ist das nicht der absolute Wahnsinn? Oder Betty White, die heute fast hundert ist. Weißt du, wie alt sie war, als sie mit den ›Golden Girls‹ ihren Durchbruch schaffte? Einundfünfzig!«

»Woher weißt du denn das alles?«, fragte Anahita lachend. »Ich habe von diesen Geschichten noch nie gehört.«

»Ich beschäftige mich seit mehr als zehn Jahren mit fast nichts anderem«, antwortete ich voller Begeisterung. »Das bin ich, darin gehe ich total auf. Am liebsten würde ich ein Buch nur mit solchen Geschichten schreiben oder eine große Dokumentation drehen, in der ich zu all diesen Superhelden und -heldinnen reise, um von ihnen zu lernen und ihre Strategien und Erfolgsrezepte dann mit der Welt zu teilen. Wie schön das wäre. Stell es dir mal vor!«

»Ja, mach ich«, lachte Anahita und streichelte mir über den Kopf.

Ich nahm die Schallplatte vom Plattenspieler, wischte mit meinem Ärmel vorsichtig ein paar Staubkörner vom Vinyl und steckte die Platte samt Hülle zurück in die Kiste.

»Hast du gewusst, dass Samuel L. Jackson, als er in meinem Alter war, noch völlig unbekannt war und pleite dazu?«

»Warte, das ist ein Schauspieler, richtig?«

»Hahaha, er ist nicht nur ein Schauspieler, er ist eine verdammte Legende. Samuel L. Jackson hat in ›Star Wars‹ mitgespielt, in ›Pulp Fiction‹ und in ›Kill Bill‹. Wir haben gerade den Soundtrack gehört. Samuel L. Jackson zählt zu den bekanntesten Gesichtern Hollywoods, hat seinen Durchbruch aber auch erst mit sechsundvierzig Jahren geschafft.«

»Das Alter scheint tatsächlich unser Thema des Tages zu sein, hmm?«, zwinkerte sie. »Aber das ist wirklich so krass. Man denkt irgendwie, die sind einfach alle schon immer so berühmt und erfolgreich. Was man aber nie sieht, ist der harte Weg, den sie vorher alle gehen mussten.«

»Ich glaube, dass alles miteinander zusammenhängt – unser Alter, unsere Träume, die Liebe, das Leben, unsere Entscheidungen. Du hättest mir vor zehn Jahren wahrscheinlich nicht geschrieben. Jetzt schon. Natürlich hat das was mit dem Alter zu tun, deinen Erfahrungen und Wünschen. Das ist doch ganz normal. Weißt du, wer im Alter von achtundachtzig Jahren etwas zum ersten Mal gemacht hat? Eine Frau namens Dorothy Steel. Sie hat sich für eine Rolle in dem Kinofilm ›Black Panther‹ beworben, dabei hatte sie keinerlei Schauspielerfahrung. Sie wollte einfach mal etwas Verrücktes machen und wieder dieses besondere Kribbeln spüren, das man nur dann hat, wenn man vor Aufregung nachts nicht schlafen kann.«

»Ich weiß genau, was du meinst. Und, hat sie die Rolle bekommen?«

»Hat sie, aber nicht nur das. Sie wurde zum heimlichen Star des ganzen Films, der übrigens drei Oscars gewonnen hat und zu den zwanzig erfolgreichsten Filmen aller Zeiten gehört. Dorothy Steel hat Filmgeschichte geschrieben und wird für immer in Erinnerung bleiben. In einem Interview hat sie gesagt: ›Es ist nie zu spät. Halte deinen Geist wach und bewahre dir den Glauben an dich selbst, dass du diese Aufgabe schaffen kannst. Alles, was du tun musst, ist, dort hinauszugehen.‹ Awww, ich liebe diese Frau so sehr. Genau das ist es, was ich auch immer sage: ›Zeig der Welt, dass es dich gibt!‹ Am Ende verbirgt sich darin der Schlüssel zu allem.«

»Hallo Welt, ich bin hier«, lächelte Anahita und umarmte mich. »Ja, du hast wohl recht. Vor zehn Jahren hätte ich dir nicht geschrieben. Nicht einmal vor zwei.«

»Und ich hätte dir vor zwei Jahren sicher nicht geantwortet«, sagte ich.

»Warum nicht?«, fragte sie.

»Damals hätte ich gedacht: Sie ist zu normal, nicht mein Typ. Viel zu langweilig.«

»Heeeeee! So eine Lüge. Pah, langweilig, normal … Ich glaube, du hättest eher gedacht: Die ist viel zu alt.«

»Und viel zu alt«, lachte ich. »Weißt du, Ana, die besten Dinge des Lebens brauchen Zeit. Und dazu gehört auch die Selbsterkenntnis. Wie sagte es Søren Kierkegaard so schön: Man muss sein Leben vorwärts leben, verstehen kann man es jedoch nur rückwärts. Ich sitze heute hier mit dir, weil mich meine Vergangenheit hierhergebracht hat. Der ganze Kummer, der ganze Schmerz, all die schlaflosen Nächte hatten einen Sinn, denn heute sind wir hier. Alles im Leben geschieht nach unserer eigenen höchst individuellen Zeitrechnung. Vielleicht beobachtest du manchmal deine Freunde oder deine Kolleginnen und denkst dir, dass einige von ihnen in ihrer Entwicklung weiter und manche langsamer sind als du, aber das sind sie nicht. Sie gehen lediglich in ihrem Tempo durch die Welt. So wie ich in meinem und du in deinem. Vielleicht weißt du das alles schon und nimmst manchmal eine deiner Schülerinnen in den Arm, tröstest sie und sagst mit deiner schönen Stimme: ›Hey, du kleiner Mensch. Mach dir bitte keine Sorgen, falls die Dinge in deinem Leben nicht ganz so schnell passieren, wie du es dir wünschst. Du fällst nicht automatisch hinten runter, nur weil gewisse Dinge nicht sofort geschehen. Gib dir Zeit, ich glaube an dich. Du schaffst das. Ich bin deine Lehrerin und ich helfe dir.‹ Auch wenn es wie ein Kalenderspruch klingt, so ist es dennoch wahr: Das Leben ist ein Marathonlauf und kein Hundert-Meter-Sprint. Du wirst bald dreißig und ganz viele Dinge sind bestimmt auf deiner ›Liste des Lebens‹ noch nicht durchgestrichen. Es gibt so viel, was du noch nicht ›geschafft‹ hast. Dreh nicht gleich durch deswegen, denn du lebst noch weitere sechzig Jahre!

Denk mal darüber nach, Ana: Sechzig verdammte Jahre! Weißt du, was man in dieser Zeit alles machen kann? Einfach alles. Hast du gewusst, dass ein Sonnenstrahl, wenn er im Zentrum der Sonne geboren wird, über eine Million Jahre braucht, um vom Kern an die Oberfläche der Sonne und schließlich zur Erde zu gelangen, wo er dich wärmen und viele hübsche Sommersprossen in dein Gesicht zaubern kann? Ist dieses Bild nicht beruhigend? Auch die besten, schönsten und wunderbarsten Dinge des Lebens brauchen ihre Zeit. Ein Schritt nach dem nächsten. In unserem Tempo.«

»Darf ich einen Vorschlag machen?«, sagte Anahita und umarmte mich fest. »Der nächste Schritt geht Richtung Zimmer, und dann wird gekuschelt.«

»Bester Vorschlag der Welt.«

Verstanden sein und strahlen

Ich saß am Fenster und schaute in die Nacht. Von draußen war nichts zu hören. Keine Geräusche. Völlige Stille. Ich hörte nur den friedlichen Klang der Regenwaldtropfen, die aus der Dusche kamen. Die Musik hatte aufgehört zu spielen. Ich griff nach meinem Handy, das neben dem Bett lag, und ließ meine Lieblingsplaylist erneut laufen: Drake, Brandy, J. Cole, Childish Gambino, Mac Miller, Lissie, Ryan Leslie, Jhené Aiko, Foo Fighters, SiR, Bon Iver, Kendrick Lamar.

Anahita kam aus dem Bad. Sie trug eine weinrote Pyjamashorts und sah supersexy aus. Von ihr ging eine Wärme aus, die mich sehr beruhigte. Ich empfand Geborgenheit, keine Aufregung, keine Unruhe, nur Frieden. Vielleicht lag es auch daran, dass ich mich körperlich angenehm verausgabt hatte. Es fühlte sich an wie ein langer Sommertag am Meer, an dem man abends wohlig erschöpft ins Bett fällt und sofort einschläft. Der süße Duft des Massageöls, das Anahita mitgebracht hatte, lag noch immer in der Luft. Lavendel und Honig. Himmlisch.

»Sag mal, Lars: Was ist eigentlich dein Problem mit den Frauen?«

Anahita hatte sich im Schneidersitz in die Mitte des Bettes gesetzt und eines der großen Kissen im Schoß. Sie grinste mich frech an.

»Raus mit der Sprache! Was hast du für einen Knall, dass du mit über vierzig immer noch Single bist? Ich meine, es muss wirklich nicht jeder in einer Beziehung sein, egal wie alt er oder sie ist. Aber ich spüre irgendwie, dass du es willst. Also, welchen Knall hast du, dass es bisher noch nicht geklappt hat? Sag's mir besser gleich, damit ich heute Nacht noch die Chance habe, heimlich aus dem Fenster zu fliehen.«

Ich lehnte mich mit dem Rücken gegen das Fenster und sah sie lächelnd an.

»Vielleicht will ich ja gar nicht Ehemann und Wifey spielen? Vielleicht liebe ich es ja, einundvierzig und Single zu sein? Vielleicht habe ich ja gar kein Problem?«

»Okay«, sagte sie nach einer kurzen Pause. »Lass mich anders fragen: Warum hat es mit all deinen Ex-Freundinnen nicht geklappt?«

»Du willst eine Selbstanalyse?«, lachte ich.

»Ich bin ganz Ohr.«

»Wenn ich darüber nachdenke«, sagte ich und legte meine Füße auf die Bettkante, »hängt das mit meinem Lebenswandel zusammen. In meinen Zwanzigern habe ich zwei sehr intensive Beziehungen mit zwei tollen Frauen geführt, in die ich sehr verliebt war und mit denen ich auch heute noch befreundet bin. Einmal zwei Jahre, einmal sechs Jahre. Mit der einen habe ich in Berlin auch zusammengewohnt. Beides kluge, schöne und interessante Frauen, die ganz genau wussten, was sie wollten im Leben, als ich noch keinen blassen Schimmer hatte. Soweit ich das rückblickend richtig einordne, ging das Ende beider Beziehungen von mir aus. Die Luft war einfach raus, und ich wollte nicht kämpfen. Wie das eben so ist. Vielleicht war ich auch einfach noch zu unerfahren, um zu erkennen, wie gut diese Beziehungen in Wahrheit für mich waren. Aber hey, ich war jung …«

»… und dumm«, fiel mir Anahita ins Wort.

»Ja, das war ich wirklich«, lächelte ich. »Aber weißt du, Ana: Um alt und weise zu werden, musst du vorher jung und dumm gewesen sein. Das eine bedingt das andere.«

»Der Punkt geht an dich«, grinste sie. »Und dann?«

»Es ist doch interessant, dass ich in meinen Zwanzigern fast durchgängig in festen Beziehungen war, was sich in meinen

Dreißigern dann komplett gedreht hat. Lass mich mal überlegen. Ja, ich hatte im Prinzip nur eine feste Freundin in meinen Dreißigern. Sie war sehr jung, sehr hübsch, sehr pleite und hatte sehr viele Probleme. Sie kam aus Kroatien nach Deutschland, um hier als Model zu arbeiten. Sie ist bei mir eingezogen, und ich habe ihre Probleme gelöst. Ja, so kann man unsere Beziehung beschreiben. Ich war ihr Problemlöser. Es war eine schöne Zeit, die ich nicht missen möchte, aber ich wusste von Anfang an, dass ich mit ihr nicht alt werden würde. Nach drei Jahren habe ich sie rausgeschmissen.«

»Warum?«, fragte Anahita.

»Ach, unsere Zeit war einfach abgelaufen. Ich war krank und musste für eine Weile heftige Medikamente einnehmen. Ich hatte so starke Nervenschmerzen, dass ich kaum aus dem Bett kam und mein Arzt mir sogar Morphin verschreiben musste, damit ich halbwegs mit der Situation klarkam. Zum ersten Mal hätte ich ihre Hilfe gebrauchen können, aber sie entschied sich dafür, einen mehrwöchigen Modeljob im Ausland anzunehmen. Da habe ich zu ihr gesagt, dass sie nicht mehr zurückzukommen braucht. Ich war ihr aber nie böse. Im Gegenteil, ich hatte sogar Verständnis. Sie hat getan, was sie tun musste, um ihren Traum am Leben zu halten. Sie hat ihre Prioritäten gesetzt. Aber unser Weg war damit vorbei. Hmm, es ist schon interessant.«

»Was denn?«, fragte Anahita.

»Ich glaube, dass auch hier wieder alles miteinander zusammenhängt. Vor zehn Jahren habe ich begonnen, mich intensiv mit Persönlichkeitsentwicklung zu beschäftigen und als Life Coach zu arbeiten. Ich habe anderen Menschen geholfen, ihre Probleme zu lösen. Meine Botschaft an die Welt war: ›Ich bin hier und höre dir zu. Lass uns gemeinsam auf eine Reise gehen, um dein Leben besser zu machen.‹ Diese Energie hat sich natürlich auch auf meinen privaten Bereich übertragen, und ich habe plötzlich Frauen angezogen, die sofort bei der ersten Verabredung all ihre Probleme auf den Tisch packten. Dates wurden nach wenigen Minuten zu Coaching-Sessions, nur dass ich nicht dafür bezahlt wurde. Ich habe immer mehr Energie gegeben als bekommen, weswegen ich in den letzten zehn Jahren eigentlich nur Sex hatte, aber nie wirklich geliebt habe. Vielleicht lag mein Fokus deswegen vor allem bei den sehr jungen Frauen. Die haben zwar auch alle ihre Probleme, wollen aber wenigstens nicht sofort heiraten und Kinder bekommen.«

»Also, ich will irgendwann auch Kinder«, sagte Anahita. »Du nicht?«

»Doch, ich kann mir das total vorstellen. Ich glaube, ich wäre ein guter Vater. Ich bin mir sogar ziemlich sicher. Diese besondere Form der elterlichen Liebe muss atemberaubend sein. Vielleicht ist es sogar die höchste und reinste Form von Liebe, weil sie wirklich absolut und unter allen Umständen bedingungslos ist. Die Vorstellung, Vater zu sein, macht mir aber auch etwas Angst. Na ja, die Polaritäten des Lebens.«

»Wovor genau hast du denn Angst?«, fragte sie.

»Ich weiß nicht genau«, sagte ich. »Meine Freiheit zu verlieren, gebunden und nicht mehr spontan zu sein, meine Verrücktheiten nicht mehr machen zu können. All die Verpflichtungen. Wenn ich auf einmal Projekte auch des Geldes wegen machen müsste. Wenn zu Hause ein kleiner Mensch auf dich wartet und ohne dich sterben würde, ändert das einfach alles.«

»Ich glaube, die Angst verschwindet beim Gehen«, sagte Anahita mit ruhiger Stimme. »Klar, ich verstehe zu 100 Prozent, was du sagst. Da gibt's auch die Angst, alles falsch zu machen, sodass dich dein Kind hasst und mit zwanzig kein Wort mehr mit dir wechselt. Oder noch schlimmer: vom guten Weg abkommt,

Drogen nimmt und all das Zeug. Aber irgendwie kommt mir da Hector in den Sinn, der gesagt hat: Die Vermeidung von Unglück führt nicht zum Glück.«

»Ah, ich liebe die Bücher von François Lelord«, sagte ich.

Anahita nickte und sprach weiter: »Ich frage mich oft, warum man eigentlich Kinder kriegen sollte. Ich meine, es gibt wirklich genug Menschen auf dieser Erde. Warum dieser Drang, sich fortzupflanzen? Aber ich sehe es wie du: Ich bin auf dieser Erde, um die Erfahrung von Liebe zu machen, Liebe zu sein. Und dies ist in meinen Vorstellungen eine der reinsten Formen des Liebens. Ich kenne zwar nur die Seite eines Kindes, das bedingungslos von seinen Eltern geliebt wird, aber allein das zu empfangen, hat sich schon wahnsinnig schön angefühlt. Wie muss es dann sein, das zu geben? Also, wenn ich Kinder will, dann, um eine neue Art der Liebe zu geben. Um zu erfahren, wie es ist, jemandem dieses tiefe Geschenk zu machen. Und ich glaube übrigens, dass man jedes Kind lieben kann wie sein eigenes. Sie sind alle Zauberwesen.«

»Deswegen bist du auch Grundschullehrerin geworden«, lachte ich. »Alles richtig gemacht, würde ich sagen. Die Sache ist einfach, dass ich in den letzten Jahren nicht eine Frau getroffen habe, mit der ich es mir hätte vorstellen können, Babys zu machen. Ich muss aber auch betonen, dass ich es nicht darauf angelegt habe, so eine Frau zu finden.«

»Was wünschst du dir denn für eine Frau?«, fragte Anahita und lehnte sich seitlich auf ihren Ellenbogen. »Wie sähe sie aus, was würde sie tun, wie wäre sie so? Stell dir vor, du dürftest sie dir backen, aus welchen Zutaten würde sie bestehen?«

»Das hat meine Oma früher gesagt, bevor sie mich in den Arm genommen hat. Wenn es dich nicht gäbe, sagte sie immer, dann müsste ich dich backen.«

Ich hielt kurz inne und dachte darüber nach, wie schnell doch die Zeit vergeht. All meine Opas und Omas waren bereits gestorben, dabei hatte ich doch gerade erst mit ihnen im Garten gespielt. Ich sah zu Anahita und sagte: »Ich wünsche mir nicht nur eine Frau, die gut neben mir aussieht, sondern eine echte Partnerin, die mir hilft, meine Ziele zu erreichen, und der ich helfen kann, ihre zu erreichen. Ich wünsche mir eine Frau, die mich liebt, wenn ich selbst dazu nicht in der Lage bin, die an mich glaubt, wenn mir einmal die Motivation dazu fehlt. Ich wünsche mir eine Frau, die mich nicht braucht, um glücklich zu sein, aber alles dafür tun würde, um ihr Glück mit mir zu teilen. Ich wünsche mir eine Frau, die selbstbewusst ihren Weg geht, die aber gleichzeitig niemals das kleine Mädchen vergisst, das noch in ihr wohnt. Ich wünsche mir eine Frau, die ihre Träume lebt und große Ziele hat und ihrem Dasein einen Sinn gibt. Ich wünsche mir eine Frau, die mir einen Kuss gibt und sagt: ›Mach dir keine Sorgen, leg dich hin und ruh dich aus. Ich übernehme jetzt.‹ Ich wünsche mir eine Frau, die auch mich an die Hand nimmt, von der ich lernen kann; eine Frau, die mir hilft, mich so zu sehen, wie sie mich sieht. Ich wünsche mir eine Frau, die keine Angst davor hat, eine Königin zu sein, eine echte Boss-Queen. Ich wünsche mir eine Frau, der ich all das sagen kann, was ich dir gerade gesagt habe.«

Anahita wiegte ihren Kopf vor und zurück und lächelte. Ich machte einen kleinen Satz nach vorn und sprang auf den Boden. Ohne etwas zu sagen ging ich zur Wasserflasche, die auf der Kommode neben dem Eingang stand, und nahm einen langen Schluck.

»Und was ist mit dir?«, rief ich ihr zu. »Was stimmt bei dir nicht, Anahita? Wieso bist du mit deinen fast dreißig Jahren noch nicht längst verheiratet und hast vierzehn Kinder? Dann müsstest du auch nicht mehr jeden Tag in die Schule gehen. Du hättest deine eigene kleine Schulklasse bei dir zu Hause. Klar, das mit deinem Ex letztes Jahr hast du schon erzählt. Aber wieso denkst du, kam es dazu? Also, was hast du für einen Schaden?«

»Hahaha, erstens bin ich *erst* neunundzwanzig«, lachte sie. »Und habe somit noch alle Zeit der Welt, klar? Und zweitens ist die Wahrheit einfach die, dass viele Männer keine starke Frau an ihrer Seite ertragen können, weil sie sich von ihrem Licht geblendet fühlen. Bei mir hat das leider dazu geführt, dass ich aufgehört habe zu strahlen, um die Männer in meinem Leben mit meinem Licht nicht zu erschrecken. Letztlich war das mein Fehler, meine falsche Entscheidung. Ich war voll und ganz ein Wir und habe auf der Strecke irgendwo mein Ich verloren. Ich habe es getan, weil ich glaubte, dass es der Beziehung dient, nicht, weil es jemand von mir verlangt hatte. Und paradoxerweise hat ja genau das dann dazu geführt, dass das Strahlen einer anderen Frau anziehender war als meins.«

Anahita machte eine kurze Pause, rollte sich auf ihren anderen Arm und fügte hinzu: »Ich glaube, ich war feige. Ich habe mich nicht getraut, zu strahlen, weil ich Angst hatte, mein Gegenüber zu blenden.«

»Echt jetzt?«, sagte ich und trank den Rest der Flasche leer. »Ich meine, ich stimme dir voll und ganz zu. Viele Männer sind so und kommen mit einer Boss-Lady nicht klar, aber *das* war dein größtes Problem? Interessant.«

»Ich wollte eben nicht aufgeben«, sagte sie. »Ich dachte, wenn ich meine Bedürfnisse unterdrücke, wird es schon werden. Ich sag's dir, nur Mutter Teresa war aufopferungsvoller. Aber ich habe es auch irgendwie gern gemacht. Ich habe das nicht so empfunden, als ob ich gerade ein riesiges Opfer bringe. Die

Wonne lag im Geben. Nach der Trennung habe ich dann gespürt, dass diese Erfahrung eine Chance war, meine Chance.
Jetzt strahle ich wieder, und ich glaube, mein Leuchten ist sogar
noch heller geworden. Ich habe aber auch gemerkt, dass nicht
jeder Mann auf meiner neuen Reise die strahlende Ana ertragen kann. Ein Typ, auf den ich mich Gott sei Dank nicht eingelassen habe, konnte nur nett zu mir sein, wenn ich bedürftig
war und weinte. Wenn es mir gut ging, ignorierte er mich und
fand es anstrengend. Da dachte ich kurz: Okay, wie es scheint,
muss ich wohl oder übel einen Tod sterben. Vielleicht muss ich
mich damit abfinden, entweder nicht zu strahlen und somit
nicht hell genug zu erscheinen oder zu strahlen und damit zu
blenden. Aber tief in mir wusste ich, dass ich diese halben Sachen nicht will. Und obwohl es mir sehr schwerfiel, habe ich
mich nach der Trennung auf keinen Mann eingelassen, nur
damit ich für eine Nacht ein bisschen Anerkennung bekomme. Ich habe einfach weiter geglaubt, dass es irgendwo einen
Mann gibt, der meine tiefsten Gedanken verstehen, ja sogar
spüren würde. Und das, lieber Lars, warst du. Und hier sind wir
nun.«

»Ja, hier sind wir nun. Deep talk and all that funky shit«, fügte
ich lächelnd hinzu. »Ich habe das übrigens nie verstanden, wie
man auf den Erfolg seines Partners neidisch sein oder sich gar
davon in seinem Ego angegriffen fühlen kann. Im Gegenteil, ich
habe mir so etwas immer gewünscht. Man sitzt doch als Team
im gleichen Boot. Wenn du leuchtest, kann ich mich einfach
mit in deinem Licht sonnen. Wenn du gewinnst, gewinne ich
immer mit. Die gute Energie, die du von der Welt für dein Tun
bekommst, färbt immer auch auf mich ab, weil du genau diese
Energie wiederum mit mir teilst und auf mich überträgst. Nur
ein Dummkopf würde sich dagegen wehren oder sich gar ange-

griffen fühlen. Ich würde voller Stolz allen von dir und deinen Erfolgen erzählen. Ich würde mit dir angeben, wirklich.«

»Ah ja, und was würdest du so sagen?«, fragte sie nach.

»Meine beste Freundin Nicole würde durchdrehen vor Glück, wenn ich jemanden wie dich als meine neue Freundin präsentieren würde. Allein die Tatsache, dass du älter als dreiundzwanzig bist, würde bei ihr schon ausreichen, um dir um den Hals zu fallen. Dann hast du auch noch studiert, verdienst dein eigenes Geld, bist selbstbewusst und voller Power. Du nimmst dein Leben selbst in die Hand, bist dazu spirituell, sportlich, ernährst dich gesund und bist einfach ein Boss. Ich schwöre dir, sie würde drei Kreuze machen, laut Halleluja gen Himmel rufen und zu mir sagen: ›Endlich wurden meine Gebete erhört. Wenn du es mit ihr auch verbockst, breche ich dir alle Knochen.‹«

»Hahaha, ich liebe deine beste Freundin jetzt schon«, sagte Anahita und zog sich mein getragenes T-Shirt über, das im Bett lag. Eine Weile tauschten wir uns über unsere besten Freunde aus, bis Anahita plötzlich sagte: »Was ich dich vorhin schon fragen wollte: Bist du eigentlich schon immer so spirituell?«

Ich atmete lange aus und überlegte. Ich hatte in den letzten Stunden schon so tiefe Gespräche mit dieser Frau geführt, so viele neue Erkenntnisse für mich gewonnen, so viele alte Erkenntnisse weitergegeben und mich wirklich verstanden gefühlt. Was sollte ich darauf antworten? Ich zuckte einfach mit den Schultern und sagte: »Mein spiritueller Weg fängt gerade erst an, glaube ich. Ich habe noch so viel zu lernen und es gibt noch unendlich viel zu entdecken. Komm, lass uns zusammen eine Runde meditieren, bevor wir schlafen gehen.«

Sohrob und Soraya

Was für ein intensiver Tag, dachte ich, als ich aus dem Bad kam und mich zu Anahita ins Bett legte. Mein Geist war absolut leer, was ein gutes Zeichen war. Dafür waren meine Augen umso schwerer, und so freute ich mich darauf, noch ein bisschen zu kuscheln und dann entspannt einzuschlafen. Eigentlich habe ich immer Mühe, einzuschlafen. Mal sehen, wie es heute werden würde.

Anahita hatte ihr kleines Nachtlicht angeknipst und sagte: »Du hast mir den ganzen Tag deine schönen Geschichten erzählt, sodass ich dir gern auch eine von mir erzählen möchte. Ich könnte sie dir auch vorlesen, aber da ich sie selbst geschrieben habe, kenne ich sie auswendig. Es ist ein orientalisches Märchen von Sohrob und Soraya. Für meine Schüler, aber vor allem auch für mich erfinde ich ständig Geschichten, manche habe ich sogar illustrieren lassen. Ich habe auch Arbeitsblätter zu den Geschichten gemacht, damit ich in der Schule einen achtsamen Schwerpunkt im Unterricht setzen kann. Ich liebe das richtig. Ist meine Leidenschaft, immer zu gucken, wie ich Achtsamkeit, Spiritualität und all das in den Unterrichtsalltag einfließen lassen kann. Na ja, willst du sie hören? So als Gute-Nacht-Geschichte? Du musst auch die Arbeitsblätter dazu nicht lösen, versprochen. Nur rumliegen und zuhören.«

»Wovon handelt die Geschichte?«, nuschelte ich ins Kopfkissen und kuschelte mich an sie.

»Von der Liebe«, sagte Anahita.

»Okay, dann darfst du sie mir erzählen.«

»Also schön«, sagte sie etwas leiser und in ihrer beruhigenden Märchenerzählstimme. »Dann höre nun gut zu!«

Ich zog die Decke nach oben und schloss meine Augen, um genau das zu tun.

»Es ist ein orientalisches Märchen, und wie alle meine Geschichten handelt es von einer Reise. Nicht weit weg oder in ferne Länder. Es ist eine Reise zu uns selbst.«

Sohrobs Reise

In einem grünen, dichten Wald lebte eine Frau, einsam, aber zufrieden. Diese Frau, schön und jung und selbstgenügsam, war fleißig und arbeitete tagein, tagaus für ihr Wohl. Sie sammelte die Gaben des Waldes, um diese zu nahrhaften Mahlzeiten zu verarbeiten. Sie kümmerte sich um verletzte Tiere und sie schaute nach den Bedürfnissen des Waldes. Nur manchmal, ganz selten, überkam sie ein kurzer Stich im Herzen, der dem Gefühl einer Sehnsucht gleichkam. Es war mehr ein Geistesblitz, eine rasche Vorstellung davon, dass es auf der Welt mehr geben könnte, dass es Dinge gab, von denen sie bisher weder gehört noch geträumt hatte. Doch versteht Soraya nur nicht falsch! Sie war eine zufriedene Frau und glücklich in ihrem Leben.

Eines Tages, als Soraya mit ihren Aufgaben beschäftigt war, vernahm sie ein Rascheln. Ein unübliches Geräusch, da es nicht von einem Tier zu stammen schien. Soraya erhob sich und spähte in den Wald hinein. Dort, in der Nähe des alten Holunderbusches, sah sie eine schemenhafte Gestalt, am Boden liegend und winselnd. Sie näherte sich vorsichtig und erkannte einen jungen Mann, der seine dunklen, tiefen Augen vor Erschöpfung kaum offen halten konnte. Soraya stellte sich vor und ging los, um ihm Wasser und eine kleine Stärkung zu holen. Sie kümmerte sich um ihn, gab ihm die Gaben des Waldes, damit er wieder zu Kräften kam, und sang leise ihre Lieder. Der Mann erholte sich, und so erfuhr Soraya den Namen des Fremden: Sohrob.

Sohrob und Soraya führten viele Gespräche. Sohrob genoss die ihn umgebende Ruhe, das Magische dieses friedvollen Ortes. Soraya fragte, woher Sohrob komme, und erfuhr allerlei aus seiner Welt. Dass es außerhalb des Waldes einen Palast gäbe, dass er der Bote dieses Palastes sei und eine wichtige Nachricht an den König überbringen müsse. Dass er sich im tiefen Wald verlaufen habe und schon dachte, dass sein letztes Stündlein geschlagen hätte, als er die liebliche Gestalt der Soraya über sich sah. Sohrob und Soraya redeten über ihre Zeit als Kinder, wie Soraya mit ihrer Mutter als kleines Kind schon in den Wald gezogen war. Warum, das wusste Soraya selbst nicht genau. Und wie Soraya nach dem Tod der Mutter ihre Lebensweise weitergeführt hatte und mit der Natur im Einklang lebte. Sohrob erzählte von den Häusern, in denen er aufgewachsen war, und vom Leben in einem Königreich. Sohrob und Soraya sprachen über ihre tiefsten Träume, die nicht im Materiellen zu liegen schienen, sondern in einem Gefühl. Ein sonderbares Gefühl, das im Herzen begann, bis in den Bauch zog und im Kopf alle Handlungen des Tages in ein sonniges Licht rückte. Sie sprachen von einer nicht gestillten Sehnsucht nach etwas, das sie selbst noch nicht begreifen konnten.

Die Tage flossen dahin, und die beiden wuchsen zusammen, enger und enger. Doch Sohrob quälte die Last der Verantwortung, denn die ihm anvertraute Nachricht konnte über Krieg oder Frieden des ganzen Reiches entscheiden. So stand Sohrob vor dem Konflikt, ein ganzes Reich im Stich zu lassen und stattdessen sein eigenes Glück hier im tiefen Wald zu leben,

Seite an Seite mit Soraya. Oder aber seiner Verantwortung nachzukommen, auf die Gefahr hin, dass er diesen geheimnisvollen Ort mit dieser selbstgenügsamen, schönen, feinfühligen und irgendwie mystischen Frau nie wiederfinden würde. Er war schon so oft in diesem Wald gewesen und er war sich ganz sicher, dass das Auffinden dieses Ortes an Zauberei grenzte. Kein Wesen dieser Welt würde zweimal dieses Glück haben.

Sohrob wollte nicht gehen, doch nach reichlicher Überlegung entschied er sich, schweren Herzens zwar, seiner Pflicht nachzukommen. Doch schon beim Abschied kamen ihm Zweifel.

»Nein, ich bleibe, Soraya. Ich bleibe«, rief Sohrob. »Denn von dir kann ich nicht verlangen, dein Zuhause zu verlassen. Du würdest es mir immer vorwerfen. Ich will aber mit dir sein. Ich bleibe.«

Mit Tränen in den Augen schüttelte Soraya den Kopf. »Nein, Sohrob. Du hast eine Aufgabe, die du beenden musst. Wie ein dunkler Schatten würde diese Nichterfüllung sonst über dir liegen. Bei jedem Blick in den Himmel würdest du dich fragen, ob du richtig gehandelt hast, ob ein Unschuldiger deinetwegen leidet, ob du Leid hättest verhindern können. All diese Dinge, die du nun so schätzt, wären dir verleidet, da die Macht des Gewissens den Blick trübt. Schönheit liegt nämlich nicht in der Wirklichkeit, sondern nur im Auge jenes Menschen, der die Dinge betrachtet. Du musst deine Aufgabe erfüllen, damit du nicht den Blick für das Schöne verlierst.«

Sie hielt kurz inne, um eine zierliche, reine Glaskugel aus ihrer Tasche zu holen.

»Aber Sohrob«, fuhr sie fort. »Sei sicher, dass dieses Gefühl, das wir haben, die Liebe, die wir zu spüren meinen, nicht einfach vergeht. Sollte sie echt sein, werden wir uns wiedersehen. Nimm diese Kugel. Wenn du es schaffst, sie den ganzen Weg über nicht aus den Händen zu lassen, wird es ein Wiedersehen geben. Dies ist mein Versprechen.«

Sie umarmte ihn, gab ihm einen letzten Kuss und wies Sohrob den Weg. Dann ging er los, den Tiefen des Waldes entgegen. Verwundert betrachtete Sohrob die ihm anvertraute Kugel. Er verstand nicht genau, warum diese Kugel wichtig war. Er dachte aber an die Selbstsicherheit und an das Mystische, ja fast Magische, das Soraya umgab, und beschloss, ihr und ihren Worten zu vertrauen.

Sohrob war frohen Mutes, da er die Aufgabe als einfach empfand. Und Sorayas Versprechen, dass sie sich wiedersehen würden, wenn er die Kugel nur nicht aus der Hand ließe, ließ ihn beschwingten Schrittes fortgehen. So eine leichte Aufgabe, um an seine Herzenswünsche zu gelangen, dachte er, als er sich umdrehte, um Soraya aus der Ferne ein letztes Mal zuzuwinken. Sohrob beschritt seinen Weg leichtfüßig. Wann immer die Kugel in der einen Hand schwer wurde, nahm er sie in die andere Hand. Sie störte ihn nicht, im Gegenteil: Er empfand es als angenehm, nicht ganz allein auf dem Weg zu sein. Er betrachtete die Reflexion des Lichtes in der Kugel, stellte sich vor, wie sie einmal einer Zauberin gehört haben könnte, und ließ seiner Fantasie freien Lauf. So verging die Zeit wie im Flug.

Nach einer Weile allerdings begann es leicht zu regnen, und Sohrob brauchte beide Hände, um sich auszubalancieren, damit er auf dem glitschigen Blätterboden nicht ausrutschte. Die Kugel wurde ihm dabei eine Last, doch er wusste, warum er sie trug, und so hielt er sie weiterhin fest. Nach einem Tag Fußmarsch brach der Abend herein. Sohrob war sehr müde, aber er hatte keine Zeit zu verlieren, also lief er weiter. Die

Kugel lag immer schwerer in seiner Hand und drohte ihm nun immer öfter zu entgleiten. Auch die schönen Gedanken, die die Kugel zu Beginn in ihm ausgelöst hatten, waren verflogen. Er fühlte sie schwer in seinen Händen liegen. Seine Gedanken waren trüb, bestimmt von dem lästigen Ballast, der ihn nur unnötig aufhielt. Wegen ihr konnte er nicht rennen und musste ständig achtsam sein, nicht hinzufallen. Zu fest drücken durfte man sie aber auch nicht, da sie sonst einen Riss bekommen und zerbersten würde. Als er einen Fuß unvorsichtig vor den anderen setzte, blieb er an einer Wurzel hängen und fiel der Länge nach in den Matsch. Nur mit größter Mühe konnte Sohrob die Kugel dabei festhalten, ohne dass sie einen Riss bekam. Als er wieder auf beiden Beinen stand und mit seiner freien Hand den Dreck von sich wischte, wurde er plötzlich sehr wütend und schrie die Kugel an: »Du lästiges Ding, du machst mir das Leben nur schwerer. Ich wünschte, ich wäre allein auf diesem Weg!«

Nur eine kleine feine innere Stimme hielt ihn davon ab, die Kugel weit weg in die Tiefen des Waldes zu werfen.

Die Sonne ging wieder auf. Sohrob war erschöpft, als er von Weitem ein Schimmern sah. Er erkannte die Lichtung, und sein Herz pochte freudig. Er hatte es fast geschafft. Seine Schritte wurden immer schneller. Dabei hielt er die Kugel fest in seiner Hand. Er verlangsamte seine Schritte wieder, hielt inne und überlegte kurz. Dann nahm er die Kugel fest in beide Hände, fühlte ihre von der Sonne erwärmte Oberfläche und rannte los. Als er am Waldrand ankam, sah er sie: Soraya stand dort, in ihrer lieblichen Gestalt, und wartete auf ihn. Die beiden fielen sich tränenüberströmt in die Arme und konnten ihr Glück kaum fassen. Bevor sie gemeinsam zum König gingen, fing Soraya an zu sprechen.

»Das hast du gut gemacht«, sagte sie, doch Sohrob schluchzte nur und antwortete: »Ich hätte es fast nicht geschafft. Ich war kurz davor aufzugeben. Wieso hast du mir so eine schwere Aufgabe gegeben?« Da lächelte Soraya und sprach: »Diese Glaskugel steht für unsere Liebe. Schimmernd und zerbrechlich zugleich. Davon abhängig, dass sie sorgsam behandelt wird, ansonsten zerbricht sie. Sie muss gehalten werden. Oft ist es leicht, sie zu tragen, aber es werden auch Zeiten kommen, in denen die Liebe schwer auf uns lastet, in denen es einfacher wäre, sie loszulassen. Es wird Zeiten geben, in denen wir allein schneller unterwegs wären, in denen wir uns durch sie auf unserem Weg behindert fühlen.«

Soraya hielt kurz inne und blickte ihm nun geradewegs in seine dunklen, tiefen Augen: »Warum sie nicht weggeben? Warum nicht nach einer neuen suchen? All das ist möglich, und es steht mir nicht zu, zu sagen, wann es richtig oder falsch wäre. Eines weiß ich jedoch sicher. Am Ende zählt nur eines im Leben: wie sehr wir geliebt haben. Wie sehr wir daran geglaubt haben. Wie sehr wir dafür unser Bestes gegeben haben.«

Sohrobs Augen weiteten sich. Nie hätte er das gedacht, nie hatte er die wahre Bedeutung dieser zerbrechlichen Glaskugel während seines Weges gesehen. Er erkannte, wie einfältig er gewesen war. Er verstand, wie wichtig die Aufgabe gewesen war, die Soraya ihm gegeben hatte, und was er daraus lernen konnte. Diese Kugel war viel mehr als nur eine Kugel. Sie stand symbolisch für ihre Liebe, die mit Sorgfalt bedacht werden musste. Sie war wunderschön und zerbrechlich zugleich. Sie bedurfte seiner Fürsorge, um sein zu können. Und so nahm sich Sohrob fest vor, in schwierigen Zeiten immer an seinen mühsamen Weg durch den Wald zu denken, an die Glaskugel in seiner Hand, die ihm schwer und schwerer

wurde. Und er beschloss, dass er die Liebe niemals leicht-
fertig aus seinen Händen gleiten lassen würde, genauso wie
er es mit der Kugel getan hatte. Und er beschloss, die Liebe zu hegen und zu pflegen und sein Bestes zu geben. Denn
auch er glaubte daran: Die Liebe war es wert, dass man sie
mit Bedacht behandelte. Und so liefen die beiden Hand in
Hand zum König, um die Friedensbotschaft zu überbringen.
Und wenn sie nicht gestorben sind, dann lieben sie noch
heute.

»So, das war sie. Das war meine kleine Gute-Nacht-Geschichte«,
flüsterte Anahita wieder in ihrer normalen Stimme und beugte
vorsichtig ihren Kopf zu mir. »Bist du noch wach?«

»Nein, ich schlafe schon tief und fest und träume von ver-
wunschenen Märchenwäldern«, murmelte ich, ohne meine Augen zu öffnen. »Bis morgen, Soraya.«

Dann legte ich meinen Arm um sie, zog sie fest an mich ran
und schlief auf der Stelle ein.

Als ich am nächsten Morgen aufwachte, kam es mir vor, als
hätte ich mich im Schlaf nicht einen Zentimeter von der Stelle
bewegt. Anahita lag noch immer in meinem Arm, ihre Beine
zwischen meinen. Nichts fühlte sich fremd an. Es war schön. Es
war warm. Ein Augenblick voller Liebe und Geborgenheit. Ich
fuhr ihr vorsichtig mit meinen Fingerspitzen durch die Haare
und küsste sie ganz leicht am Hals.

»Guten Morgen«, flüsterte ich. »Schön, dass es dich gibt.
Schön, dass du hier bist. Schön …«

Den letzten Satz sprach ich nicht mehr aus, sondern dachte
ihn nur. Es war schön, so mit ihr aufzuwachen. Mit ihren Haaren in meinem Gesicht. Ich schlief wieder ein.

»Hey«, hörte ich ihre Stimme.

Sie streichelte mich am Arm, und ich wollte nicht, dass sie aufhörte, also stellte ich mich tot und antwortete nicht.

»Bist du wach?«, fragte sie erneut.

Ich schüttelte den Kopf, gähnte ins Kopfkissen und streckte mich.

»Wenn ich sage, dass ich wach bin, hörst du bestimmt auf zu kraulen, also bin ich noch nicht wach«, sagte ich. »Du musst mir erst versprechen, dass du nicht damit aufhörst. Awww, du hast ja keine Vorstellung davon, wie sehr ich es liebe, gekrault zu werden. Das ist das schönste Gefühl überhaupt, wirklich.«

»Okay, ich verspreche es«, lachte Anahita. »Ich werde dich den ganzen Tag kraulen. Abgemacht! Wir können heute einfach im Bett liegen bleiben, kuscheln, Liebe machen, lesen, meditieren, uns gegenseitig mit dem Öl massieren. Dann schlafen wir ein und wachen wieder auf und beginnen von vorn. Was hältst du davon?«

»Klingt zu schön, um wahr zu sein, aber du darfst nicht mit dem Kraulen aufhören«, sagte ich und legte ihre Hand wieder auf meinen Arm. »Warum gibt es eigentlich Massagesalons in allen erdenklichen Formen, aber keine Kraulsalons?«

»Hahaha, so eine gute Idee. Komm, mach das. Damit wirst du reich. Ich finde Kraulen nämlich auch total schön.«

Sie machte noch eine Weile weiter und fragte dann: »Wollen wir frühstücken?«

»Nein«, sagte ich.

»Echt nicht?«, fragte sie verwundert.

»Nein, weil das ja bedeuten würde, dass ich jetzt aufstehen müsste und du mit dem Kraulen aufhörst. Nee, ich muss nichts essen. Ich werde hier für immer liegenbleiben. Bis an mein Lebensende.«

»Du Spinner«, lachte sie und drückte meinen Kopf ins Kissen. »Ich habe übrigens schon in die Frühstückskarte gelinst. Nur leckere Sachen. Jetzt komm schon, du alter Sack! Du brauchst deinen Espresso.«

Ich drehte mich um, packte sie an den Armen und gab ihr, ohne ein Wort zu sagen, meine Antwort. Das Frühstück musste warten. Zuerst ließen wir uns noch einmal in die Unendlichkeit fallen, um gemeinsam durch das Universum zu fliegen. Bei all den großartigen Erfindungen, die die Menschheit in den vergangenen Jahrhunderten hervorgebracht hatte, und all den Fortschritten, war diese eine Sache für mich noch immer die schönste Art, einen neuen Tag willkommen zu heißen.

Ganz man selbst sein

Anahita benötigte im Bad exakt viereinhalb Minuten, wofür sie von mir auf der Stelle Applaus bekam. Es war so einfach mit ihr, so unkompliziert. Als wir im Fahrstuhl nach oben ins Restaurant fuhren, konnte ich kaum meine Finger von ihr lassen.

»Du bist übrigens genauso körperlich wie ich«, sagte sie etwas verwundert. »Das ist irgendwie neu für mich. Früher habe ich bei so kitschigen Filmen immer gedacht: Ja klar, wer küsst sich denn schon vor dem Zähneputzen? Jetzt weiß ich, dass es so Leute wirklich gibt. Darf ich vorstellen: Wir! Und es war gar nicht beurk.«

»Na ja, ein bisschen beurk war es schon«, lachte ich. »Aber ohne Scheiß, du brauchst im Bad kürzer als ich und siehst trotzdem so wunderschön aus. Hast du heimlich gezaubert?«

Anahita grinste und schüttelte den Kopf, während sie wieder ihre Arme um meinen Hals legte. Ich erzählte ihr von einer jungen Frau, von der ich wusste, dass sie jeden Abend geschminkt ins Bett ging und sich den Wecker stellte, um sich am nächsten Morgen erneut zu schminken, bevor ihr Partner wach wurde. Sie waren seit über drei Jahren ein Paar, wohnten zusammen, schliefen im gleichen Bett, und er hatte sie in all der Zeit nicht einmal ungeschminkt gesehen. Sie fürchtete, er fände sie nicht schön, also spielte sie ihm ein Theaterstück vor. Tagein, tagaus. Als sie wegen eines Fahrradunfalls ins Krankenhaus musste und nach der Operation ungeschminkt aus der Narkose erwachte und ihren Mann sah, der an ihrem Bett saß, um ihre Hand zu halten, erinnerte sie sich, dass sie kein Make-up trug, und begann zu weinen. Sie erzählte ihm dem Grund ihrer Tränen, doch er drückte nur ihre Hand und sagte: »Baby, ich liebe doch *dich*, dein schönes Herz, dein ganzes Wesen, nicht nur dein Gesicht. Ich habe dich damals aus einem bestimmten Grund gefunden. Du bist meine Frau, mit und ohne Schminke.«

»Darum geht es doch in der Liebe«, nickte Anahita zustimmend, »aber auch generell im Leben: sich zu sehen, sich wirklich zu sehen. Darin liegt so viel Schönheit. Schau mal, was für einen inneren Schmerz diese Frau all die Jahre mit sich herumtrug. Jeden Tag zu denken, nicht gut genug zu sein, nicht hübsch genug. Was für ein Seelenterror. Die Arme! Und was für eine tolle Reaktion des Mannes. Sind sie noch zusammen?«

»Keine Ahnung«, sagte ich.

»Ich finde, in einer liebevollen Beziehung muss jeder so sein dürfen, wie er ist. Sobald sich einer der beiden verstellt, nur um dem anderen zu gefallen, ist die Balance zerstört und es wird auf Dauer nicht funktionieren. Genauso ist die Balance hin, wenn man von dem anderen will, dass er sich so oder so verändert. Ihn als Projekt sieht. Ich meine, sieh dich an. Wir sind in einem schicken Hotel und du läufst hier in einer blauen, gebatikten

Jogginghose herum. Versteh mich nicht falsch, das ist keine Kritik und auch keine Bewertung. Jeder soll das machen, was ihm gefällt und was seiner Persönlichkeit entspricht. Das zu respektieren, auch an seinem Partner, und ihn nicht verbiegen zu wollen, ist, glaube ich, eine der größten Herausforderungen in einer Beziehung.«

»Ach, wir haben eine Beziehung?«, lachte ich.

»Blödmann, das war ganz allgemein gesagt. Du weißt schon. Außerdem: Ja, haben wir. Noch ziemlich genau neunundzwanzig Stunden.«

»Ich weiß, ich weiß. Die viel wichtigere Frage ist eh eine andere: Was hast du gegen meine Hose einzuwenden?«

»Gar nichts«, sagte sie. »Ich finde, sie passt irgendwie zu dir, und allein deswegen mag ich sie. Ich würde auch nichts sagen, wenn du einer meiner Schüler wärst und so im Klassenzimmer sitzen würdest. Ich kenne aber viele Lehrer, die anders reagieren würden. Die würden eine klare Ansage machen: Morgen kommst du bitte mit einer ordentlichen Hose in den Unterricht. Und ich denk mir so: Hey, immerhin hat er eine an. Haha.«

Ich schmunzelte über ihre Hosenbemerkung, ging aber nicht weiter darauf ein.

Im Restaurant duftete es köstlich nach frisch gebratenem Rührei, Kaffee und süßem Gebäck. Für einen Montagmorgen war erstaunlich wenig Betrieb. Fast alle Plätze waren frei. Ich blieb in der Mitte des weitläufigen Restaurants stehen und genoss die sensationelle Aussicht. Durch die großen Panoramafenster konnte man ganz Köln überblicken.

»Schau mal, da ist der Dom!«, rief ich zu Anahita, die aber längst nicht mehr neben mir stand, sondern bereits beim Schakschuka gelandet war, einem israelischen Gericht, das natürlich Vorrang hatte.

Was für ein herrlicher Tag, dachte ich und betrachtete mich in der Spiegelung eines der Fenster. Ich trug nagelneue weiße Stan Smiths, ein weißes T-Shirt von Independent und eine hellblau-weiße Jogginghose von Kappa, eine auf hundert Einzelstücke limitierte Sonderanfertigung, die es regulär nicht zu kaufen gab und die auf Ebay für rund zweihundert Euro gehandelt wird. Ich schenkte mir einen frisch gepressten Orangensaft ein und trank das erste Glas direkt neben der Karaffe in einem Zug aus. Während ich mir ein zweites Glas eingoss, musste ich an meinen Freund, den berühmten Schriftsteller Sergio Bambaren, denken, von dem viele weltweite Bestseller stammen, unter anderem eines meiner Lieblingsbücher: *Der träumende Delphin*. Bei unserem ersten Treffen trug ich auch diese Jogginghose, auch ein Paar weiße Turnschuhe und einen weißen Skateboard-Hoodie. Damals nahm er mich in den Arm und sagte: »Lars, du bist wie ich. Wir sind Soulbrothers. Dir ist es egal, was die Menschen über deine Optik denken, weil du weißt, dass es darauf nicht ankommt. Die Hippies bei uns am Strand laufen auch so herum. Das ist authentisch. I love it.«

Damals (wie heute) konnte ich darüber herzlich lachen. Was in Berlin-Mitte als cool und stylisch gilt, ist an anderen Orten der Welt gammelig. Hier ein Hipster, da ein Gammler. Ich bestellte bei der freundlichen Bedienung einen Espresso und setzte mich mit meinem zweiten Orangensaft neben Anahita.

»Erzähl mir was über deinen Namen«, sagte ich.

»Anahita?«

»Hast du denn noch andere?«, fragte ich und sie lachte. »Für mich, den ungebildeten Sohn eines Wikingerkönigs, klingt Anahita nach Mexiko, nach Sonne, nach Tequila und Señorita. Was bist du, kleine Ana?«

»Moment mal«, sagte sie. »Was meinst du mit Wikingerkönig?«

»Du kennst doch Erik den Roten, den berühmten Seefahrer und Wikinger. Das war mein Ur-Ur-Ur-Ur-irgendwas-Großvater. Er hat als erster Mensch Grönland besiedelt und jede Menge Leute umgebracht. Den letzten Teil verschweige ich gern. Na ja, ist ja auch nicht so schön. Aber wegen ihm lautet mein zweiter Vorname Erik, und rote Haare habe ich auch, also ist das meine Geschichte.«

»Die natürlich absolut und zu 100 Prozent erfunden ist?«, grinste sie.

»Zu 100 Prozent«, lachte ich.

»Aber gut erzählt. Ich habe sogar kurz überlegt, dir zu glauben, aber let's face it: Du siehst einfach nicht aus wie ein Wikinger.«

»Willst du meine Vorfahren beleidigen?«, scherzte ich.

»Hey, Krieger, ich komme in friedlicher Mission.«

»Noch mal gerade so Glück gehabt. Um ein Haar hätte ich dich gefangen genommen und mit auf mein Piratenschiff verschleppt.«

»Aha«, sagte Anahita. »Pirat bist du also auch.«

»Stille Wasser sind tief. Ich kann dir doch nicht all meine Geheimnisse auf einmal erzählen.«

Die Bedienung brachte meinen Espresso und Anahitas Rooibos-Vanille-Tee.

»Also«, fragte ich erneut, »woher stammt dein Name?«

»Aus dem alten Persien«, antwortete sie. »Anahita ist der Name einer Göttin, die für vieles, aber vor allem für Fruchtbarkeit steht. Übersetzt bedeutet ihr Name so viel wie ›Die Verehrungswürdige‹. Außerdem steht er für die Vergöttlichung des den kosmischen Ozean speisenden Weltflusses.«

»Okay«, sagte ich und nickte beeindruckt. »Du bist also ein Boss! Ich meine, ich wusste das schon gestern, als du mir die Tür aufgemacht hast. Aber jetzt, verehrungswürdige Göttin der Fruchtbarkeit, haben wir es schwarz auf weiß.«

»Ach, Papperlapapp. Ich bin einfach Anahita.«

»Das ist so schön«, sagte ich und nippte an meinem Espresso. »In einer Welt, in der alles rund um die Uhr verfügbar ist und von der man glaubt, bereits alles zu kennen, habe ich gerade doch etwas Neues gelernt. Bevor du mir deinen Namen verraten hast, hatte ich ihn noch nie zuvor gehört. Ist das nicht ein Wunder? Erzähl mir mehr, von dir, von Persien.«

»Wo soll ich denn da anfangen, Lars?«, lachte Anahita.

»Erzähl mir doch einfach, was du am Iran besonders liebst.« Anahita überlegte eine Weile, nippte an ihrem Tee, blies den Dampf weg, stellte ihre Tasse ab und sagte dann leidenschaftlich und mit strahlenden Augen: »Diesen ganz besonderen Geruch.«

Sie hatte sich jetzt zu mir gedreht und meine Hand genommen, als wollte sie ihren Worten damit eine noch größere Bedeutung geben.

»Der Duft von Rosenwasser, Zimt, Kardamom, Safran, Nelken, ich kann es nicht beschreiben, aber der Iran riecht ganz besonders. Und dann die Menschen, Lars. Sie sind so freundlich und höflich. Ich fühle mich dort als Frau wertvoll. Das mag auf den ersten Blick paradox erscheinen, denn das aktuelle Regime tut alles, damit Frauen im Iran nicht in ihrem Licht erstrahlen dürfen. Diese Regierung spiegelt eben nicht die Menschen wider, denen ich im Iran begegne. Die Menschen sind so herzlich und offen. Wenn ich nur ein Wort für den Iran hätte, dann würde ich ›Gastfreundschaft‹ wählen. Die Menschen dort geben, ohne etwas zu verlangen. Du wirst auf fremde Hochzeiten ein-

geladen, bekocht, und alle, die ich liebe, sind automatisch willkommen. Natürlich ist das manchmal auch etwas übergriffig,
doch immer gut gemeint. Dann diese unglaublich schönen
Wüsten. Ich liebe die Wüste von Yazd. Wenn ich dir nur noch
einen Ort auf dieser Welt zeigen könnte, dann diesen.«

Anahita machte eine kurze Pause, um Luft zu schnappen und
Worte für all die Bilder zu finden, die vor ihrem geistigen Auge
auftauchten. Sie trank von ihrem Tee und redete weiter.

»Die Bazare im Iran, das ist Orient pur. Diese alten, gewölb-
ten Türbögen, die Mosaiks, dieses schöne Blau, die Wahrsager
in den Parks, die Geschichtenerzähler. Der Iran hat die schönsten Gedichte. Rumi, Hafiz, Shamloo. Mein Vater, mein Groß-
vater, meine Mutter, alle zitierten ständig Passagen ihrer Gedichte. Generell ist der Iran ein Land der Dichter. Die Bildung
ist sehr hoch. Abitur ist im Iran absoluter Standard. Drunter
geht's eigentlich nicht. Du kannst dich einfach wahnsinnig gut
mit den Menschen unterhalten, jeder ist ein kleiner Philosoph.
Auch das Essen ist so lecker. Natürlich ist das Land nicht perfekt, und auch nicht alle Menschen sind so, wie ich es gerade
beschrieben habe. Es gibt so viele Missstände. Allein der Um-
gang mit den armen afghanischen Flüchtlingen, das ist unanständig. Sie haben keine Rechte, die Kinder dürfen nicht zur
Schule, die Diskriminierung ist wirklich schlimm. Der Zwang,
ein Kopftuch zu tragen. Die Sharia. Ja, die Regierung ist eine
Katastrophe. Ich verherrliche und relativiere nichts, wirklich
gar nichts. So viele Menschen wurden ins Gefängnis gesteckt
und gefoltert. So viele mussten sinnlos sterben. Auch vielen
Freunden meiner Eltern, sogar Familienangehörigen ist das
passiert. 1986 sind meine Eltern aus dem Iran geflohen, meine
Mutter war gerade mit meiner Schwester schwanger. Stell dir
das mal vor! Und ich sage trotzdem: Neben all dem Schlech-

ten gibt es so wundervoll viel Gutes und Schönes in diesem Land.«

»Ich wusste es. Du bist eine persische Königin«, grinste ich.

»Haha, danke. Und weißt du, ich liebe die Empathie und Emotionalität, zumindest sind diese Eigenschafen in meiner Family stark vertreten. Da ist es nämlich so: Wenn wir traurig sind, dann weinen wir. Wenn wir glücklich sind, dann lachen wir. Wir halten nichts zurück. Ich liebe das. Also wundere dich bitte nicht, wenn ich mal heulend vor dir sitze. Meine Tränen bedeuten vermutlich nicht das Gleiche wie deine Tränen«, zwinkerte sie mir zu.

»Hey, du bist die Göttin des kosmischen Ozeans, schon vergessen? Das sind keine Tränen, das ist kosmisches Heilwasser.«

»Du hast es erfasst, Mister.«

Wir holten uns beide etwas zu essen vom Büfett. Anahita hatte sich in der Küche eine frische Portion Schakschuka zubereiten lassen, ich kam mit gegrilltem Gemüse und einer Schale Gazpacho an unseren Platz zurück.

»Das war übrigens eine wunderschöne Geschichte gestern, die du mir zum Einschlafen erzählt hast«, sagte ich voller Bewunderung. »Ich habe mich noch gar nicht dafür bedankt. Man merkt, dass persisches Blut durch deine Adern fließt. Du bist die geborene Geschichtenerzählerin. Ehrlich, das war ganz toll. Danke.«

»Oh, wie lieb«, sagte sie und schob ihren dampfenden Teller von sich, um ihn etwas abkühlen zu lassen. »Ich schreibe diese Geschichten für mich, für meine Schüler, meine Familie. Sie lieben sie. Ich liebe sie. Was will man mehr? Ich habe über die Jahre fast zwanzig Geschichten geschrieben. Die meisten allerdings letztes Jahr, nach der Trennung. Stichwort: Das Licht will leuchten.«

»Du solltest sie veröffentlichen«, sagte ich.

»Ich weiß nicht«, sagte Anahita verlegen.

»Ich habe mir vor ein paar Wochen selbst ein superschönes Kinderbuch gekauft. *The Fantastic Jungles of Henri Rousseau* von Michelle Markel und Amanda Hall. Sensationell, wirklich. Es geht darin um Henri, dessen Traum es ist, Künstler zu werden. Aber kein Mensch auf der Welt hat je an ihn geglaubt. Niemand hat ihm je Mut zugesprochen. Nicht ein einziges Mal hat jemand zu ihm gesagt, dass er talentiert sei, nicht seine Eltern, nicht seine Lehrer. An seinem vierzigsten Geburtstag kauft sich Henri dann ein paar Pinsel, verschiedene Tuben mit Farbe, einige Leinwände und beginnt zu malen. Ich will nicht zu viel verraten, denn ich werde dir das Buch wohl ausleihen müssen, aber Pablo Picasso wurde einer seiner größten Bewunderer. Eine tolle Story mit überragenden Bildern. In der Art könnte ich mir das für ›Sohrob und Soraya‹ auch vorstellen.«

»Hahaha, eine gute Freundin von mir ist schon dabei, die Geschichte mit ein paar Bildern zu illustrieren. Mein Onkel aus dem Iran hat sich auch schon an anderen meiner Geschichten versucht. Er ist Grafiker und Professor an der Uni. Ich kann gar nicht malen. Wenn ich mir eine Fähigkeit wünschen könnte, wäre es diese. Immer wenn ich jemanden treffe, frage ich, ob er oder sie malen kann. So kam es auch, dass mein Makler eine meiner Geschichten illustriert hat. Das war einfach Zufall, aber da habe ich gemerkt: Man muss halt einfach frech sein und fragen.«

»Haha, das kann ich mir richtig vorstellen, wie du ihn wie ein Tsunami damit überrollt hast. Und wieso veröffentlichst du deine Geschichten nicht?«

»Ach, ich bin nur eine kleine Grundschullehrerin, keine berühmte Autorin. Ich schreibe meine Geschichten einfach für die Kinder, die ich unterrichte, und mache Arbeitsblätter dazu. Das reicht mir.«

»Sag das nie wieder!«

»Was denn?«

»Dass du *nur* eine kleine Grundschullehrerin bist! Soll ich dir sagen, was du bist? Du bist eine Heilige, weil du dich um die Menschen kümmerst, die es am meisten brauchen. Du hättest mit deinem Abi alles studieren können. Prestige, Kohle, gesellschaftlicher Aufstieg. Du hast dich dagegen entschieden. Du unterrichtest an einer staatlichen Grundschule in einem Brennpunktviertel. Für dich sind diese Kinder, die oft kaum Deutsch sprechen, keine Probleme, sondern kleine Wesen, die einfach nur eine Chance wollen. Du gibst sie ihnen, du siehst sie. Du rettest viele Leben mit deiner Arbeit, also sag nie wieder, dass du nur eine kleine Grundschullehrerin bist. Hast du mich verstanden?«

»Haha, okay, Chef, danke.«

»Sag es zehnmal hintereinander: Ich bin ein Boss!«

Anahita lachte nur.

»Ich mein's ernst. Sag es oder ich stehe auf und fange an, laut zu singen. Und dabei werde ich auf dich zeigen, sodass dich alle angucken. Es sind zwar nicht viele Leute hier, aber für die wird das eine richtig schöne Show. Und für dich richtig schön peinlich. Also?«

»Ich sag's ja«, lachte Anahita. »Also gut: Ich bin ein Boss. Ich bin ein Boss. Ich bin ein Boss. Ich bin ein Boss. Ich bin ein Boss. Ich bin ein Boss. Ich bin ein Boss. Ich bin ein Boss. Ich bin ein Boss. Ich bin ein Boss.«

»Sehr gut, Ana. Ich bin noch nicht fertig mit dir. Du schreibst Geschichten, also bist du per Definition eine Autorin. Nur weil du noch nichts bei einem Verlag veröffentlicht hast, heißt das nicht, dass deine Geschichten weniger wertvoll sind. Als J. K. Rowling *Harry Potter* geschrieben hatte, wurde sie von allen zwanzig Verlagen abgelehnt, denen sie ihre Manuskripte gezeigt hat. Ein Verleger empfahl ihr sogar, erst mal einen Schreibkurs zu belegen. Zu diesem Zeitpunkt war J. K. Rowling bereits die einflussreichste, berühmteste und reichste Autorin der Welt. Sie wusste es nur noch nicht. Verstehst du, Ana? Du bist schon längst eine Kinderbuchautorin. Du brauchst keinen Verlag, der dir einen Stempel verleiht. Mal ehrlich, was wissen die schon? Du bist schon jetzt alles, was du je sein wirst.«

»Danke, Lars, schon wieder«, sagte Anahita und zog den Teller zu sich, der jetzt nicht mehr ganz so stark dampfte. »Ich weiß, dass ich eine gute Lehrerin bin und dass meine Kinder die Geschichten lieben, die ich für sie schreibe. Meine Familie liebt sie auch. Meine Freunde, deren Kinder. Ich liebe sie wahrscheinlich am meisten. Was will man mehr? Und ja, ich gebe die Sachen auch Kollegen, die gern Achtsamkeit in den Unterricht einfließen lassen, und so sind meine Geschichten schon im Umlauf und die Arbeitsblätter dazu auch. Einfach in meiner Welt. Ich mag halt meine kleine Welt. Bei den großen Verlagen habe ich nicht so eine Chance, gesehen zu werden, wie hier. Die lesen meine Sachen nämlich erst gar nicht, sondern schicken direkt eine Absage.«

»Und genau deshalb mag ich dich so. Du handelst aus den richtigen Motiven. Du willst deine kleine Welt verbessern. Du willst etwas verändern. Manchmal habe ich das Gefühl, es fehlt den Menschen einfach nur an Selbstvertrauen. Vielleicht ist das sogar der größte Unterschied zwischen Männern und Frauen.«

»Wie meinst du das?«, fragte sie.

»Ihr Frauen seid so viel besser, denkt aber, ihr seid nicht gut genug. Wir Männer hingegen sind fachlich meistens lange nicht so gut, aber wir tun einfach so. Wir poltern und sind laut und überrumpeln euch mit unserem Selbstvertrauen. Hätte ein Mann die Geschichte von Sohrob und Soraya geschrieben, würde er sich so vermarkten, als sei er der neue moderne Rumi. Männer denken nicht nach, sondern machen einfach. Das ist der Unterschied.«

»Jetzt übertreibst du aber. Meine kleine Geschichte ist schon gut, aber so gut nun auch wieder nicht«, sagte Anahita.

»Siehst du, ich sag's ja«, stöhnte ich.

Ich schob meinen leeren Gemüseteller zur Seite, bestellte mir einen neuen Espresso und probierte die kalte Gazpacho, die schon die ganze Zeit auf mich wartete.

»Hmm, köstlich«, sagte ich. »Willst du auch einen Löffel?«

Anahita nickte, und ich ließ sie probieren.

»Die wahre Kochkunst liegt für mich übrigens darin, scheinbar einfache Gerichte wie diese klassische Gazpacho richtig gut zuzubereiten. Ich finde, dass man Liebe schmecken kann. Oh, dazu fällt mir sofort eine Geschichte ein. Du wirst sie lieben, denn eigentlich kommt darin alles vor, worüber wir gerade gesprochen haben. Sie ist wirklich gut, supergut. Nicht so gut wie ›Sohrob und Soraya‹, aber fast so gut.«

»Na dann, erzähl mir deine supergute Geschichte«, lachte sie.

»Es gibt noch keinen Titel für die Geschichte, also nenne ich sie – lass mich kurz überlegen: 3, 2, 1, okay, ich hab's. Die Geschichte heißt: ›Die französische Zwiebelsuppe‹.«

»Hahaha, du hast echt einen Dachschaden.«

»Die Hauptrolle in meiner kleinen Geschichte spielt eine Frau namens Julia Child, die in der ersten Hälfte ihres Lebens immer im Schatten ihres Ehemannes Paul stand, einem angesehenen Diplomaten der US-amerikanischen Botschaft in Paris. Wir schreiben die 1950er-Jahre, und Julias Aufgabe bestand darin, einfach nur Ehefrau zu sein. Ihr war das aber zu wenig, also nahm sie Sprachunterricht und begann, sich für die französische Küche zu interessieren. Sie verliebte sich so sehr in das Land, seine Kultur und die Menschen, dass sie eigenständig von Restaurant zu Restaurant zog und über ihre Erfahrungen ein Kochbuch schrieb: *Mastering the Art of French Cooking*. Das Manuskript, das achthundert Seiten umfasste, war dem Verlag, mit dem sie schon einen Vorvertrag geschlossen hatte, zu lang, weswegen die Zusammenarbeit wieder aufgelöst wurde. Julia gab aber nicht auf, bot es anderen Verlagen an und wurde 1961, also erst zwei Jahre später, für ihr Durchhaltevermögen belohnt. Das Buch erschien schließlich nur minimal verändert bei einem neuen Verlag und wurde zu einem zeitlosen Klassiker, der sich millionenfach verkaufte. Daraufhin bekam Julia ihre eigene Fernseh-Kochshow *The French Chef*, mit der sie einen Emmy gewann und die amerikanische Kochkunst maßgeblich beeinflusste. 2009 wurde ihr Leben unter dem Titel ›Julie & Julia‹ sogar von Hollywood verfilmt, und ihre Rolle wurde von keiner Geringeren als Meryl Streep gespielt, der erfolgreichsten Schauspielerin aller Zeiten.«

»Ahhh, den Film habe ich gesehen«, unterbrach mich Anahita. »Der ist so so schön. Den müssen wir mal zusammen gucken.«

»Zu Meryl Streep haben sie übrigens bei ihrem ersten Casting gesagt, sie sei nicht hübsch genug, um eine Schauspielerin zu sein. Ana, was die Leute über einen sagen, ist alles Bullshit. Zu Lady Gaga haben sie gesagt, ihre Nase sei zu groß, bei Freddie Mercury waren es die Zähne. Verstehst du?«

»Ich verstehe«, sagte Anahita. »Ich bin ein Boss, ich bin ein Boss, ich bin ein Boss!«

»Hahaha, ganz genau. Als Julia Child wenige Tage vor ihrem zweiundneunzigsten Geburtstag starb, verließ sie diese Welt als

Legende, die schon lange nicht mehr als ›Die Frau von …‹ vorgestellt wurde. Sie schrieb Geschichte, indem sie ihr Schicksal selbst in die Hand nahm und tat, was sie am meisten liebte: kochen und darüber reden. Nichts anderes machen wir: schreiben und darüber reden. Unterrichten und darüber reden. Wir sind alle miteinander verbunden. Wir haben alle die gleichen Träume. Rate, was Julia als letzte Mahlzeit vor ihrem Tod gegessen hatte?«

»Also, wenn ich mich an deinen Titel erinnere, dann müsste das eine französische Zwiebelsuppe gewesen sein.«

»Wow, du hörst wirklich gut zu. Teilen wir uns den Rest von der Suppe?«

»Lars, ganz ehrlich«, lachte sie mich an. »Ich glaube, du bist tief in deinem Herzen auch ein Iraner. Vielleicht warst du mal einer in einem anderen Leben. So gern wie du deine Geschichten erzählst, kann das gar nicht anders sein. Du würdest echt perfekt auf einen iranischen Marktplatz passen, hahaha.«

Ich gab der Kellnerin wieder ein Zeichen, und anhand ihrer Handbewegung signalisierte sie mir mit einem Lächeln, dass sie verstand, was ich wollte. Anahita war aufgestanden und unterhielt sich vor der offenen Küche mit einem der Köche. Sie machte der Küche wohl ein Kompliment für das köstliche Schakschuka. Ich schaute aus dem Fenster rüber zum Kölner Dom und dachte über ihre Worte nach. Lars, der persische Geschichtenerzähler. Das gefiel mir. Am Ende des Tages gibt es keinen großen Unterschied zwischen den Dichtern aus dem Orient und mir, wenn man mal von der Sprache und der meisterhaften Syntax der vergangenen Dichter absieht, überlegte ich. Würden Rumi und Hafis heute leben, hätten sie bestimmt auch einen Instagram-Account, sie würden vielleicht auch einen Podcast produzieren und ihre eigenen Hörbücher einsprechen. Sie würden nicht auf Marktplätzen stehen, sondern auf große Lesereise gehen. So wie sie den Menschen damals mit ihren Gedichten Hoffnung und Zuversicht brachten, so versuche ich das Gleiche auch mit meinen Geschichten, die ich erzähle. Geschichten von Menschen wie Julia Child, die ihre Träume wahrhaftig leben und gegen alle Widerstände verteidigen, oftmals jahrelang. Von Menschen, die niemals ihren Mut verlieren. Diese Geschichten geben mir Kraft, und würde ich heute irgendwo auf einem Marktplatz stehen, dachte ich, während der nächste Espresso auf meinem Tisch stand, so würde ich vielleicht das Märchen vom kleinen Helmut erzählen.

A bisserl was geht immer, oder?

Der kleine Helmut wuchs ohne Vater und in ärmlichen Verhältnissen auf. Seine Mutter war eine einfache Änderungsschneiderin, mit der er sich eine winzige Wohnung im Münchner Stadtteil Neuhausen teilte. In den letzten Monaten des Zweiten Weltkrieges wurde er zur Wehrmacht eingezogen, erkrankte dort an Diphtherie und geriet kurz vor Kriegsende sogar in Gefangenschaft. Nach dem Krieg besuchte er eine Schauspielschule, brach den Unterricht aber schnell wieder ab, da er merkte, dass er dort sein Glück nicht finden würde. Schon immer hatte er davon geträumt, das Leben eines Schauspielers zu führen, allerdings zu seinen eigenen Bedingungen, was dazu führte, dass er bis zu seinem fünfzigsten Lebensjahr mit seiner Leidenschaft kaum die Miete zahlen konnte. Helmut Fischer lebte stets ein bescheidenes Leben, ohne große Ansprüche zu stellen. Entsprechend bestand sein Lebenslauf hauptsächlich aus Gelegenheitsjobs, unbedeutenden Nebenrollen und sehr langen Nachmittagen in seinem Stammcafé in Schwabing.

Eines Tages jedoch kam er dort mit einer Dame ins Gespräch, die ihm wiederum ihren Ehemann vorstellte, den Starregisseur Helmut Dietl. Der war derart von seinem lebensfrohen Charisma begeistert, dass er ihm sofort eine Nebenrolle in der Fernsehserie »Der ganz normale Wahnsinn« verschaffte, in der er einen waschechten Playboy spielen durfte. Helmut Fischer bekam seine Chance und nutzte sie. Der endgültige Durchbruch gelang ihm aber erst mit der Kultserie »Monaco Franze – Der ewige Stenz« im Jahr 1983. Helmut Fischer war da bereits siebenundfünfzig Jahre alt. Regisseur war erneut Helmut Dietl, das Drehbuch schrieb unter anderem Patrick Süskind, der Autor des weltberühmten Romans *Das Parfüm*. In der zehnteiligen Serie verkörpert Helmut Fischer an der Seite von Ruth Maria Kubitschek den leichtlebigen Charmeur und Frauenschwarm Franz Münchinger – die Rolle seines Lebens, auf die er dreißig Jahre gewartet hat. Vor seinem damaligen Stammcafé an der Münchner Freiheit steht noch heute eine Statue mit seinem Konterfei. Dieser Mann wurde den Großteil seines Lebens belächelt, war arm und unbekannt, und dennoch verlor er nie die Lust am Leben. Wenn Helmut Fischer in seinem Lieblingscafé einen guten Kaffee bekam und den Menschen – vorzugsweise weiblichen Geschlechts – sein charmantestes Lächeln schenken konnte, war seine Welt in Ordnung. Viel mehr brauchte es nicht. Wegen dieser Leichtigkeit des Seins – nichts im Außen erreichen zu müssen, um sich selbst zu gefallen – wurde er zu einer der größten Legenden der deutschen Fernsehgeschichte.

Anahita kam mit zwei Löffeln und einem gigantischen Stück warmem Schokoladenkuchen zurück, der in Vanillesauce schwamm und auf dem jede Menge Blaubeeren lagen.

»Der Koch hatte eine Überraschung für uns, und da konnte ich ja wohl schlecht Nein sagen«, lachte sie und reichte mir einen Löffel. Ich überlegte, ob ich ihr die Geschichte von Helmut Fischer erzählen sollte. Mein erster Impuls war, sie nicht auch noch damit zu langweilen, auf der anderen Seite geht es im Leben doch genau darum: mit jenen Menschen, die man besonders gernhat, seine Gedanken zu teilen.

»Erinnerst du dich noch an das T-Shirt, das ich gestern Nachmittag getragen habe? Das graue mit dem Gesicht eines älteren Mannes vorne drauf.«

»Ja klar, ich wollte dich schon fragen, wer das ist.«

»Musst du nicht mehr«, sagte ich und genehmigte mir einen großen Löffel Schokoladenkuchen. »Ich erzähl's dir nämlich jetzt, Spatzerl. Aber bevor ich das tue, habe ich einen neuen Spitznamen für dich. Ab sofort nenne ich dich nur noch ›Süßigkeit‹, denn genau das bist du: meine kleine persische Süßigkeit.«

»Ich bin aber keine persische Süßigkeit«, lachte sie.

»So, warum nicht?«

»Die sind viel zu süß. Ich meine vieeeeeel zu süß.«

»Und was wärst du dann, wenn du eine Süßigkeit wärst?«

»Also, ganz eindeutig: Pflaumenkompott mit Agavendicksaft und Zimt.«

»Okay«, lachte ich und gab ihr einen Kuss auf die Wange. »Dann sage ich es noch mal. Du, mein kleines Pflaumenkompott mit Agavendicksaft und Zimt. Schön, dass ich heute mit dir zusammen aufwachen durfte.«

Den restlichen Nachmittag verbrachten wir im Bett. Am Abend gingen wir kurz nach draußen, um uns die Füße zu vertreten und frische Luft zu schnappen. Wir spazierten zum Dom, sahen uns die Lichter der Stadt an, die sich im Rhein spiegelten, und spazierten entspannt zurück. Wir sprachen kaum.

Wir verstanden uns auch, ohne viele Worte zu wechseln, ohne dem Ganzen einen Namen zu geben. Wir saugten einfach den Moment auf, waren ganz da. Hin und wieder blieben wir stehen, schauten etwas an, Anahita legte ihren Kopf auf meine Schulter, wir hielten uns in den Armen, wärmten uns für ein paar Minuten und gingen nach einer Weile ohne Eile weiter.

»Weißt du, woran man erkennt, ob zwei Menschen zusammenpassen?«, fragte Anahita, als wir wieder in die Straße einbogen, in der unser Hotel lag.

»Dass sie gut zusammen spazierengehen können?«, antwortete ich.

»Ja, das auch«, lächelte sie. »Ich glaube, man erkennt es, wenn zwei Menschen gut miteinander schweigen können, ohne dass es unangenehm ist. Weißt du, was ich meine?«

Ich nickte und sagte: »Ich halte mich da ganz an eine alte Weisheit der indogenen Völker Amerikas, in der es heißt: ›Sind deine Worte nicht schöner als die Stille, dann schweige.‹ Ich liebe diese Worte so sehr. So viel Wahrheit steckt darin, so viel Weisheit. Unsere Welt ist doch schon laut genug, warum müssen die Menschen sie mit ihrem Gerede ständig noch lauter machen? Ich bin dafür, dass wir unsere Welt ein bisschen leiser machen. Weniger Lärm, dafür mehr Frieden, mehr Stille, mehr Liebe. Mehr von den Dingen, die in der Hektik des Alltags so oft übersehen werden.«

»Du kannst dir gar nicht vorstellen, wie lange ich gebraucht habe, um Stille zu ertragen«, sagte Anahita. »Ehrlich, ich konnte es nicht. Manchmal habe ich einfach jemanden aus dem Nichts gefragt, was sein liebster Disney-Film ist, nur damit das Gespräch im Fluss blieb. Das ist so paradox, weil ich die Stille eigentlich liebe, wenn ich allein bin. Ehrlich, ich fahre ohne Musik Auto, mache ohne Musik Sport, mag es einfach, wenn es ruhig im Außen ist. Mein Wunsch ist es, ein Haus im Wald zu haben, ganz still, ohne Flug- oder Straßenlärm und nur das Rascheln der Natur um mich. Nur zu zweit war es mir unangenehm. Aber mit knapp dreißig fange ich an, sogar das zu genießen. Mal sehen, was kommt, wenn ich sechzig bin, haha. Anyways, was für ein wunderschöner Spaziergang das war.«

Vor dem Hotel blickten wir noch für einen Moment in den Nachthimmel.

»Im Iran gibt es ein Sprichwort«, sagte Anahita leise. »Es heißt: ›Ein Augenblick der Seelenruhe ist besser als alles, was du sonst erstreben magst.‹ Für mich ist das so ein Augenblick. Genau jetzt.«

Was ist schon normal?

Am nächsten Morgen schliefen wir lange und verbummelten die Zeit im Bett, weswegen wir die Reisetaschen und all unsere Sachen direkt mit zum Frühstück nahmen. Wir setzten uns an den gleichen Platz wie gestern, und ich stellte meine Avocadopflanze auf den Stuhl gegenüber.

»Wir haben heute einen besonderen Gast«, scherzte ich zur Bedienung, die uns ohne zu fragen schon Tee und Espresso auf den Tisch stellte.

Außer uns gab es nur ein einziges weiteres Pärchen im Restaurant.

»Ist das eigentlich normal, was wir machen?«, fragte Anahita plötzlich.

»Was meinst du?«

»Na, das hier«, sagte sie und zeigte mit dem Finger auf uns. »Die letzten beiden Tage. Es kommt mir noch immer wie in einem Traum vor. Meinst du, wir sind die Einzigen, die so verrückte Dinge machen?«

»Das glaube ich nicht«, sagte ich, ohne wirklich lange über meine Antwort nachgedacht zu haben. »Ich meine, Menschen verabreden und treffen sich. Wie, wo und wann sie das machen, ist doch am Ende gar nicht so entscheidend. Wir haben einfach die ersten zehn Schritte übersprungen. Das ist, wenn ich es mir recht überlege, dann doch nicht so normal. Das ist schon einzigartig, finde ich. Jedenfalls kenne ich niemanden, der sich schon einmal auf so ein verrücktes Abenteuer eingelassen hat. Du?«

»Nein!«, sagte sie entschlossen und schüttelte den Kopf.

»Ich wüsste auch gar nicht, ob ich das irgendwem aus meiner Familie erzählen könnte. Die würden mich für verrückt erklären. Normal ist das auf keinen Fall, was wir hier machen. Allein die zwei Tage ohne Handy sind heutzutage alles andere als normal.«

»Was ist schon normal?«, sagte ich mehr zu mir. »Wenn ich mir meinen bisherigen Lebensweg ansehe, war der auch alles andere als normal. Wer entscheidet das eigentlich, was normal und was nicht normal ist? Normal ist langweilig, perfekt ist langweilig. Ich habe einmal Puff Daddy getroffen, den Rapper …«

»Den kenne ich«, sagte Anahita und rappte: »P-Diddy is running the city.«

»Hahaha, ja genau den«, lachte ich. »Er sagte zu mir einen Satz, den ich nie vergessen werde: ›If everybody can have it, I don't want it.‹ ›Wenn es jeder haben kann, interessiert es mich nicht.‹ Am Ende bedeutet das nichts anderes als ›Normal können die anderen sein, ich gehe meinen Weg.‹ Wir machen das eben auch. Ist doch egal, was irgendwer darüber denkt. Meine beste Freundin hat ihren Partner über Tinder kennengelernt, und ich habe sie noch nie so glücklich gesehen. Was ist schon normal? Du hast doch gestern davon erzählt, wie du mit deinen Schülern einmal über berühmte Wissenschaftler und deren Erfindungen gesprochen hast.«

»Ja«, sagte Anahita und rührte in ihrem Tee.

»Genau dazu, zum Thema ›Was ist normal?‹, fällt mir eine tolle Geschichte über Marie Curie ein. Für mich eine der größten Wissenschaftlerinnen aller Zeiten und in so vielen Bereichen ein absolutes Vorbild. Jedes Kind sollte in der Schule von ihr erfahren. Ich habe in meinem Podcast einmal von ihr erzählt, als ich über die Bedeutung von Ablehnung gesprochen habe. Marie wurde 1867 in Warschau geboren und wollte, seit sie denken konnte, eine Wissenschaftlerin werden. Das Problem war nur, dass Frauen zu jener Zeit im russischen Kaiserreich nicht studieren durften. Das war einfach nicht normal. Entsprechend wurde ihre Bewerbung an der Universität abgelehnt, und auch aus ihrem Umfeld erhielt sie keinerlei Unterstützung für ihren Traum. Alle hielten sie für verrückt. Dann tat sie etwas, was damals absolut ungewöhnlich war. Sie packte ihren Koffer und machte sich allein auf den weiten Weg von Warschau nach Paris. 1891 begann sie ein Studium an der Sorbonne, und was dann in den kommenden fünf Jahren passierte, ist der reine Wahnsinn. Sie untersuchte die Strahlung von Uranverbindungen und prägte das Wort ›radioaktiv‹, das wir ja noch heute verwenden. Sie hat das Phänomen entdeckt. Im Rahmen ihrer Forschungen, für die ihr im Alter von sechsunddreißig Jahren ein anteiliger Nobelpreis für Physik und ein paar Jahre später der Nobelpreis für Chemie zugesprochen wurde, entdeckte sie gemeinsam mit ihrem Ehemann die chemischen Elemente Polonium und Radium. Marie Curie ist die einzige Frau unter nur vier Menschen, denen bisher mehrfach ein Nobelpreis verliehen wurde, und damit auch die einzige Frau, die Nobelpreise auf zwei unterschiedlichen Fachgebieten erhielt. Und wie hat ihre Geschichte begonnen? Sie wurde abgelehnt und tat etwas, was nicht normal war. Man darf sich von gesellschaftlichen Normen niemals abschrecken lassen und muss sich immer wieder daran erinnern, was wirklich zählt. Ich hatte dich doch auch zuerst abgelehnt.«

Anahita sah mich mit einem breiten Grinsen an.

»Hahaha, abgelehnt? Ich habe dir doch keine Bewerbung geschickt.«

»Ich weiß schon, aber ich habe deinen Brief an mich gelesen, mir daraufhin deine vier Fotos auf Facebook angeguckt und mir sofort eine Meinung gebildet. Ich habe dich bewertet und dich in eine Schublade gesteckt. Ich dachte über dich: ›Überhaupt nicht mein Typ, ganz nett und lieb, aber auch lauchig und viel zu normal.‹«

»Lauchig?«, lachte Anahita. »Das dachtest du?«

»Um ehrlich zu sein«, sagte ich und begann zu grinsen. »Genau das dachte ich. Und das bist du ja auch irgendwie. Ich meine, du magst Drake nicht. Wer mag denn bitte Drake nicht?«

»Nee, nee, halt, stopp! Ihn kenne ich ja nicht. Ich sag nur: Jedes verdammte Lied hört sich gleich an. Nananananana … Pause … Nananananana … Pause. Das ist laaaaaangweilig.«

»Also, *du* bist wirklich nicht normal«, lachte ich.

»Siehst du? Nichts ist normal. Aber für's Protokoll: *Du* findest mich lauchig, *ich* finde Drake lauchig.«

»Das lass ich mal so stehen. Man muss ja nicht alles kommentieren.«

»Und was denkst du jetzt über mich?«, fragte Anahita.

»Ich denke, was für ein Idiot ich war. Meine Bewertung war einfach kompletter Unsinn, dumm und ungerecht. Du bist wirklich alles andere als langweilig. Dein Herz, so schön, und meine Annahmen, so falsch. Aber machen wir das nicht ständig? Wir glauben unseren eigenen fehlerhaften Gedanken und halten sie dann für die Wahrheit. Furchtbar! Ich schäme mich ein bisschen dafür, aber zum Glück habe ich mich rechtzeitig daran erinnert, die Dinge einmal anders zu machen – eben nicht nach meinen normalen Standards zu handeln. Manchmal muss man das, was man für normal hält, auch neu definieren.«

»Das stimmt wohl«, sagte Anahita nachdenklich, »aber für die Generation unserer Eltern und Großeltern ist das nicht leicht zu verstehen. Neu zu denken, Dinge anders zu machen, wie du sagst, sich über Facebook zu verabreden, das Leben zu genießen. Nicht zu wissen, was kommt. Ich habe manchmal das Gefühl, es gibt da einen Widerspruch: Jene, die das Jetzt als Ziel haben, versus die, die an ›für immer‹ denken. Meine Omas sehen Heiraten, Kinder und das alles als die höchsten aller Güter. Bei unserem Treffen ging es aber nur ums Hier und Jetzt. Klar, das eine schließt das andere nicht aus, aber die Intention ist eine andere. Das verstehen aber nicht alle.«

»Natürlich ist das für die Älteren schwierig zu verstehen«, sagte ich. »Aber die Zeit verändert unseren Alltag so schnell. Schneller als jemals zuvor. Was wir tun, wie wir denken. Noch vor zwanzig Jahren war es nicht normal, Fotos mit einem Telefon aufzunehmen. Noch vor zehn Jahren war es nicht normal, mit diesen Fotos, wenn man sie auf einer App wie Instagram postet, Geld zu verdienen. Ganz normale Menschen aus der Provinz, die sich in ihren Kinderzimmern dabei filmen, wie sie sich schminken, sind dadurch Popstars und Millionäre geworden. Ich finde das verrückt, für die Kids, die du unterrichtest, ist das jedoch normal. Viel Spaß beim Versuch, diese schöne neue Welt deinen Großeltern zu erklären. Das Internet hat alles verändert. Überall auf der Welt. Was vorher völlig absurd geklungen hätte, wurde mit dem Internet normal. Was ist also normal? Noch vor fünf Jahren warst du ein Freak, wenn du dich vegan ernährt hast. Heute ist es normal. Hätte man mir vor zehn Jahren gesagt, dass der deutsche Gesetzgeber ein drittes Geschlecht einführt, das weder männlich noch weiblich ist, ich hätte es womöglich nicht geglaubt. Heute ist das normal. Alles verändert sich, immer wieder, in der heutigen Zeit sogar schneller denn je. ›Normal‹ gibt es im Prinzip gar nicht mehr. Es gibt nur uns, unser Leben und unsere Entscheidungen. Danke übrigens, dass du mich daran erinnert hast, als ich schon dabei war, es wieder zu vergessen.«

Anahitas Zug fuhr eine halbe Stunde vor meinem ab. Für sie ging es Richtung Süden, für mich Richtung Osten. Wir standen an ihrem Bahnsteig und sagten nicht viel. Ich dachte über die letzten zwei Tage nach. Was war das? Ein Traum? Eine Verrücktheit? Ein Abschied? Ein Beginn? Wir umarmten und küssten uns ein letztes Mal.

»Keine Ahnung, was das war und wohin es führt oder ob es nun einfach vorbei ist«, sagte Anahita. »Aber wenn dies meine beiden letzten Tage Erdensein waren, dann möchte ich sie nicht missen. Danke, Lars, für all deine Liebe, die du mir gegeben hast. Danke, dass ich dich mit meiner Liebe überschütten durfte. Es hat wirklich, wirklich gutgetan. I needed that!«

Dann fuhr schon der ICE nach Frankfurt ein. Ich wartete, bis sie auf ihrem Platz saß, winkte ihr noch einmal zu, atmete tief durch und verließ mit meiner Reisetasche und der Avocadopflanze den Bahnsteig. Ein weiser Mann sagte einst: »Das einzig Wichtige im Leben sind die Spuren der Liebe, die wir hinterlassen, wenn wir gehen.« Ich lächelte, denn ich wusste, dass ich genau das getan hatte.

Liebe in Zeiten der Corona

»Während wir uns immer in Bereitschaft halten, glücklich zu werden, ist es unvermeidlich, dass wir es niemals richtig sind.«
Blaise Pascal

Mein Zug verließ pünktlich den Kölner Hauptbahnhof Richtung Berlin. Der Traum war zu Ende. Der Alltag hatte mich wieder. Die kommenden Wochen würden anstrengend werden. Schon begann sich das Hamsterrädchen in meinem Kopf wieder zu drehen. Termine über Termine. Ich hörte die *Drake Radio* Playlist auf Spotify, dachte an Anahitas merkwürdigen Musikgeschmack und musste lächeln. Zum ersten Mal machte es mir nichts aus, dass eine Frau nicht zu 100 Prozent meine musikalischen Interessen und den damit verbundenen Lifestyle teilte. Sie war einfach anders. Bild für Bild zog die Landschaft an mir vorbei. Wieder saß ich am Fenster in Fahrtrichtung Zukunft. Wie die wohl aussehen würde? Ich griff nach meinem Handy und schrieb ihr eine Nachricht.

Hello aus dem Zug. Ich sitze auf meinem Platz und denke an dich. 🖤

Was genau war so schön an den letzten beiden Tagen? Als diese Frage vor meinem geistigen Auge auftauchte, musste ich kurz schlucken, denn ich konnte sie nicht sofort beantworten. Im Prinzip war gar nicht viel passiert. Und ebendiese Tatsache machte mein kleines Abenteuer mit Anahita so wertvoll. All die Dinge, die nicht da waren, die man nicht sehen oder vorzeigen konnte. Wir hatten unsere Handys im Flugmodus gelassen, und das bedeutete: keine Telefonate, kein Instagram, keine Fotos, keine Nachrichten, keine Erreichbarkeit. Dafür teilten wir unsere Gedanken, erzählten von unseren Träumen, lasen uns gegenseitig Geschichten aus *Tausendundeiner Nacht* vor und verrieten uns unsere wertvollsten Erfahrungen. Ich konnte abends sogar ohne Fernseher einschlafen, was mir in meinem normalen Leben eher schwerfiel. Zwei Tage Entschleunigung. Zwei Tage Frieden im Herzen. Anahita hatte mit ihrer Nähe einen neuen Raum erschaffen, der es mir ermöglichte, wieder durchatmen zu können. Für einen Moment.

Sie antwortete auf meine Nachricht mit einem Foto aus dem Zug und schrieb darunter:

Jetzt ist es offiziell: Ich habe die schönste Signatur ever bekommen. 🖤

Kurz vor der Abreise hatte ich ihr heimlich eine Ausgabe von *It's All Good* in die Tasche geschmuggelt. Ich hatte es wegen meines Fernsehauftritts beim ZDF eingepackt und dachte mir, dass sie sich vielleicht darüber freuen würde. Zuerst hatte ich Zweifel, dass es eventuell etwas selbstverliebt wirken könnte, ihr eines meiner Bücher zu schenken. Aber dann dachte ich: Meine Bücher sind ein großer Teil meines Lebens – vor allem dieses. Das bin ich. Dort steht so viel über mich. Warum sollte ich das zurückhalten? Ohne lange zu überlegen, hatte ich einen Stift genommen und geschrieben:

Für Ana,

meine persische Königin.

Lass uns unser eigenes Königreich erschaffen.

Du, meine Sonne.

Dein Lars

Eine halbe Stunde später bekam ich eine zweite Nachricht von ihr:

Ich habe die ersten Seiten gelesen und finde sie sooo schön. Habe schon tausend Sätze mit Bleistift unterstrichen. Meine Cousine hat recht: Sie hätten auch von mir stammen können. 😊 Hab ja schon viel über dich erfahren, unter anderem dass du gern Enten bei Bauchplatschern zuguckst, haha. Ich habe mich jetzt entschieden, dein Buch nicht weiterzulesen. Ich möchte alles von dir persönlich erfahren, auch wenn ich vor Neugier fast platze. Was hältst du davon? Bald komme ich schon in Frankfurt an. Kuss, A.

Meine Reise zurück nach Berlin, die tatsächlich gut begann, entwickelte sich zu einem kleinen Drama. Auf halber Strecke blieb der Zug stehen, da es »technische Probleme« gab. Wenig später fiel dann auch noch die Heizung aus. Es wurde kalt und ungemütlich, und ich bemerkte ein leichtes Kratzen in meinem

Hals. Als wir dort standen, mitten im Niemandsland, und nicht wussten, ob und wann die Fahrt weitergehen würde, kam mir ein Gedanke, der ziemlich gut zu dieser Situation passte. Ich klappte meinen Laptop auf, öffnete ein neues Dokument und schrieb:

Eine ungemütliche Wahrheit über das Leben ist, dass gewisse Dinge einfach Zeit brauchen. Viele Menschen sind mental aber nicht stark genug, um mit dieser Tatsache richtig umzugehen. In meinen Augen ist Durchhaltevermögen der wichtigste Faktor für ein glückliches Leben. Wenn du aufgibst, hast du verloren. Wenn du es aber nicht tust, gibst du dir selbst jeden Tag die Chance, deine Zukunft zu verändern. Ob du, wie Eckhart Tolle, zwei Jahre lang in Stille auf einer Parkbank sitzt, um das reine Sein zu erfahren, oder wie ich, zwei Stunden in einem Zug feststeckst, macht dabei keinen großen Unterschied. Jeder Atemzug zählt, jeder Schritt auf deinem Weg kann die Veränderung bringen, nach der du dich so sehr sehnst. Bei all dem Stress, merke dir gut: Liebe, was du jeden Tag tust, und diese Energie kehrt irgendwann zu dir zurück. Hab Geduld! Wenn du dich nicht auf das Ziel fokussierst, das noch in weiter Ferne liegt, sondern nur auf deine kleinen täglichen Verbesserungen, wird der große Erfolg — Frieden im Herzen — wie durch ein Wunder ganz von selbst kommen. Daran glaube ich aus vollster Überzeugung. Wenn du allerdings nicht bereit bist, für deinen Traum einzustehen und ihn zu verteidigen, auch gegen deine angstvolle innere Stimme, dann weine auch nicht, wenn er sich nicht erfüllt.

Als wir weiterfuhren, sich das Standbild in meinem Fenster wieder bewegte und ich an die arbeitsreichen Tage dachte, die vor mir lagen, schloss ich meine Augen und atmete tief durch. »Nur 3 Prozent der Menschen haben klare, eindeutige und schriftlich formulierte Ziele und Pläne, an denen sie jeden Tag arbeiten«, hatte Brian Tracy in einem seiner berühmten Vorträge über Persönlichkeitsentwicklung einmal gesagt. Die anderen 97 Prozent hätten seiner Meinung nach lediglich Hoffnungen, Wünsche, Träume und Fantasien, aber keine Ziele, und die Tragödie bestünde darin, dass sie den Unterschied nicht erkennen. Ich dachte lange über diese Worte nach, die in meinem Kopf herumschwirrten. Hatte ich eigentlich mein wahres Ziel schon klar ausformuliert? Ich nahm mein Handy und schrieb auf meine Facebook-Pinnwand:

Mein Ziel ist, in einem permanenten Zustand des inneren Friedens zu leben. Jede Entscheidung, die ich auf dem Weg dahin zu treffen habe, muss diesen Test bestehen: Hilft sie mir dabei, meinem Ziel einen Schritt näher zu kommen, oder entfernt sie mich davon? Finde eine Tätigkeit, in der du gut bist und die dir Freude bringt – und dann bleibe dabei. Diese Freude ist der Schlüssel zu einem gelungenen Leben. Wenn du während dieser Reise einen Menschen triffst, der dich und deinen Traum versteht und alles darüber wissen möchte, dann investiere ebenso viel Zeit und Energie in ihn. Lass diesen Menschen nicht mehr gehen. Halte ihn gut fest (aber nicht so sehr, dass es ihn erdrückt). Erfolg lässt sich nämlich nur dann wirklich genießen, wenn du einen Partner an deiner Seite hast, mit dem du ihn von ganzem Herzen teilen kannst.

Ich erreichte den Berliner Ostbahnhof mit einer Verspätung von über vier Stunden. Das Kratzen im Hals hatte sich mittlerweile zu einem ordentlichen Husten entwickelt, und ich fiel um kurz vor Mitternacht mit meinen altbekannten Kopfschmerzen erschöpft ins Bett. Als ich das nächste Mal die Augen öffnete, war es bereits hell und Baustellenlärm dröhnte von der Straße bis nach oben in den vierten Stock. Ich stand auf, suchte im Badezimmer nach Grippetabletten und Hustentropfen und ging weiter in die Küche. Ich hatte Gliederschmerzen, Schüttelfrost und fühlte mich wie einmal durch den Fleischwolf gedreht. Nicht einmal der Anblick meiner Espressomaschine konnte helfen. Ich kochte mir einen Ingwertee mit Honig, sagte alle Termine für die kommenden Tage ab, schrieb Anahita eine kurze Nachricht und legte mich wieder ins Bett. Durch meinen Kopf wirbelte ein Tornado, aber es waren nicht allein die Kopfschmerzen, die mir keine Ruhe ließen. Zweifel kamen auf. Über Anahita, über meine Gefühle, über meine Zukunft. War sie wirklich die Richtige? Wollte ich wirklich mit ihr meine Zeit verbringen? Was, wenn sie nur eine Show abgezogen hatte? Bestimmt würde sie schon bald ihr wahres Gesicht als grimmige Hexe zeigen. Oder schlimmer, sie würde klammern, mich mit ihren Belanglosigkeiten nerven und mich in ihren Käfig sperren wollen. Ich würde nie spontan mit ihr verreisen können. Alles müsste lange im Voraus geplant werden. Ich müsste mich nach ihren Schulferien richten und könnte nicht mehr frei entscheiden. Mein Leben lang bin ich meinen individuellen Weg gegangen, an allen gesellschaftlichen Normen vorbei, und jetzt müsste ich mich auf einen Menschen mit einem gewöhnlichen Nine-to-Five-Job einlassen. Jeden Morgen würde um sechs Uhr ihr Wecker klingeln. Unser Lebensstil war so grundverschieden, dass eine Beziehung niemals funktionieren würde.

»Baby, lass uns die Wohnung abschließen, nach Hawaii fliegen und mit den Delfinen schwimmen.« Ein Satz, den ich so nie zu ihr sagen könnte. Sie und ihre iranische Großfamilie, die ständig Feste feiern. Ich, der doch die Ruhe so liebt. Weihnachten verbringt sie im kleinen Kreis mit neunundzwanzig Menschen und zwei Hunden. Ich feiere zu dritt. Sie machen Party, tanzen und spielen Gesellschaftsspiele. Ich schlafe nach dem Essen vor dem Kamin ein. Es würde anstrengend werden. Ich müsste meine Komfortzone verlassen und Veränderung zulassen. Die Regeln meines alten Lebens würden nicht mehr funktionieren. Wollte ich das wirklich? War sie die Mühe wert?

Die zwei Wölfe in mir

Am nächsten Tag stieß ich auf eine berühmte Parabel, die mich zum Nachdenken brachte. Ein weiser und erfahrener Cherokee-Indianer sitzt darin mit seinem Enkel am Lagerfeuer, und die beiden teilen ihre Gedanken über das Leben.

»In meinem Inneren findet ein Kampf statt«, spricht der alte Mann. »Es ist ein furchtbarer Kampf zwischen zwei Wölfen. Einer ist böse – zornig, habgierig, eifersüchtig, arrogant und feige. Der andere ist gut – friedlich, liebend, bescheiden, großzügig, ehrlich und vertrauenswürdig. Diese beiden Wölfe kämpfen auch in dir und in jedem anderen Menschen.«

Nach einer Weile dreht sich der Junge zu ihm und fragt: »Welcher Wolf wird gewinnen?«

Der alte Mann lächelt.

»Der, den du fütterst.«

Ich hatte den falschen Wolf gefüttert. Das wurde mir plötzlich klar. Es gab zu all meinen negativen und ängstlichen Gedanken auch positive und schöne Gedanken, nur dass der böse Wolf in meinem Kopf sie nicht zuließ. Sein Gebrüll war zu laut, und je lauter er wurde, desto tiefer rutschte ich wieder in meine alten Gewohnheiten und Denkmuster ab. Ich lachte über meine eigene Dummheit, schüttelte mich kurz und schloss meine Augen. Dann stellte ich mir vor, wie der gute Wolf in all seiner Güte und Weisheit den bösen Wolf ausbrüllen lässt und dann mit ruhiger Stimme zu mir spricht:

»Was, wenn sie der Beginn des größten Abenteuers deines Lebens ist? Was, wenn sie dir durch ihre Liebe Orte in dir zeigt, an die du allein nie gereist wärst? Was, wenn ihr wahres Gesicht genau das ist, das sie dir gezeigt hat? Was, wenn ihr Gesicht durch deine Liebe sogar jeden Tag schöner wird? Was, wenn sie dich liebt, auch wenn du es am wenigsten verdient hast, weil du auf die Stimme böser Wölfe hörst, anstatt auf die Stimme deines Herzens? Was, wenn sie mit ihren nerdigen Geschichten deinen Horizont erweitert? Was, wenn sie keinerlei Interesse hat, Käfige zu bauen, sondern Orte der Freiheit und des Friedens? Was, wenn sie dich in den Arm nimmt und sagt: ›Baby, ich kann morgen nicht mit dir nach Hawaii fliegen, um mit den Delfinen zu schwimmen, so gern ich auch würde. Aber flieg doch allein oder frag deine besten Freunde, ob sie mit dir auf diese Reise gehen wollen. Und dann, wenn du irgendwann wieder bei mir bist, erzählst du mir von all deinen Abenteuern. Einverstanden?‹ Was, wenn du dich im Kreise ihrer Großfamilie pudelwohl fühlst, weil sie dich mit all ihrer Gastfreundschaft herzlichst in ihrem Kreis aufnehmen? Was, wenn sie dir ihre iranischen Volkstänze beibringen und du den Spaß deines Lebens hast? Was, wenn diese natürliche Anstrengung, die jede Veränderung mit sich bringt, eine magische Tür zu einer neuen Welt aufstößt, die dich unendlich wachsen lässt? Was, wenn deine alten Regeln ohnehin fehlerhaft waren und es nicht nur keine neuen, sondern gar keine mehr gibt? Was, wenn du endlich ein Mann wirst und dich nicht mehr von deinen kindlichen

Ängsten boykottieren lässt? Was, wenn der böse Wolf in Wahrheit nur ein Bote ist, den du selbst geschickt hast, um genau jetzt, in diesem Augenblick, über all das nachzudenken? Was, wenn dieses Mädchen dieser eine Engel ist, von dem Gott einmal gesprochen hat. Weißt du noch?«

Ich öffnete meine Augen, nahm eine Aspirin und goss mir eine große Tasse Tee ein. Die Fragen des guten Wolfes gefielen mir wesentlich besser, weil sie Hoffnung machten. Zwei Stimmen sprachen zu mir, die mir zwei unterschiedliche Sichtweisen für ein und dieselbe Situation anboten. Ich hatte die Wahl und durfte frei entscheiden. Wollte ich im Team Angst oder im Team Liebe spielen? Der gute Wolf drehte sich wieder zu mir und sah mich mit seinen kristallklaren Augen an: »Was hast du gefühlt, als du mit ihr zusammen warst?«

»Ich habe Frieden gefühlt«, sagte ich.

»Was hast du vergessen, als du mit ihr warst?«, fragte er.

»Die Zeit«, sagte ich.

»Wie sind ihre persönlichen Werte?«, fragte er.

»Fast deckungsgleich zu meinen«, sagte ich und zählte sie in meinen Gedanken auf: Loyalität, Familie, Gerechtigkeit, Ehrlichkeit, Freundschaft, Gesundheit, Disziplin, Fleiß, Optimismus, seinen Traum leben.

»Und sag, konntest du sein, wie du bist?«, fragte er.

»Ich denke schon«, sagte ich zögerlich.

»Okay, ich stelle die Frage neu: Musstest du dich verstellen, um ihr zu gefallen?«

»Nein«, antwortete ich.

Der gute Wolf lächelte weise und sprach: »Du fragst nach einer Rose – lauf vor den Dornen nicht davon. Du fragst nach dem Geliebten – lauf vor dir selbst nicht davon. Ich denke, du weißt, was jetzt zu tun ist.«

Witzig, dachte ich, dass der gute Wolf Rumi zitiert. Aber er brachte es mit seiner Aussage ja wirklich auf den Punkt. Ein Leben ohne Dornen, ohne die vielen kleinen Narben, die sie auf deinem Körper und in deinem Herzen hinterlassen, wäre am Ende nur langweilig und uninteressant. Anstatt also Angst vor ihnen zu haben, sollte man die Dornen vielmehr als Leiter benutzen, um an ihnen hochzuklettern. Natürlich kann eine Dorne abbrechen und dich verletzen, du kannst abstürzen und zu Boden fallen. Aber du kannst nach jedem Sturz, so schmerzhaft er auch ist, einfach wieder aufstehen.

Ich nahm mein Handy und wählte ihre Nummer.

»Heute lag eine schöne Einladung in meiner Post«, sagte ich nach unserer Begrüßung. »Meine liebe Freundin Andrea, die ich schon ewig kenne, heiratet Mitte Juli in Graz. Es gibt auf der Feier nur veganes Essen. Ich habe gedacht, dass dir das bestimmt gut gefallen würde. Möchtest du mit mir da hin?«

»Oh, wie schön«, sagte Anahita. »Ich liebe Hochzeiten und ich liebe Ausflüge. Ja, so gern. Also, ich fahre sehr, sehr gern mit dir nach Graz. Oh, wie ich mich freue. Aber, hmm. Warte mal!«

Sie stockte kurz und kam ins Grübeln.

»Was ist denn?«, fragte ich.

»Ich suche meinen Kalender. Hoffentlich liegt das in den Ferien.«

Ich gab ihr noch einmal den genauen Termin durch.

»Cool, das liegt in meinen Sommerferien«, strahlte sie. »Das ist sogar perfekt. Wir könnten auch direkt noch einen Urlaub hinten dranhängen.«

Ich lächelte, da ich kurz an den bösen Wolf denken musste, der zu mir ja gesagt hatte, dass Reisen mit ihr schwierig und kompliziert werden würden. Aber ich hatte wohl Anfängerglück. Vielleicht wollte mir Gott damit auch nur ein Zeichen schicken und sagen: Du hast Mut bewiesen, und der wird jetzt belohnt.

»Slowenien ist nicht weit«, sagte sie. »Wir könnten zusammen von Frankfurt nach Graz fliegen, zwei Tage bleiben, uns dann einen Wagen mieten und auf einen kleinen Road-Trip gehen. Ljubljana soll wunderschön sein. Dort könnten wir zwei oder drei Tage bleiben und dann weiter ans Meer. Was denkst du?«

»Einverstanden.«

Wir verbrachten den restlichen Tag damit, uns gegenseitig Fotos von Städten, Stränden und Hotels hin und her zu schicken. Am Abend bekam ich von ihr einen Link zu einem wunderschönen Apartment in Ljubljana und dachte mir: Genau das würde ich für einen kurzen Städtetrip buchen.

»Wunderschön«, schrieb ich.

»Sehr gut. Hab ich gerade für uns gebucht«, schrieb sie zurück.

Dann bekam ich einen zweiten Link zu einem traumhaften Hotel in Portorož, hoch oben auf einem Berg gelegen, mit einem kleinen Pool und einem unfassbar schönen Blick aufs Meer.

»Traumhaft«, schrieb ich wieder.

»Vor zwei Minuten gebucht«, war ihre Antwort.

Ich lächelte in mich hinein und bedankte mich bei den beiden Wölfen in meinem Kopf, ohne deren Kampf ich wahrscheinlich nie so schnell gehandelt hätte. Endlich hatte ich eine Frau kennengelernt, die die Dinge selbstständig in die Hand nahm, die nicht um Erlaubnis fragte, sondern einfach mal machte – selbstbewusst und zielstrebig. Das gefiel mir sehr. Bevor ich schlafen ging, schickte ich ihr ebenfalls einen Link zu unserem kleinen Boutique-Hotel in Graz, das mitten in der wunderschönen Altstadt lag und die Mehrzahl der Hochzeitsgäste beherbergte: »Eben für uns gebucht, zwei Nächte in der schönsten Stadt Österreichs. Sweet Dreams, du mittelsüßes Pflaumenkompott mit Agavendicksaft und Zimt. Unser kleines Abenteuer geht dann wohl in die nächste Runde.«

Am nächsten Morgen wachte ich mit zwei unterschiedlichen Gemütszuständen auf. Auf der einen Seite fühlte ich eine besondere Form der positiven Anspannung in meinem Körper, die mich mit Glück erfüllte. Ich hatte Anahita tatsächlich zu einer Hochzeit eingeladen, die erst in sechs Monaten stattfinden würde. In meiner Welt war das eine halbe Ewigkeit. Noch nie zuvor hatte ich mich bei einer Frau so früh festgelegt. Ich wusste ja nicht einmal, wie mein Leben in der kommenden Woche aussehen würde. Ich hatte diese Entscheidung aus dem Bauch heraus getroffen, ohne lange darüber nachzudenken. Ich hatte sie einfach gefragt. Sie hatte Ja gesagt. Ende der Geschichte.

War es tatsächlich so einfach? War das die Lösung – einfach seinen Mund aufmachen und seine Gedanken laut aussprechen? Waren es nur wir dummen Menschen, die alles verkomplizierten mit unseren Abwägungen und stetigen Vergleichen? Ich musste an Albert Einstein und die berühmten Worte denken, die ihm immer wieder zugeschrieben werden: »Die reinste Form des Wahnsinns ist es, alles beim Alten zu belassen und zu hoffen, dass sich etwas ändert.« Ich war stolz auf mich, dass ich die Stimme meines Herzens nicht unterdrückt hatte und nicht den Weg der Angst gegangen war. Ich hatte mich für die Hoffnung entschieden und obwohl ich nicht wusste, wohin mich dieser Weg führen würde, fühlte es sich richtig an.

Auf der anderen Seite fühlte ich Erschöpfung. Mein Körper, aber auch mein Geist brauchte dringend eine Pause, eine kreative Auszeit, um wieder neue Schöpferkraft zu tanken. Die Anstrengungen der vergangenen zwölf Monate hatten deutlich fühlbar ihre Spuren hinterlassen, die noch nicht vollständig auskuriert waren. Meine ständigen Kopfschmerzen, die Atemnot und nächtlichen Panikattacken, die mich hin und wieder um den Schlaf brachten, kamen ja nicht von ungefähr. Signale, die ich nicht länger ignorieren wollte. Ich warf einen Blick in meinen Kalender und freute mich: Den kompletten Februar und den halben März würde ich mit meinen besten Freunden in Sri Lanka und Thailand verbringen. Ich würde jeden Tag im Meer schwimmen, frische Mangos essen und Kokosnüsse direkt von den Palmen pflücken. Ich würde surfen gehen, am Strand Backgammon spielen und eiskaltes Tiger Beer trinken. Ich schloss meine Augen und wusste, dass ich auf einem guten Weg war.

Eine einzigartige Form der Liebe

Bis zu meinem Auftritt bei Laura Malina Seiler waren es noch zwei Stunden. Ich war Überraschungsgast in ihrer »Rise Up & Shine Uni« und freute mich sehr darauf, sie nach langer Zeit wiederzusehen. Ich löste eine Tagesdosis Aspirin Complex in einem großen Wasserglas auf, um die Grippesymptome kurzfristig zu unterdrücken, und hoffte darauf, unser Gespräch dadurch wenigstens ein bisschen genießen zu können. Immerhin wurde es online zu vielen tausend Menschen live übertragen, und ich wollte dabei nicht wie ein kleines Häufchen Elend wirken und nur an meine Kopfschmerzen denken müssen. Ich nahm auf meinem Sofa Platz, atmete durch und begann zu meditieren. Als ich im Taxi saß, rief ich Anahita an. Ich hatte eigentlich nichts zu erzählen, aber ich wollte ihre Stimme hören.

»Ich male gerade eine Sonnenblume«, sagte sie, und ich konnte das Strahlen in ihrer Stimme bis nach Berlin spüren.

»Und, ist sie schön geworden?«, fragte ich.

»Na ja«, lachte sie. »Ich finde schon. Sie wird keinen Schönheitswettbewerb gewinnen, aber ich liebe sie. Vielleicht melde ich mich endlich zu einem Malkurs an. Ja, das mache ich jetzt. Gute Idee.«

Ich sah aus dem Fenster. Es wurde langsam dunkel. Graue Häuserfassaden zogen vorbei. Wir überquerten das Kottbusser Tor und fuhren parallel zur U-Bahnlinie Richtung Charlottenburg. Berlin war so hässlich trist im Januar.

»Was ist deine Lieblingsjahreszeit?«, fragte sie in dem Moment. »Warte, lass mich raten. Du bist bestimmt ein Herbstkind.«

»Das stimmt«, sagte ich.

»Wie ich. Was findest du am Herbst so schön?«, fragte sie.

»Er ist so melancholisch«, sagte ich. »Diese Stimmung passt gut zu mir. Ein bisschen traurig und nachdenklich. Liebeslieder werden auch nicht im Sommer geschrieben, sondern im Herbst, verstehst du?«

»Versteh ich«, sagte sie. »Weißt du, was ich am Herbst so liebe? Mit den Pferden über Stoppelfelder zu reiten, wenn die Abendsonne die Landschaft in dieses wunderschöne Gold taucht. Diese besonderen Farben gibt es nur im Herbst. Magisch, einfach magisch.«

»Hast du eigentlich ein eigenes Pferd?«, fragte ich.

»Nein, aber Freunde von mir haben einen Hof in der Rhön. Herdenhaltung, weite Felder, stundenlange Ausritte, mit ausgeglichenen Pferden. Für mich ist das einer der friedlichsten Orte der Welt. Natur pur. Wenige Häuser, kaum Menschen. Du kannst dort den ganzen Tag mit dem Pferd unterwegs sein und triffst nicht eine Menschenseele. Du musst mal mitkommen. Es ist wirklich ein zauberhafter Ort, ganz einfach zwar, kein Luxus, aber wunderschön. Und es gibt dort einen alten Esel. Er heißt Emil.«

»Ein alter Esel«, lächelte ich. »Na, das passt ja gut zu mir. Ana, da würde ich sehr gern mit dir im Herbst mal hin.«

»Oh ja, das machen wir. So, ich male jetzt weiter, sonst wird meine Sonnenblume noch traurig«, sagte Anahita und schickte mir einen Kuss durchs Telefon.

Ich mochte diese kindlich naive Art an ihr vielleicht auch deswegen so sehr, weil sie das Gegenteil meiner digitalen Lebensrealität war. Anahita machte die Dinge noch auf die altmodische Art. Als sie für einige Jahre in der Schweiz als Lehrerin arbeitete, ging sie oft zum Wandern in die Berge. Sie liebte es, in Flüssen zu schwimmen. Wenn sie keinen fand, der mitkam, ging sie eben allein. Aus purer Neugier hatte sie sich Redater gekauft, um Akupunktur ohne Nadeln zu lernen. Sie liebte es, mit ihrer Familie zu kochen und traditionelle Gesellschaftsspiele zu spielen. Und wenn sie eben eine bestimmte Maltechnik erlernen wollte, würde sie sich kein Tutorial auf YouTube ansehen, sondern einen richtigen Malkurs belegen. Etwas Selbstgemachtes hatte für sie den größten Wert. Sie besaß Kochbücher, aber nur um Inspirationen zu sammeln und nicht, um die Rezepte nachzukochen. Sie fragte fremde Menschen nach ihren persönlichen Erfahrungen, statt sich an To-do-Listen aus Ratgebern zu halten, und auch wenn sie oft Umwege in Kauf nehmen musste, so fand sie doch immer eine interessante Lösung, ans Ziel zu kommen.

Kurz bevor mich das Taxi bei Laura absetzte, nahm ich noch eine weitere Kopfschmerztablette ein, und zwanzig Minuten später, pünktlich zur Liveübertragung, war ich – zumindest für die Dauer der Show – voll da. Ich wusste, dass ich mich auf meine Energie, wenn ich sie brauchte, verlassen konnte, aber ich wusste eben auch, dass diese Lebensweise auf Dauer nicht gesund war. Als die Kameras ausgingen, war ich klatschnass geschwitzt, was man unter meinem dicken Hoodie zum Glück nicht sehen konnte. Laura zeigte mir noch schnell einige Fotos von ihrem Baby, das sie vor einem guten Jahr auf die Welt gebracht hatte, und schwärmte davon, wie schön und lebensverändernd diese Erfahrung für sie gewesen war.

»Diese Form der Liebe ist mit nichts zu vergleichen«, sagte sie mit einem Strahlen in den Augen, das ich so noch nie bei ihr gesehen hatte, als wollte sie mich dazu ermutigen, es ihr auf der Stelle gleichzutun. Ich merkte, wie mein Energielevel wieder nachließ, und ich dringend zurück ins Bett musste. Als ich schon in der Tür stand, sagte Laura nach einer langen Abschiedsumarmung: »Du musst dich nur entscheiden, Lars. Ich habe das damals auch so gemacht. Einfach machen. Worauf denn noch warten, hmm?«

Ich lächelte, ohne zu antworten, lief nach unten und stieg in das Taxi, das schon seit ein paar Minuten auf mich wartete. Während ich mich in die Rückbank sacken ließ und kurz durchatmete, zog ich mein Handy aus der Hosentasche und schrieb auf meine Facebook-Pinnwand:

Stell dir vor, du gehst einfach zu ihr und sagst: »Baby, ich habe doch auch Angst.« Selbst wenn du dabei Tränen in den Augen hast oder gerade dann. Wisch sie dir einfach aus dem Gesicht, gib ihr einen langen Kuss und füge hinzu: »Aber lass es uns trotzdem machen.«

In meiner Welt war ich es, der diese Angst hatte, nicht sie. Immerhin war ich aber schon einen Schritt weitergekommen. Paulo Coelho hatte einmal gesagt, dass ein Fehler, den man häufiger als einmal wiederholt, in Wahrheit kein Fehler, sondern eine Entscheidung sei. An diesen Satz erinnerte ich mich in den letzten Wochen immer wieder, auch auf der Taxifahrt zurück in meine Wohnung. Ich spürte, dass ich dabei war, diesen Kreislauf allmählich zu durchbrechen. Bis auf einen wichtigen Speaker-Auftritt in München sagte ich alle weiteren Termine im Januar ab und verbrachte die kommenden Tage im Bett. Akku aufladen, Netflix & Chill.

»Hast du gewusst, dass Kleinkinder im Alter von zwei Jahren durchschnittlich mehr als einhundert Fragen am Tag stellen?«

Anahita liebte es, mir solche Informationen vor die Füße zu legen und dann stundenlang am Telefon darüber zu philosophieren. Ich hatte ihr von Laura und ihrem Baby erzählt, wie glücklich sie aussah und wie sehr mich dieser eine Satz, den sie zu mir gesagt hatte, beschäftigte.

»Willst du denn Kinder?«, fragte Anahita.

»Ich glaube, ich wäre ein guter Vater«, sagte ich, ohne zu merken, dass ich ihr genau das bereits in Köln gesagt hatte.

»Das war nicht meine Frage«, grinste sie.

»Ich glaube, ich wäre gütig, aber streng«, sagte ich mehr zu mir selbst. »Ich stelle mir gerade vor, wie ich mit diesem kleinen Menschen unterwegs wäre und wie wir täglich voneinander lernen würden. Wir würden nebeneinander im Auto sitzen – vor uns die große Stadt – und in den Sonnenuntergang schauen. Wie in ›König der Löwen‹. Dann würde ich dem Kleinen die Welt erklären, und er würde mich auslachen und sagen: ›Papa, du bist sooo aus dem letzten Jahrtausend. Ich zeig dir mal, wie das geht.‹ Ein schöner Gedanke, seine Lebenserfahrung mit einer jungen Seele zu teilen und etwas weitergeben zu können, hmm?«

»Mehr als nur schön«, sagte Anahita.

»Und um deine Frage zu beantworten«, redete ich weiter. »Ich würde mich freuen, wenn es passiert, aber nicht traurig sein, wenn es nicht passiert. Ich würde mein persönliches Glück nicht davon abhängig machen. Ich bin ganz Lauras Meinung, dass diese Form der Liebe mit nichts zu vergleichen ist, aber dass ein Leben ohne diese Erfahrung trotzdem voller Liebe sein kann, die für zehn Leben reicht.«

»Gibt es denn einen speziellen Grund, warum es noch nicht passiert ist?«, fragte Anahita.

»Natürlich«, sagte ich und stand auf, um mir aus dem Kühlschrank etwas zu trinken zu holen. »In meinen Zwanzigern war das noch kein Thema, und ich habe auch nicht eine Sekunde daran gedacht. Und in meinen Dreißigern habe ich nicht eine Frau getroffen, die ich als Mutter meiner Kinder sehen konnte. Aber das weißt du ja. We talked about it.«

»Yes, we did«, sagte Anahita. »Welche Werte würdest du deinem Kind mitgeben, also wenn du Mufasa wärst und Simba dein Sohn, um mal bei ›König der Löwen‹ zu bleiben. Was wäre dir wichtig?«

»Gute Frage«, sagte ich und überlegte einen Moment. »In einer perfekten Welt würde ich mich vielleicht an den sieben Tugenden der Samurai aus dem alten Japan orientieren: Gerechtigkeit, Güte, Mut, Wahrheit, Treue, Ehre und Höflichkeit. Ja, das wären die Werte, die ich meinem Kind mitgeben würde. Sei aufrichtig, mutig, freundlich, bleib dir selbst treu und lebe deine Wahrheit. Geh raus und entdecke mit großen Augen diese wunderschöne Welt, die so unendlich viele Schätze für dich bereithält. Lebe deinen Traum, falle tausend Mal hin und stehe tausendundein Mal wieder auf. Ich glaube, ich würde mich aber nicht zu sehr einmischen.«

»Wie meinst du das?«, fragte Anahita.

»Ich würde dieses Kind nicht als mein Eigentum betrachten. Es wäre nicht *mein* Kind, auch wenn es ohne mich nicht überleben und ich alles für dieses Wesen tun würde, womöglich sogar mein eigenes Leben geben. Ich würde es vielmehr als freie Seele betrachten, die durch mich ein Leben auf dieser Welt geschenkt bekommen hat. Ich weiß, das klingt ein bisschen hippiemäßig, aber so sehe ich das. Jedenfalls jetzt, ohne den Druck einer echten Elternschaft, ohne den ganzen Alltagsstress. Ich würde mich einfach diesem gesellschaftlichen Terror, der perfekte Vater sein zu müssen, gar nicht erst aussetzen. Ich würde diese junge Seele nehmen, mit ihr in den Wald fahren und Tiere beobachten. Ich würde dem Kleinen ein Skateboard und ein Surfbrett kaufen und mit ihm auf Tour gehen. Wir hätten die Zeit unseres Lebens. Aber mal ehrlich, was weiß ich schon?«

Wir unterhielten uns noch etwas darüber, tauschten unsere Gedanken aus und gingen dann schlafen. Doch mich ließ das Thema nicht los. Mitten in der Nacht wachte ich auf und war hellwach. Wenn ich morgen sterben würde, fragte ich mich, welche Worte der Liebe würde ich meinem Kind noch mitgeben wollen? Wenn ich nie mehr die Gelegenheit hätte, ein persönliches Wort mit ihm wechseln zu können, welche Weisheiten würden in meinem Brief stehen? Ich stand auf, bereitete mir in der Küche einen Espresso zu, nahm meinen Notizblock, der an seinem gewohnten Platz lag, und begann zu schreiben:

50 Weisheiten, die ich an mein Kind weitergeben würde

1. Du bist der wichtigste Mensch in deinem Leben und wirst es immer bleiben.
2. Nicht jeder muss dich mögen.
3. Achte auf deinen Körper (du hast nur einen).

4. Höre jeden Tag laut Musik und tanze für ein paar Minuten mit deinem Lieblingslied durch deine Wohnung oder die Straßen deiner Stadt.

5. Sag dir jeden Tag deine Glaubenssätze auf: »Ich bin klug. Ich bin stark. Ich werde geliebt. Ich bin in Sicherheit. Ich kann im Leben alles schaffen, was ich möchte. Ich bin ein Champion!«

6. Meditiere jeden Tag zweimal für zwanzig Minuten.

7. Überleg dir gut, wen du mit einem Geheimnis belasten willst. Im Zweifel behalte es für dich.

8. Halte die Dinge einfach.

9. Gib Menschen, die dir wichtig sind, niemals auf. Situationen und Meinungen ändern sich. Wunder geschehen jeden Tag.

10. Nimm eine Hand, die dir entgegengestreckt wird, immer an. Du wirst im Leben nicht weit kommen, wenn du alles allein machst.

11. Erinnere dich an jene Menschen, die dir geholfen haben, als sonst niemand da war.

12. Vermeide sarkastische und zynische Bemerkungen.

13. Nimm Menschen niemals ihre Hoffnung. Oft ist das alles, was sie noch haben. Das gilt auch für dich: Solange du Hoffnung im Herzen trägst, hast du alles, was du brauchst.

14. Du wirst in einer Welt voller Technologie, Roboter und künstlicher Intelligenz aufwachsen. Erinnere dich daran, dass sie dir dienen sollen, nicht umgekehrt.

15. Falls du in eine bedrohliche Situation gerätst, in der es keinen Ausweg gibt und du kämpfen musst, um dich oder deine Familie zu beschützen, zögere nicht und schlag hart zu.

16. Lebe dein Leben so, dass in deinem Nachruf stehen könnte: »Er hat sein Bestes gegeben und nichts zu bedauern!«

17. Wenn dich jemand umarmt, sei nicht derjenige, der zuerst loslässt.

18. Sei romantisch und ein »Mensch der alten Schule«, auch wenn andere das kitschig finden.

19. Gib jedem eine zweite Chance, aber keine dritte.

20. Bleib bescheiden und nimm dich nicht zu wichtig. Die Menschheit hat schon eine Menge vor deiner Geburt erreicht und wird auch nach deinem Tod nicht damit aufhören. Take it easy!

21. Wähle diesen einen Menschen, mit dem du deine Liebe teilst, sehr sorgfältig aus. Auf dieser Entscheidung basiert ein Großteil deines Glücks oder Unglücks.

22. Lass es mich noch deutlicher sagen: Wähle ihn oder sie nur aus Liebe.

23. Besuche Freunde und Verwandte, wenn sie im Krankenhaus liegen. Ein paar Minuten reichen schon aus, um sie daran zu erinnern, dass sie nicht allein sind.

24. Sei mutig und unerschrocken. Wenn du es nicht bist, tu einfach so. Niemand wird den Unterschied erkennen. Vertrau mir! Ich habe dieses Spiel mein Leben lang gespielt.

25. Mach es dir zur Gewohnheit, schöne Dinge für Menschen zu tun. Und lass sie niemals herausfinden, dass du es warst.

26. Wenn es Bücher gibt, die dein Leben verändert haben, hab davon immer einen Stapel zu Hause, um sie an Menschen zu verschenken, deren Leben sie auch verändern könnten.

27. Denk auch in schwierigen Situationen immer positiv. Deine Gedanken erschaffen deine Welt, und solange Sauerstoff durch deine Lunge strömt, hast du noch nicht verloren.

28. Wenn du mit kleinen Kindern spielst, lass sie niemals entmutigt zurück.

29. Erschaffe dir ein starkes Mindset. Sei liebevoll und empathisch, aber gib niemandem die Kontrolle über deine Gefühle.

30. Sei ein guter Verlierer.

31. Sei ein guter Gewinner.

32. Hab immer einen Notizblock mit Stift in deiner Küche liegen. Ideen, die dein Leben verändern können, haben manchmal die Angewohnheit, um vier Uhr nachts aufzutauchen.

33. Sei stets respektvoll gegenüber Menschen, die für ihren Lebensunterhalt hart arbeiten gehen, so einfach diese Arbeit auch sein mag.

34. Hinterlasse keine verbrannte Erde. Du wirst überrascht sein, wie oft sich manche Wege im Leben wieder kreuzen.

35. Sei vorsichtig bei Menschen, die nichts mehr zu verlieren haben.

36. Wenn dich jemand zum Abendessen in sein Haus einlädt, bedanke dich dafür, auch wenn es nicht geschmeckt hat. Es ist die Geste, die zählt.

37. Oft lohnt es sich im Leben, die schönste Route zu nehmen, nicht die schnellste.

38. Sammle mehr Erinnerungen als Gegenstände.

39. Geh immer wieder kalkulierbare Risiken ein. Wenn du später auf dein Leben zurückblickst, wirst du

vor allem jene Dinge bereuen, die du nicht getan
hast.

40. Wann immer sich die Gelegenheit bietet, jemandem
»Ich liebe dich« zu sagen, sag es!

41. Vergleiche dich niemals mit anderen Menschen. Jeder
lebt sein eigenes Leben.

42. Die Antwort auf alle Fragen: Liebe, Demut und Dankbarkeit.

43. Denke immer daran, dass ein Großteil des Erfolges –
in welchem Beruf auch immer – auf der Fähigkeit
beruht, gut mit Menschen umzugehen. Erlangst du in
dieser Disziplin die Meisterschaft, wirst du dir um
Geld nie mehr Sorgen machen müssen.

44. Schenke deinen liebsten Menschen regelmäßig kleine Aufmerksamkeiten.

45. Sei für einen Menschen »der Unterschied«.

46. Sag nicht Ja, wenn du Nein meinst.

47. Verbringe mit jenen Menschen, die dir am meisten
Frieden bringen, auch die meiste Zeit.

48. Erwarte nicht, dass das Leben fair ist.

49. Es ist okay, sich manchmal verloren zu fühlen.

50. Wenn du noch Fragen hast, lies meine Bücher.

Ich sah auf meine Liste und war recht zufrieden, obwohl ich
wusste, dass sie weder vollständig noch perfekt war. Nachdem
ich sie mir dreimal durchgelesen hatte, fielen mir mindestens
noch weitere fünfzig Punkte ein. Das Bild von Mufasa und Simba ging mir nicht mehr aus dem Kopf. Ging es am Ende doch
darum? Ich stand auf, suchte im Arbeitszimmer nach meinem
Handy und schrieb Anahita eine Nachricht:

Kann nicht schlafen. Ich muss ständig an unsere letzte Unterhaltung denken. Stell dir vor, du hättest ein Kind, stirbst aber morgen und könntest ihm nur noch fünfzig Weisheiten mit auf den Lebensweg geben. Was würdest du diesem kleinen Menschen sagen wollen? Ist nur ein Gedankenspiel.«

Ich schaltete mein Handy aus und den Fernseher ein und schlief zu einer Dokumentation über die gefährlichsten Flughäfen der Welt dann doch endlich ein. Am nächsten Morgen sah ich, als ich mein Handy wieder einschaltete, folgende Antwort:

Krasse Vorstellung, aber ich liebe solche Spiele und werde heute gleich darüber nachdenken. Ich schicke dir später meine Antworten. Alles okay sonst? Konntest du einschlafen? Ich gehe jetzt ins Gym und dann in die Schule. Bis heute Abend. Kuss, Kuss.

Am Abend erhielt ich dann kommentarlos diese Nachricht:

50 wichtige Erinnerungen für ein gutes Leben (von Anahita)

1. Was braucht es, um Träume wahr werden zu lassen? Mut. Einfach nur Mut.

2. Wenn du mal zerbrichst und wirklich nicht weiterweißt, wisse: Du kannst das schaffen. Zu 100 Prozent. Du musst es nicht schaffen, aber du kannst. Dieser Unterschied ist sehr wichtig.

3. Jeder von uns hat einen Engel. Sprich ruhig mit deinem Engel. Er ist so weise.

4. E-Stoffe im Essen machen dick und unwohl.

5. Wenn du verzeihst, dann befreist du dich. Du tust es für dich, nicht für den anderen.

6. Sei unerschrocken. Aus den meisten Fehlern kann man eine Menge lernen (allerdings nur, wenn man sie als Fehler annimmt. Das braucht Stärke).

7. Die Vermeidung von Unglück führt nicht zu Glück (lies das Buch *Hectors Reise*).

8. Versuche nicht auf Kosten anderer dein Glück zu maximieren.

9. Du weißt nicht weiter? Schließ deine Augen. Die laute Stimme ist dein Kopf. Die Stimme im Kopf will deine Sicherheit. Dein Herz will dein Glück. Was willst du?

10. Sag dir jeden Tag, was schön ist an dir, was du an dir besonders magst, was du gut kannst. Gib dir ein Kompliment, so kannst du auch anderen leichter eins geben.

11. Wenn du sehr schwere Situationen (oder Einkaufstüten) hast, singe in Gedanken (oder laut) das Lied »Ich schaff' das schon« von Rolf Zuckowski.

12. Feiere die Feste, wie sie fallen.

13. Bereise nach deinem Schulabschluss erst mal für eine Weile die Welt. Ist das nicht möglich, dann versuche dein Studium oder deine Ausbildung mit einem Auslandsaufenthalt zu kombinieren.

14. Vergiss nie: Du willst nicht verändert werden, also verändere auch andere nicht. (Hinweise sind okay, aber du magst die Person, wie sie ist, und nicht, wie sie sein sollte.)

15. Wer will, sucht nach Wegen. Wer nicht will, sucht nach Ausreden.

16. Deine Mama und dein Papa sind Helden. Lass es sie ab und an wissen.

17. Auch wenn alle am Handy sind, glaub mir: Im Real Life geht's richtig ab. Du musst nur richtig hingucken.

18. Hab keine Angst zu strahlen und damit andere zu blenden. Du bist Licht, und diese Welt braucht Licht.

19. It is not a question of being in love with someone. It is a question of being love. Das hat Osho gesagt. Falls du das jetzt nicht verstehst, setz dich hin und google die Vokabeln. Du schaffst das schon! 😊

20. Lass Emotionen zu. Du kannst nur etwas loslassen, das du vorher zugelassen hast.

21. Behalte deine alten Klamotten. Sie werden bald wieder in Mode kommen.

22. Manchmal muss etwas zerbrechen, damit das Licht in dir nach außen treten kann.

23. The only way out is through (siehe Punkt 20).

24. Was, wenn es den Tod nicht gibt?

25. »Es ist das Ende der Welt«, sagt die Raupe. »Es ist ein Schmetterling«, sagt der Rest der Welt. Der Spruch kommt von Laotse. Verstehst du ihn?

26. Sei loyal und du ziehst loyale und ehrliche Freunde in dein Leben.

27. Sag deinen Geschwistern, dass du dir keine besseren Lebenszeit-Gefährten wünschen kannst. Kitzle sie dabei ein wenig, während du sie umarmst.

28. Wenn dir jemand einen Hinweis gibt, dass etwas nicht richtig war, überlege: Meint es dieser Mensch gut oder schlecht mit mir? Wenn er es gut meint, über-

lege, ob du es anders machen würdest. Wenn ja, bedanke dich für den Hinweis. Wenn nein: Geh deinen Weg.

29. Hab keine Angst, dich zu entschuldigen. Das ist stark, auch wenn du damit Schwäche zugibst.

30. Sei ehrlich zu dir. Am Ende zählt nur, ob du den Menschen magst, den du im Spiegel siehst.

31. Lass dir niemals einreden, du seist nicht gut, wie du bist. Du bist mein Kind. Du bist genau richtig.

32. Rode nicht an einem Tag alle Bäume, die du vorher jahrelang aufgezogen hast.

33. Gönn dir Ruhe und Schlumbumbel-Tage.

34. Sei großzügig, zu dir und zu anderen.

35. Fleiß zahlt sich immer aus. Auch wenn du es nicht immer gleich merkst.

36. Umarme deine Liebsten. Herz an Herz.

37. Lade alle deine Cousinen, Cousins und deine Eltern separat in einen Urlaub ein.

38. Iss deinen eigenen Popel nicht auf. Das ist echt eklig.

39. Ein Hobby zu haben ist eine tolle Sache. Es kann Meditation, Wegweiser und Freundeskreis in einem sein.

40. Wo die Angst ist, da ist der Weg.

41. Schau nicht, was dir Erfolg bringt, sondern vergiss nie: Du kannst mit wirklich allem erfolgreich sein. Ob als Bäcker, Friseur, Arzt, Lehrer oder sonst etwas. Wenn du es mit Leidenschaft tust und eine Vision hast, kannst du über dich hinauswachsen.

42. Sei du. Nur so gibst du der Welt eine Chance, dich zu lieben.

43. Egal, was dir irgendwelche Chemiker sagen: Industriezucker ist ungesund. Iss lieber Obst.

44. Man kann es treiben und übertreiben. Vergiss das nicht.

45. Sei Liebe. Nicht für andere. Nur für dich. Und alle werden davon profitieren.

46. Missgunst, Neid und Hass sind Gefühle, die vor allem dein Inneres vergiften. Das ist, als würdest du heiße Kohlen werfen. Du verbrennst am Ende nur deine eigene Hand.

47. Nimm's nicht so schwer. (Ich weiß, das ist leichter gesagt als getan.)

48. Alles, was du sendest, kommt sieben Mal mehr zu dir zurück.

49. Schminken macht schneller Falten.

50. Wenn du ein Geschenk bekommst, sag stets, dass du dich darüber freust.

51. Es ist eine Ehre, dass ich Teil deines Weges sein darf.

52. Du bist geliebt.

53. Liebe, als ob du in zwei Tagen stirbst.

54. Wenn dir einer den Auftrag gibt, eine Liste zu machen mit fünfzig Weisheiten, die du deinem Kind mitgeben würdest, mach fünfundfünfzig daraus. Es passiert rein gar nichts.

55. Dein Engel, das bist in Wahrheit du.

Ich war sprachlos und konnte es kaum glauben. Anahitas Liste hätte auch von mir stammen können. Im Prinzip hatten wir die gleichen Ideen und Werte, was im Leben wichtig war, nur dass wir andere Worte verwendeten, um sie auszudrücken. »Wo die Angst ist, da ist der Weg«, hatte sie in Punkt 40 geschrieben. In meinen Gedanken markierte ich diesen Satz, denn ich wusste, dass irgendwo zwischen diesen Buchstaben die Antwort auf meine Frage zu finden war.

Alles anders

Mein Urlaub stand an, und ich freute mich darauf, das nasskalte deutsche Januarwetter endlich gegen den warmen Sunshine Reggae auf Sri Lanka und Thailand tauschen zu dürfen. Meine Stimmung war gut und die Erkältung fast abgeklungen. Dann erreichten uns aber kurz vor dem Abflug Besorgnis erregende Nachrichten aus Asien. Die chinesische Regierung hatte die Elf-Millionen-Einwohner-Metropole Wuhan abgeriegelt und unter Quarantäne gestellt. Eine neuartige Krankheit mit dem Namen COVID-19, ausgelöst durch ein Coronavirus, hatte sich dort ausgebreitet und bereits erste Todesopfer gefordert. Auch in anderen Städten Asiens wurden erste Fälle entdeckt, und die Weltgesundheitsbehörde WHO gab bekannt, dass es sich hier um einen hochgradig ansteckenden Virus handelte, der bei immungeschwächten Menschen womöglich tödliche Folgeschäden haben könnte. Am Tag der Abreise besorgte ich uns in der Apotheke noch einen Vorrat an Mund-Nasen-Masken und Desinfektionsmittel für die Hände und hoffte, mit einem mulmigen Gefühl im Magen, einfach auf das Beste.

Ich hatte mir vorgenommen, meine Auszeit wirklich als solche zu nutzen, und reduzierte deswegen meine Handynutzung ganz bewusst auf das Minimum. Ich dachte mir, falls die Welt wirklich untergehen sollte, würde mir schon irgendwer Bescheid geben, und falls nicht, wäre ein kleiner Strand irgendwo in Thailand nicht der verkehrteste Ort, um leise Servus, Au Revoir und Auf Wiedersehen zu sagen. Hin und wieder schickte ich Anahita ein Foto oder postete etwas an meine Instagram-Pinnwand, aber von der Nachrichtenlage hielt ich mich weitestgehend fern. Es hätte ohnehin keinen Unterschied gemacht und mir nur unnötiges Kopfkino beschert. Vor dem Rückflug nach Deutschland wurde am Flughafen in Bangkok unsere Temperatur gemessen, um durch eine frühzeitige Erkennung der möglicherweise Infizierten die Ansteckungsgefahr zu minimieren und den Reisenden zumindest ein Gefühl von Sicherheit zu vermitteln. Als ich dann die schockierenden Zahlen aus Italien hörte – fast eintausend Todesfälle an nur einem Tag – und dazu verstörende Fernsehbilder sah, in denen Leichen von Corona-Opfern mit Militärkonvois aus den Städten raus aufs Land gefahren wurden, kam das Ausmaß dieser Krise auch bei mir an. Es handelte sich nicht um ein regionales Phänomen in Asien, sondern um eine weltweite Pandemie.

Zurück in Berlin telefonierte ich mit meinen Eltern, informierte mich über die aktuelle Situation und hörte den Experten zu. Als mir immer klarer wurde, dass wir die kommenden Monate in einem Ausnahmezustand mit Kontaktbeschränkungen, Ausgangssperren und Lockdown verbringen würden, reagierte ich blitzschnell, sagte alle meine Live-Termine ab und schrieb Anahita eine Nachricht:

Wollen wir diese besondere Zeit, die auf uns alle im Land zukommen wird, gemeinsam verbringen? Noch fahren die Züge. Ich würde heute und morgen hier alles regeln und könnte übermorgen bei dir sein. Was denkst du?

Anahita antwortete nicht. Als ich am Abend immer noch nichts von ihr hörte, wählte ich ihre Nummer. Sie nahm sofort ab.

»Entschuldige bitte, dass ich nicht geschrieben habe, aber es war so viel los. Heute ist etwas Schlimmes passiert.«

Es lag ein leichtes Zittern in ihrer Stimme. Sie klang traurig und auch ein bisschen müde.

»Was denn?«, fragte ich vorsichtig.

»Ach, ich weiß gar nicht, ob ich dich damit belasten soll. Du kommst doch gerade erst aus deinem Urlaub und …«

»Stopp«, sagte ich und unterbrach damit ihre Gedanken. »So fangen wir gar nicht erst an. Ich möchte alles hören. Was ist denn los?«

»Okay«, antwortete sie und begann zu erzählen. »Ich bin heute zum Lidl gefahren, um einzukaufen. Direkt am Eingang steht ein Auto so ein bisschen auf zwei Parkplätzen, aber da ich ja nur einen kleinen Smart fahre, denke ich mir: Na, das wird schon passen. Ich steige aus und blicke direkt auf die aufgestellten Kränze und Fotos der Opfer dieses rechtsextremistischen Anschlages hier in Hanau. Das war ja gleich hier bei mir. Ich kaufe ein, ganz normal, wie immer, und komme wieder aus dem Laden raus, ohne auch nur im Ansatz zu ahnen, was ich gleich erleben werde. Lars, ich gehöre wirklich nicht zu den Menschen, die in ihrem Leben viel Rassismus am eigenen Leib zu spüren bekamen, zumindest habe ich ihn nie so empfunden, selbst wenn es ihn gab. Aber was heute passiert ist, dafür gibt es wirklich keinen Interpretationsspielraum mehr.«

Anahita machte eine kurze Pause, und ich hörte, wie sie sich ihre Tränen aus dem Gesicht wischte.

»Ich gehe also mit dem Einkauf zu meinem Auto, da ruft mir ein Mann im tiefsten hessischen Dialekt aus seinem Auto zu: ›Des nächste Mal, park' ordentlich. Ich muss' rückwärts rausfahren, damit mei' Frau einsteig'n konnt'. Ich hab' ä Foddo von deinem Kennzeichen gemacht. Wenn ich ach nur enen Kratzer hab, dann zeig ich dich an.‹

Ich war ganz perplex und habe ihm nur geantwortet, dass er nicht übertreiben solle und dass ich ja auch ganz normal aus meinem Auto ausgestiegen bin. Außerdem stand er ja auf zwei Parkplätzen, nicht ich. Und dann sagte ich noch: ›Wer im Glashaus sitzt, sollte nicht mit Steinen werfen, nicht wahr?‹ Das war dann wohl zu viel für ihn.«

»Wie hat der Typ reagiert?«, fragte ich.

»Er hat mich beschimpft: ›Halt dei' Fress, du Drecksschlamp!‹

›Eeeeeeey! Rede doch normal mit mir‹, habe ich ihm zugerufen, aber er fiel mir nur wüst ins Wort und hat gerufen: ›Halt dei' Fresse, hab ich gesacht!‹ Dann ist er weggefahren. Ein paar Meter weiter, direkt neben den Fotos der erschossenen Opfer des rechtsradikalen Anschlages, ist er noch mal stehengeblieben, hat sein Fenster runtergekurbelt und laut gebrüllt: ›Du Drecksausländer!‹

Ich war für eine Sekunde oder so wie erstarrt, fing mich dann aber wieder und schrie ihm, so laut ich konnte, hinterher: ›Ah, jetzt, wo dir nichts mehr einfällt, bin ich plötzlich ein Ausländer. Ich bin genauso deutsch wie du, du Arschloch!‹

Der Typ fährt weg, und ich bleibe mit meinen Einkaufstüten fassungslos zurück. Alle auf dem Parkplatz gucken mich an. Keiner sagt etwas. Hallo?, möchte ich ihnen zurufen. Ihr habt das doch alle mitbekommen. Wieso habt ihr mir nicht geholfen? Da wollte mir jemand mein Deutsch-Sein absprechen. Ich, die hier geboren wurde und fließend Deutsch spricht. Ich, die Goethe liebt und so gern Kant zitiert. Ich, die den Artikel 1 des Grundgesetzes auswendig kann. Ich, die mindestens so deutsch ist, wie sie iranisch ist. Ich, die Deutsche! Oder bin ich doch eher Iranerin? Kann ich nicht beides sein? Oder noch besser: Kann ich nicht einfach nur Mensch sein? Ich bekomme kein Wort mehr raus und gucke nur in diese leeren Gesichter. Selbst jetzt kommt niemand zu mir, um mich zu trösten. Alle gehen weg. Ich setze mich ins Auto und weine. Ich habe sooo geweint.«

Anahita machte eine kurze Pause, und wir schwiegen für einen Moment gemeinsam.

»Lars«, sagte sie schließlich, »ich bin froh, dass ich geweint habe. Das hat mir gezeigt, dass so ein Verhalten zumindest in meiner Welt nicht normal ist, nicht normal sein darf. Es hat mit gezeigt, dass ich an Rassismus dieser Art nicht gewöhnt bin und ich es auch nicht mit einem einfachen Schulterzucken abtue. Ich bin froh, dass ich den Schmerz zugelassen habe, um ihn dann auch wieder loszulassen. Ich weiß nicht mehr, wie lange ich in meinem Auto saß, vielleicht zwanzig Minuten. Als ich den Parkplatz verlassen habe und auf die Fotos der ermordeten Menschen geguckt habe, musste ich erneut feststellen, wie unfair ihr Tod doch war. Ich weiß noch, wie ich inständig hoffte, dass kein Angehöriger diese Szene miterleben musste. Genau dann hat meine Mama angerufen, ich habe es ihr erzählt und bin zu meinen Eltern gefahren. Die waren auch ganz schockiert.«

»Bist du noch immer traurig?«, fragte ich.

»Hmm, ja, also es ist jetzt okay, nur noch nicht vergessen. Bisschen traurig bin ich schon noch über das, was da heute war.«

»Ich bin mit dir traurig«, sagte ich und wischte mir eine Träne von der Wange, was sie aber nicht sehen konnte. »Ich bin so lange mit dir traurig, bis du nicht mehr traurig bist. Gib mir einfach ein bisschen von deiner Traurigkeit ab. Ana, ab sofort sind deine Probleme meine Probleme, auch wenn ich diesen Schmerz, der durch Rassismus verursacht wird, niemals nachvollziehen kann. Aber ich möchte, dass du eines weißt: Du bist nicht allein.«

Wir sprachen und schwiegen noch eine Weile darüber. Abwechselnd. Der Anschlag, der teilweise unmittelbar vor Anahitas Haustür stattfand und bei dem zehn Menschen ermordet wurden, war gerade einmal einen Monat her. Die Blumen auf den Gräbern waren noch nicht verwelkt, die Erde noch frisch. Warum nur waren die Herzen mancher Menschen so kalt, so voller Hass?

»Wie war das eigentlich für dich, am Tag danach wieder in die Schule zu gehen?«, fragte ich nach einem weiteren Augenblick der Stille. »Ich meine, wie erklärt man den Kindern sowas?«

»Lars, das war eine schreckliche Nacht«, sagte Anahita, »aber das weißt du ja, du hast mich sofort aus Thailand angerufen, um dich nach mir zu erkundigen, weißt du noch? Das war übrigens ganz süß von dir. Nachdem wir aufgelegt hatten, habe ich null geschlafen. Ich war auch nicht im Bett, sondern bin nur kurz auf der Couch eingenappt. Es war ein komisches Gefühl in der Schule. Alles schien normal zu sein, wie immer. Wir Lehrer wurden auch über nichts informiert, es war einfach noch sehr früh. Ich weiß noch, dass ich mich eigenartig schuldig gefühlt habe, an so einem Tag normalen Unterricht geben zu müssen. Es klingelte zur ersten Stunde, und die Kinder kamen ins Klassenzimmer. Da sind wir nun, dachte ich, sechzehn Kinder und ich, und jeder von uns, ohne Ausnahme, mit einem Migrationshintergrund. 100 Prozent Multikulti.«

»Wirklich?«, fragte ich erstaunt nach. »Du hast nicht eine käsige Kartoffel bei dir in der Klasse?«

»Nope, nicht eine«, lachte Anahita.

»Wow!«, sagte ich und fand das wirklich krass.

»Na ja, es kam natürlich, wie es kommen musste. Das Erste, was mich die Kinder fragen, ist, ob ich von dem Anschlag gehört hätte. ›Neun Menschen wurden umgebracht‹, sagt Abu und dreht sich dabei zur Klasse. Fragende Gesichter. ›Ja, ich habe es gehört, und ich bin sehr traurig‹, sage ich. ›Es waren eigentlich zehn, der Mann hat ja auch seine Mama getötet und danach sich selbst. Insgesamt also elf Tote.‹

›Aber warum hat er die alle getötet?‹, fragt Swetlana, und Abu antwortet blitzschnell: ›Weil er Ausländer hasst.‹

Darauf Natascha: ›Meine Mama sagt, wir dürfen nicht mehr in die Stadt.‹

Und Cemil sieht mich mit großen Augen an und fragt: ›Was ist eigentlich ein Ausländer?‹

Gemurmel in der Klasse: ›Ja, gell. Was ist das?‹

Uff, denke ich mir. Bin ich jetzt vielleicht die erste Person, die diesen jungen Seelen erklären wird, dass genau sie Ausländer sind? Zumindest für diesen kranken Typen? Das kann ja heiter werden. Nun gut, es hilft alles nichts. Wo die Angst ist, ist der Weg. Einer spontanen Eingebung folgend, stelle ich reihum eine Frage.

›Cemil, bist du Ausländer?‹

Er schüttelt den Kopf und sagt: ›Nein.‹

›Swetlana, bist du Ausländer?‹

Auch Sweti sagt: ›Nein.‹

›Ayshe bist du Ausländer?‹, frage ich weiter.

Wieder ein Nein.

Kein einziges Kind antwortet mit Ja.

Wie schön das ist, denke ich. Bis hierhin haben sie sich diesem Land zugehörig gefühlt. Ein kranker Typ wie dieser Amokläufer darf ihnen diese Wahrheit nicht nehmen. Hoffentlich schaffe ich das. Gib dir Mühe, Ana, sage ich mir. Gib dir Mühe.

Ich atme ganz ruhig und sage dann: ›Seht ihr, Kinder: Für diesen Täter sind wir alle Ausländer. Nur weil unsere Eltern aus einem anderen Land kommen und wir andere Sprachen verstehen und sprechen, und vielleicht auch, weil wir anders aussehen. Aber schaut: Für *uns* sind wir keine Ausländer, und für ganz viele andere Menschen in Deutschland sind wir das auch nicht. Dieser Mann war allein und einfach nur verrückt. Wir sind viel mehr. Also, ich würde sagen, wir haben recht.‹

Die Klasse ist still.

›Wer kann sich denn vorstellen, wieso der Mann sowas gemacht hat?‹, frage ich.

Nesrin sagt: ›Na, weil er eben Ausländer hasst.‹

Und ich frage: ›Und wieso hassen Menschen andere Menschen? Was haben die nicht gelernt?‹

Wieder bleibt die Klasse still. Ich muss noch deutlicher werden, sage ich mir erneut, um die Situation pädagogisch wertvoll zu lösen. Sie darf nicht mit Angst enden.

›Na, überlegt mal‹, sage ich. ›Welche Sprache nutzen wir im Klassenrat, wenn wir uns streiten und jemanden ganz furchtbar blöd finden? Gehen wir auf den los und hauen ihm eine rein? Oder machen wir das besser? Was könnt ihr so gut?‹

›Ahhhhh‹, ruft die Klasse. ›Die Giraffensprache.‹

›Genau‹, lächle ich und klatsche in die Hände. ›Man darf sich auch mal ungerecht behandelt fühlen oder ganz doll wütend sein. Aber damit man die Wut nicht jahrelang mit sich herumträgt, können wir hier zumindest immer in der Giraffensprache miteinander reden und so unsere Wut loslassen. Wer weiß noch, wie die Giraffensprache geht?‹

Khalid meldet sich.

›Also, als Erstes sagt man so: Mich stört, dass du mich geschlagen hast. Dann sagt man, wie man sich fühlt. Zum Beispiel so: Ich fühle mich dabei schlecht oder wütend. Und dann sagt man, was man sich wünscht, zum Beispiel: Ich wünsche mir, dass du mir sagst, was dich stört, und aufhörst, mich zu hauen.‹ ›Genau‹, sage ich. ›Es spielt in der Giraffensprache gar keine Rolle, woher du kommst oder wie du aussiehst. Es ist ganz egal, ob du ein Junge oder ein Mädchen bist. Wir sind alle Menschen.‹ Natascha beginnt zu lächeln: ›Ja, gell? Wir sind doch alle gleich.‹ ›Genau‹, sage ich. ›Und wenn man das verstanden hat, dann wird man sicher kein Mörder. Wir wollen lieber Erfinder oder Sänger oder Fußballer oder Bäcker werden.‹

›Jaaaa‹, ruft die Klasse.

›Ich will auch Fußballer werden‹, kommt es von links und: ›Nee, ich werde beim Pflegedienst arbeiten, wie meine Mama‹, von rechts.

›Okay, sehr gut. Dann holt mal eure Mathehefte raus‹, sage ich mit einem Lächeln, ›denn ihr wisst ja: Wir können was?‹

›Alles werden, was wir wollen!‹, ruft die Klasse im Chor zurück, und ich weiß, dass diese jungen Seelen das wirklich glauben. Wie schön das ist!«

Anahita war fertig, und ich wartete einen Moment, bevor ich etwas sagte, denn ich fand einfach keine Worte, die nur annähernd beschreiben würden, wie beeindruckt ich von ihr war, wie wertvoll ich ihre Arbeit fand und wie bezaubernd sie war.

»Ich nominiere dich zur Lehrerin des Jahres«, lächelte ich. »Das meine ich wirklich so. Du hast so ein großes Herz. Dieser Typ vom Parkplatz ist nur ein armer Wicht, der hässliche Dinge sagt, weil er selbst hässlich ist. Du bist genau das Gegenteil von ihm, Ana. Ich wünschte nur, du könntest sehen, wie schön du bist.«

»*Tschechmay-e to ghashangh mibine*«, sagte Anahita und fügte erklärend hinzu: »Das sagt man im Iran. Es heißt: Deine Augen sehen schön. Wir geben das Kompliment also zurück und wollen damit sagen: Nur weil du schön bist, siehst du auch mich schön. Und zu deiner Frage vom Anfang sage ich nur: Juhuuu!«

»Was Juhuuu?«, fragte ich.

»Ich meine Juhuuu, dass du übermorgen zu mir kommst.«

»Ahhh, ich hab's mir spontan jetzt doch anders überlegt«, sagte ich.

»Echt?«

»Wie wär's, wenn ich morgen schon komme? Jeder Atemzug zählt, hat Osho gesagt. Warum noch warten?«

Als die Welt stillstand

Es folgten interessante Wochen. Für Deutschland im Großen, aber auch für mich im Kleinen. Ich entschied mich ganz bewusst, den Lockdown mit Anahita zu verbringen, weil ich herausfinden wollte, welche Energie diese Entscheidung in mir auslösen würde. Die Wirtschaft wurde auf ein Minimum heruntergefahren, Geschäfte und Schulen blieben geschlossen, und ein Großteil der Bevölkerung musste zu Hause bleiben und sich ans »Home-Office« gewöhnen. Das gesellschaftliche Leben, wie wir es kannten, existierte nicht mehr. Konzerte, Fußballspiele und Gottesdienste fanden nicht mehr statt. Selbst die Europameisterschaft wurde abgesagt. Für manche Teile Deutschlands wurden sogar Ausgangssperren verhängt. Auch Freunde, Eltern und Großeltern durften nicht mehr besucht werden, um die Verbreitung des Virus zu stoppen und um die Ältesten und Schwächsten unserer Gesellschaft nicht unnötig in Lebensgefahr zu bringen.

Für einen kurzen Augenblick stand die Welt still. Das Coronavirus zwang uns, auf Pause zu drücken und neu über unser Leben nachzudenken. Noch mehr, noch schneller? Immer höher und immer noch spektakulärer? Mit diesem Slogan konnte auf einmal niemand mehr etwas anfangen. Plötzlich rückte eine Frage wieder in den Vordergrund, die bis vor Kurzem noch durch den kommerziellen Alltagslärm überdeckt wurde und für die auch ich oft belächelt wurde, wenn ich sie stellte: »Wenn es hart auf hart kommt, was zählt dann wirklich im Leben?«

Was vor der Pandemie normal und selbstverständlich erschien, war es plötzlich nicht mehr. Was früher keinen besonderen Wert zu haben schien, war plötzlich unsere größte Sehnsucht und in weite Ferne gerückt. Wir waren in einer Welt eingeschlafen und in einer anderen aufgewacht. Hollywood war nicht länger magisch, und zauberhafte Orte wie Paris, New York und Venedig nicht länger romantisch. Alles veränderte sich. Küsse und Umarmungen wurden über Nacht zu tödlichen Waffen, und seine Lieblingsmenschen nicht mehr zu besuchen, galt plötzlich als größter Akt der Liebe. Die Welt war im Wandel. Was vorher von Politik und Gesellschaft als »nicht umsetzbar« abgetan wurde, nur um nicht darüber nachdenken zu müssen, funktionierte auf einmal, weil wir dazu gezwungen wurden. Ein ganzes Land blieb zu Hause, und die Welt ging trotzdem nicht unter.

So viele Menschen merkten auf einmal, dass Geld, Status und Macht eben doch nicht so erstrebenswert sind, wie wir immer dachten. Werte wie Liebe, Freiheit und Gemeinschaft bekamen eine völlig neue Bedeutung. Eine schmerzhafte Erinnerung, dass wir Menschen eben doch nicht die Krönung der Schöpfung sind, sondern nur Gäste auf einem Planeten, den wir zu lange ausgebeutet hatten. Die Natur hatte einen Gruß geschickt, den Spieß umgedreht und uns Menschen in Käfige gesperrt. Für den Bruchteil einer Sekunde wurde die Welt zu einem riesigen Zoo, über den wir keine Kontrolle mehr hatten.

»Vielleicht schickt uns das Universum damit eine letzte Warnung«, sagte ich eines Morgens zu Anahita, als wir bei Sonnenschein auf ihrem kleinen Balkon frühstückten. »Wir sind nicht notwendig. Die Luft, die Erde, das Wasser und der Himmel mit all den Pflanzen und Tieren werden weiter existieren, auch ohne uns Menschen, und sie werden uns nicht vermissen. Wenn wir eines Tages zurück in ein normales Leben gehen, sollten wir uns demütig daran erinnern, dass wir hier nur zu Besuch sind, um dann bessere Entscheidungen zu treffen.«

Ein bisschen fühlte ich mich als Corona-Buddha, der unter seinem Baum im Schatten saß und die Welt an sich vorüberziehen ließ. Ich kam mir wie eine Art Beobachter vor, der immer wieder von verschiedenen Perspektiven auf diese merkwürdige Zeit blickte. Ich hörte nur wenige Menschen über teure Autos, schicke Wohnungen oder sonstige Statussymbole reden, aber ich sah viele, die ihre Liebsten vermissten, die einsam waren und ihren Seelenfrieden suchten, um nicht durchzudrehen. Ich sah Popstars auf ihren riesigen Anwesen mit Garten und Schwimmbad, die sich darüber beklagten, »vor Langeweile bald zu sterben und wie in einem Gefängnis eingesperrt zu sein«, und ich sah glückliche junge Familienväter in einfachen Zwei-Zimmer-Wohnungen, die zum ersten Mal richtig viel Zeit für ihre Kinder hatten. Ich sah kreative Menschen, die sich aus der Not heraus neue Geschäftsmodelle überlegten, und gleichzeitig sah ich wütende Menschen, die Angst um ihre Existenz hatten. Ich erlebte junge Menschen, die sich heimlich verabredeten, um »Corona-Partys« zu feiern, und alte Menschen, denen der Virus das Leben nahm. Für die einen war der Lockdown ein Geschenk des Himmels, da sie nun endlich Zeit für sich hatten und zur Ruhe kamen, für die anderen war es der größte Albtraum ihres bisherigen Lebens. Auch in meinem engsten Umfeld konnte ich diese Polaritäten wahrnehmen. Während meine Cousine ihr Restaurant schließen und neue Schulden aufnehmen musste, um nicht bankrott zu gehen, schickten mir einige Freunde die wildesten Verschwörungstheorien. Während meine Tante mit einer schweren Lungenentzündung auf der Intensivstation lag und um ihr Leben kämpfte, schimpften Menschen, die ich wirklich mochte, dass unsere Demokratie in Gefahr sei, da sie nun im Supermarkt eine Maske tragen müssten, und wie unerträglich sie diesen staatlichen Eingriff in ihre Privatsphäre empfänden. Ich nahm all diese Schwingungen auf, dachte einen Augenblick darüber nach, und ließ sie dann mit dem nächsten Windhauch wieder friedlich weiterziehen.

Aus meiner Perspektive waren die Wochen des Lockdowns ein großer persönlicher Gewinn, auch wenn ich, finanziell betrachtet, durchaus schmerzhafte Verluste hinnehmen musste. Aber auch ich konnte es ja nicht ändern. Die Situation war, wie sie war. Deswegen nutzte ich einfach die Gelegenheit, um diesen einen Menschen besser kennenzulernen. Denn unter normalen Umständen hätte ich sicher nicht Hals über Kopf mein Leben in Berlin verlassen, um unbestimmte Zeit in einer kleinen Wohnung in Hessen zu verbringen.

Morgens gingen wir zusammen am nahegelegenen Main joggen und machten Fitnessübungen, die ich allein niemals getan hätte. Wir gingen im Wald spazieren, liebten uns, spielten altmodische Gesellschaftsspiele, manchmal auch Verstecken, was Anas Lieblingsspiel war, und kochten uns gegenseitig unsere Lieblingsgerichte. Wir meditierten und machten zusammen Yoga, hörten jeden Tag den »Corona Virus Update«-Podcast von

Christian Drosten, um danach stundenlang über Gott, unsere Träume und die Welt zu philosophieren. Eigentlich machten wir genau da weiter, wo wir in Köln aufgehört hatten, und es fühlte sich kein bisschen sonderbar an. Ich öffnete meinen Laptop und schrieb:

Wie unglaublich schön ist die Vorstellung, dass es da draußen diesen einen Menschen gibt, der alles, wirklich alles darüber hören möchte, was in deinem Kopf vor sich geht. All die Verrücktheiten, die du dich kaum traust, laut auszusprechen. Dieser Mensch interessiert sich dafür und kann nicht genug davon bekommen. Jeder von uns hat wilde Gedanken, vor allem jetzt, in Zeiten von Corona, wo der Lärm im Außen leiser geworden ist und wir uns wieder mehr mit uns selbst beschäftigen müssen. Diese wilden, abgedrehten und creepy Gedanken sind okay. Du bist kein Alien deswegen. Auch durch meinen Kopf strömen diese Energien, denn nichts anderes sind Gedanken. Sie kommen dich besuchen und verschwinden wieder. An manchen Tagen ist diese Energie so dunkel, dass ich mir kaum vorstellen kann, jemals wieder das Licht zu erblicken. An anderen Tagen funkelt sie wiederum so hell und überstrahlt alle Diamanten dieser Erde. Das ganze Spektrum an Gedanken ist willkommen, und zwar immerzu. Was für eine wunderschöne Vorstellung, auf einen Menschen zu treffen, der dir voller Hingabe und Liebe zuhört, ohne dich zu bewerten.«

Während der Zeit mit Anahita wurde mir eine Sache immer wieder deutlich vor Augen geführt: Ich war der Drehbuchautor meines eigenen Lebens. Ein Satz, den ich schon häufig gesagt hatte, aber der noch nie so punktgenau zutraf wie in jenen Tagen. Ich hatte eine neue Seite aufgeschlagen und eine neue Entscheidung getroffen, die mich wiederum an einen neuen Ort gebracht hat. An meine Magic-Monday-Community schrieb ich folgende E-Mail als Erinnerung:

Jeder von uns kann heute eine neue Entscheidung treffen, die zu einem neuen Morgen führt. Jeder von uns hat diese Fähigkeit. Trotzdem fehlt uns oft die Lust und die Motivation, wirklich etwas zu ändern, selbst wenn uns unsere eigene Trägheit schon den Schlaf raubt. Jetzt durchleben wir allerdings eine besondere und absolut außergewöhnliche Zeit, die in die Menschheitsgeschichte eingehen wird. Unsere Kinder und Enkel werden später im Geschichtsunterricht darüber lesen, und vielleicht werden sie dann eines Abends zu dir kommen und dich fragen: »Erzähl doch mal, wie hast du diese Corona-Zeit damals erlebt?«

Stell dir diese Situation ruhig für eine Sekunde vor. Wie schön wäre es, wenn du mit einem Lächeln antworten könntest: »Mein Schatz, ich habe die Krise damals genutzt, um endlich das zu tun, was ich schon immer tun wollte, wozu ich aber nie den Mut hatte. Und diese Entscheidung hat letztlich dazu geführt, dass wir heute dieses Leben führen. Ich habe die Krise von 2020 als ganz persönliche letzte Warnung betrachtet. Es war, als wäre ich aus einem langen Dornröschenschlaf der Unbewusstheit aufgewacht. Ich habe diese Zeit damals aktiv genutzt, um mich neu zu erfinden. Man hat auch in schwierigen Situationen immer eine Wahl. Ich habe es 2020 zum Glück noch rechtzeitig bemerkt ...« Frag dich einfach mal selbst: Welche Geschichte möchtest du eines Tages über dein 2020 erzählen?

»Und was ist mit dir«, fragte mich Anahita, nachdem ich ihr meinen Newsletter-Brief vorgelesen hatte. »Was möchtest du später über dein 2020 erzählen?«

Ich dachte kurz darüber nach und sagte: »Mein 2020 war ein Jahr der vielen kleinen Schritte, in dem ich einen besonderen Menschen kennengelernt habe, der mich zurück zu meinen Träumen geführt hat.«

»Ohhhh, wie schön, auch wenn du ein Schleimer bist«, lachte Anahita.

»Wer sagt denn, dass ich dich gemeint habe?«, sagte ich und gab mir besonders große Mühe, keine Miene zu verziehen.

»Pah!«

»Ich würde vielleicht sagen: Ich habe überlebt.«

»Hmm.«

»Ich finde meine Antwort gar nicht so schlecht«, sagte ich. »Am Leben zu sein, ist nicht selbstverständlich. Zu atmen, ist nicht selbstverständlich. Kobe Bryant hat 2020 nicht überlebt und er war in meinem Alter, nur ein paar Monate jünger als ich. Er hätte mit Sicherheit alles dafür gegeben, um nur für einen weiteren Tag frischen Sauerstoff in seiner Lunge spüren und seine Tochter, die ja mit ihm zusammen gestorben ist, in den Arm nehmen und seine Frau küssen zu können. Lass uns aber nicht wieder über den Tod reden, ich wollte nur sagen, dass wir uns glücklich schätzen sollten, all das zu haben, was für so viele Menschen nichts bedeutet, bis es eben nicht mehr da ist.«

Anahita setzte sich zu mir auf den Schoß und schlang ihre Arme um mich.

»Ich finde, wir machen das ziemlich gut.«

»Das mit uns?«, fragte ich.

»Ja, das mit uns«, grinste sie frech. »Du bist jetzt schon einen Monat hier und gehst mir noch immer nicht auf den Keks.«

»Wow, das ist doch schon mal was«, lachte ich.

»Aus zwei Tagen wurde ein Monat und schwups, ist auch schon ein ganzes Jahr vorbei.«

»Kennst du die fünf Fragen, um herauszufinden, ob man zu-einander passt?«, fragte ich und sah in funkelnde Augen.

»Nein, aber erzähl!«, sagte Anahita.

»Es sind ganz einfache Fragen: 1. Wie lauten deine kurzfristi-gen Lebensziele?«

»Im Prinzip ist das ja die Frage, wie dein Jahr 2020 war, nur umgedreht«, sagte Anahita.

Ich nickte und fuhr fort.

»Frage 2: Was sind deine langfristigen Lebensziele? Frage 3: Wie denkst du über Beziehungen? Frage 4: Was denkst du über mich? Und Frage 5: Wenn du an mich denkst, was fühlst du da-bei?«

»Das sind aber gute Fragen«, sagte Anahita und ich konnte se-hen, wie es in ihrem Kopf schon zu rattern begann. »Was hältst du davon, wenn jeder von uns was dazu aufschreibt und wir uns in dreißig Minuten wieder hier treffen? Und dann lesen wir uns gegenseitig unsere Antworten vor?«

»Einverstanden«, sagte ich und stand von der Holzbank im Wohnzimmer auf. »Bleib du ruhig hier sitzen. Ich gehe rüber in die Küche und mache dort meine Hausaufgaben. Ich wollte mir eh einen Espresso kochen.«

Während ich auf dem kleinen Balkon saß, auf die grauen Häuserfassaden schaute und auf das Zischen der Espressokan-ne wartete, die auf der Herdplatte langsam vor sich hin köchelte, fiel mir auf, dass ich mir die fünf Fragen selbst noch nie kon-kret beantwortet hatte. Ich hatte sie in meinen Coachings im-mer nur anderen Menschen mitgegeben, um genau das zu tun, was Anahita und ich gerade taten. Vier der fünf Fragen waren einfach, aber was dachte ich über Beziehungen? Ich nahm eine Espressotasse aus dem Schrank und schenkte mir ein. Dann machte ich mir zu jedem Punkt meine Notizen.

»Wer beginnt?«, strahlte mich Anahita an, die drei beidseitig beschriebene DIN-A4-Blätter in ihren Händen hielt. »Alter vor Schönheit?«

»Immer der, der doof fragt«, grinste ich, gab ihr einen Kuss auf den Kopf und setzte mich ihr gegenüber an den großen Tisch.

»Okay, okay«, sagte sie und klopfte vorfreudig ihre Blätter gerade. »Frage 1: Wie lauten meine kurzfristigen Lebensziele? Bist du bereit?«

»Bin ich«, lächelte ich.

»Ich möchte denken, fühlen, leben und lieben, als würde ich in zwei Tagen sterben. So wie in Köln. So wie jetzt. Ich möchte mein Leben nicht mehr auf später aufschieben. Ich möchte ganz hier sein. Mein kurzfristigstes Ziel in diesem Moment ist, dass ich in meine Decke eingemummelt auf der Couch liege und mein Buch lese und (was jetzt kommt, ist das eigentliche Ziel) mich voll und ganz darauf einlasse, ohne an etwas anderes zu denken. Nicht an das, was ich noch für die Schule vorbereiten müsste oder was es hier in der Wohnung noch zu erledigen gäbe. Ich lebe schließlich nur noch zwei Tage, da will ich dieses Buch bis in die Vollen genossen haben und noch mal so richtig schlumbumbeln.«

Anahita legte ihr Blatt auf den Tisch und sah mich erwartungsfroh an. Ich lächelte, denn das Buch, das sie gerade erwähnt hatte, war es tatsächlich wert, mit seiner ganzen Aufmerksamkeit gelesen zu werden: *Das Bildnis des Dorian Gray* von Oscar Wilde. Ich sah auf meinen Zettel. Meine Antwort auf die erste Frage bestand aus einem einzigen Wort.

»Jetzt du«, sagte Anahita. »Wie lauten deine kurzfristigen Lebensziele?«

»Seelenfrieden«, antwortete ich und zeigte ihr meinen Zettel. »Ich habe nur ein kurzfristiges Ziel, und das lässt sich wirklich so zusammenfassen: Seelenfrieden.«

Anahita nickte, dachte einen Augenblick darüber nach und griff wieder nach ihren Blättern. »Eigentlich meinen wir das Gleiche. Du kannst es nur kürzer fassen«, zwinkerte sie. »Weiter geht's mit Frage 2: Was sind meine langfristigen Lebensziele? Also, wie schon bei den kurzfristigen Zielen möchte ich das Leben mit Hingabe leben. Nur immer wieder aufs Neue zwei Tage mehr, bis zum letzten Atemzug halt. Wenn die Reise also doch noch länger geht, kommen zum obigen Buchlesen noch ein paar Dinge dazu.«

»Oha«, sagte ich und ließ mich nach hinten gegen die Fensterbank fallen.

»Ruhe da drüben«, lachte sie und las weiter vor. »Mein eigenes Schulmaterial für den Ethik- und Deutschunterricht ist der reinste Wahnsinn und wird von allen (oja, du hast richtig gehört: allen, ohne Ausnahme …) Grundschullehrern dieser Erde rege benutzt. Das Material, das ich höchstpersönlich entwickelt habe, leistet somit einen großen Beitrag zum neuen Fach Achtsamkeit, das schon bald eingeführt wird (das Kultusministerium wird da schon mitmachen. Eines Tages. Vielleicht. Ansonsten müssen wir halt eine eigene Schule gründen, was auch okay wäre).«

»Eine eigene Schule«, überlegte ich laut. »Tolle Idee. Ich kann zwar nichts, aber ich wäre dabei. Vielleicht als Hausmeister, so wie Mister Miyagi. Ja, das würde mir gut gefallen.«

»Also eigentlich ist nicht die eigene Schule mein Ziel, sondern dass Achtsamkeit im Unterricht Einzug findet und ich einen wertvollen Beitrag dazu leiste.«

»Ich verstehe schon. Soll ich jetzt?«

»Ich bin noch nicht fertig«, sagte Anahita. »Es kommt noch ein Punkt. Also weiter: Wir zwei Süßen bewohnen, zumindest einen Teil vom Jahr, unser Haus am Wasser (oder in den Bergen).

Ich liebäugle ja immer noch mit der Bergsee-Kombi. Kinder, Hunde und alle, die wir sonst noch mit unserer Liebe überschütten dürfen, sind auch dabei. So, das sind nun drei meiner Lebensziele, aber das vermutlich wichtigste Lebensziel fehlt noch: Fünf Klimmzüge schaffen.«

»Hahaha, wie viele schaffst du aktuell?«, fragte ich.

»Einen«, grinste Anahita.

»Ich schaffe nicht mal den«, sagte ich und dachte darüber nach, wie erbärmlich das eigentlich war. Anahita ignorierte meine Anmerkung und durchbrach meinen Gedankengang, indem sie weiter von ihrem Blatt vorlas.

»Aber das vermutlich längste, wichtigste und einzige Lebensziel, welches schon mein ganzes bisheriges Leben bestimmt, ist folgendes: Ich bin hier auf dieser Erde, um Liebe zu sein. In allem, was ich tue. Was ich vorher beschrieben habe, ist im Detail gar nicht so relevant. Das sind Fantasien, die sich noch mindestens 437 Mal ändern können (außer natürlich die fünf Klimmzüge, da wird nicht verhandelt). Ich möchte als langfristiges und immerwährendes Lebensziel Liebe sein, Liebe geben, Liebe leben. Dir gegenüber, meinen Liebsten gegenüber, deinen Liebsten gegenüber und most important: mir gegenüber.«

»Wow.«

Mehr fiel mir dazu nicht ein. Sie hatte es begriffen. Sie hatte das Leben wirklich verstanden. Sie hätte alles außer ihren letzten Satz weglassen können und nichts von ihrem Zauber wäre verloren gegangen, aber vielleicht wäre sie dann zu sehr wie ich gewesen, denn meine Antwort auf die zweite Frage bestand wieder nur aus einem Wort, und es war das gleiche wie bei Frage Nummer eins. Ich spürte, dass ich jetzt etwas mehr sagen sollte, also nahm ich meinen Zettel und las die Sätze vor, die nicht dort standen.

»Mein langfristiges und mein kurzfristiges Lebensziel sind identisch. Ich wünsche mir Seelenfrieden, denn letztlich laufen alle Aktivitäten nur darauf hinaus: Lebensqualität und Seelenfrieden. Ich möchte einmal in einer großen Arena stehen und zu zwanzigtausend Menschen sprechen, auch wenn ich weiß, dass das letztlich nur für mein Ego von Bedeutung ist. Mein Freund und Mentor Rudolf kommt zu mir auf die Bühne und stimmt mit seiner Gitarre ›Rock You Like A Hurricane‹ an. Dann fällt hinter uns der Vorhang, der Rest der Band ist zu sehen, Klaus beginnt zu singen, und zwanzigtausend Menschen singen mit und bekommen auf der Stelle die Gänsehaut ihres Lebens. Nach einer Minute kommt als weiterer Überraschungsgast dann Beyoncé auf die Bühne. Sie trägt ein schwarzes ›It's All Good‹-T-Shirt, das sie vorn zusammengeknotet hat, damit sie es bauchfrei tragen kann, und alle flippen vollständig aus. Ich stehe mit dir am Rand der Bühne und weine. Du weinst auch. Wir umarmen uns. Ein magischer Moment. Dann schreibe ich noch ein letztes Buch und lande damit auf Platz 1 der Bestsellerliste. Ich stehe in meiner Küche und blicke aufs Wasser. Hinter mir die Geräusche meiner liebsten Menschen. Rufus, der Vizsla, setzt sich neben mich, und ich streichle seinen Kopf, denn ich weiß, dass alles gut ist. In diesem Moment und für immer.«

»Das steht da?«, lächelte Anahita.

»Ja, genau«, sagte ich und faltete den Zettel zusammen, damit sie die nicht vorhandene Schrift nicht lesen konnte. »Jedes Wort. Genau so. Du bist wieder dran.«

»Na gut«, murmelte sie. »Frage Nummer drei: Was denke ich über Beziehungen? Also, Beziehungen werden immer schöner, je länger man sie führt. Man kann seinen Hund lieben wie seinen Partner. Liebe ist nicht objektgebunden, sondern das, was das Subjekt bereit ist zu geben – bedingungslos zu geben. Jede

Beziehung kann funktionieren oder halt auch nicht. Ein toller Liebe-auf-den-ersten-Blick-Start ist bestimmt ein krasses Fundament, aber eben noch kein Schloss. Das muss man gemeinsam erbauen. Beziehungen halten, wenn alle Beteiligten das Bedürfnis haben, dass sie halten sollen. So einfach (oder schwierig) ist das. Das Wichtigste, worauf es für mich in einer Beziehung, ob privat oder beruflich, ankommt, ist: Kann ich Ich sein und mich dabei gut fühlen? Denn nur wenn ich Ich bin, hat die Welt die Chance, wirklich *mich* zu mögen. Und genauso wichtig: Kann mein Gegenüber er selbst sein, ohne dass ich ihn verändern und perfektionieren will? Wenn ja: Go for it. Wenn nein, halte kurz inne und frag dich: Ist es das wert? Und noch zuletzt: Beziehungen verhalten sich (im Idealfall) wie Spiegel. Der Partner hilft einem dabei, sich selbst besser zu erkennen, und entwickelt sich als Mensch. Evolution halt.«

»Man merkt, dass du eine studierte Lehrerin bist«, sagte ich und lächelte. »Wie war das? Liebe ist nicht objektgebunden, sondern das, was das Subjekt zu geben bereit ist. Fuck, du bist so viel schlauer als ich. Wirklich, so viel schlauer.«

»Ich weiß«, lächelte Anahita zurück. »Jetzt du!«

»Ich denke über Beziehungen, dass man zuerst eine gesunde Beziehung zu sich selbst haben muss, bevor man einen anderen Menschen damit belastet. So viele Menschen suchen ihre Rettung außerhalb von sich selbst. Sie hoffen, dass der Partner ihnen jenes Glück bringt, das vorher nicht da war, und die Leere füllt, die vorher da war. In einer guten Partnerschaft wird nichts verrechnet, man gibt, ohne etwas zurückzufordern. Wenn man jemanden wirklich bedingungslos liebt, gibt es den Satz ›Das ist dein Problem!‹ nicht mehr. Loyalität. Deine Probleme werden zu meinen, deine Freunde werden zu meinen, deine Feinde werden zu meinen. Zufriedenheit ist die Grundmauer einer jeden Beziehung. Man lässt den anderen, wie er ist, ohne ständig etwas verändern zu wollen. Wenn man das schafft, kann man viele schöne Zimmer auf das Fundament bauen, ohne in ihnen wohnen zu müssen. Ich erschaffe einen Raum und nehme dich dahin mit, dann zeigst du mir einen deiner Räume und erklärst mir deine Welt. Vertrauen, Interesse und Spaß. Ich muss nicht alles gut finden, was du machst, aber solange ich Vertrauen in uns habe, weiß ich, dass alles gut ist. Eine Beziehung lebt vom Wechselspiel zwischen Nähe und Distanz. Ich muss Zeit allein verbringen, um dich vermissen zu können. Ich muss Erfahrungen allein machen, um dir davon erzählen zu können. Das Energielevel in einer Beziehung sollte wie die Frequenz des Herzens sein. Es geht nach oben und dann wieder nach unten, nach oben, nach unten. Bleibt die Kurve jedoch über einen längeren Zeitraum gleichförmig, wie ein langer langweiliger Strich, der sich nicht mehr bewegt, dann ist die Beziehung tot. Alles dreht sich, alles bewegt sich, alles ist ständig im Fluss. In der Natur, im Leben und auch in Beziehungen. So sollte es jedenfalls sein.«

»Von wegen, ich bin schlauer als du«, sagte Anahita. »Voll schön, was du geschrieben hast. Das mit dem Haus hat mir besonders gut gefallen.«

»Du bist wieder dran!«, sagte ich. »Frage 4: Was denkst du über mich? Da bin ich aber gespannt. Sei ruhig ehrlich. Ich verkrafte das schon, hehehe.«

»Bist du dir sicher?«, sagte sie und verdrehte die Augen. »Nicht, dass ich deine Mama anrufen muss, wenn du gleich anfängst zu weinen.«

»Das Risiko nehme ich in Kauf«, lachte ich und drehte meinen Zettel wieder um.

»Ich denke, dass du gütig bist«, begann Anahita wieder vorzulesen. »Und dass du weise bist. Dass du mich sein lässt, wie ich bin, und mich dabei toll zu finden scheinst. Dass du einen ganz hervorragenden Musikgeschmack hast und ernsthaft deine One-Love-One-Dream-One-Team-Partys veranstalten solltest, wenn Corona vorbei ist. Dass deine Stimme wunderschön ist und dein Lachen tief aus der Kehle kommt. Dass das Wort ›schlumbumbeln‹ nur für dich erfunden wurde. Dass du aus einer einfachen Frühlingszwiebel ein Festmahl zaubern kannst. Dass du ein sturer Stier bist, der sich nicht auf der Nase herumtanzen lässt. Dass du jede Netflix-Doku kennst (und einige von Arte). Dass du alles stehen und liegen lassen würdest, wenn du einen deiner Liebsten in Not wüsstest. Dass du wetterfühlige Kopfschmerzen bekommst. Dass du loyal und ehrlich bist, dich zwar nicht aufdrängst mit deiner Meinung, aber dich auch nicht scheust sie zu äußern, auch wenn du damit mal aneckst. Dass du es liebst, gekrault zu werden. Dass du Videos liebst, wo Tiere oder Menschen eingerenkt werden, und du dabei richtig entspannen kannst. Und dass du manchmal rumläufst wie ein kleiner Lump.«

Ich lächelte, denn sie hatte mich mit ihrem Humor ziemlich gut beschrieben, wie ich fand.

»Ana, das war das Schönste, was je über mich gesagt wurde. Und du hast es erfasst: Ich liebe es, alte T-Shirts anzuziehen, selbst wenn sie Löcher haben. Warum wegschmeißen? Ich bin ein kleiner Lump und stehe dazu.«

»Du bist dran«, lachte Anahita. »Schieß los: Was denkst du über mich?«

»Ich kenne niemanden, der so tolerant ist wie du. Du siehst immer das Gute in den Menschen, wirklich immer. Ich habe noch nie miterlebt, dass du gelästert oder schlecht über einen Menschen gesprochen hast. Vielleicht ist das sogar deine schönste Eigenschaft. Du bist eine harte Streberin. Fleiß, Ehrgeiz und Disziplin. Ich bin mir sicher, dass deine besten Freunde dich nicht nur, aber auch mit diesen Worten beschreiben würden. Für deine Familie würdest du durchs Feuer gehen. Du liebst Ehrlichkeit und verabscheust Lügen. Deswegen wirst du auch immer ein bisschen hibbelig, wenn du aus der Not heraus eine Lüge erzählen musst. Du würdest niemals eine Entscheidung zu deinem Vorteil treffen, wenn du wüsstest, dass andere Menschen darunter leiden müssten. Du hast ein reines Herz. Du liebst es, wenn Menschen dich mögen. Du liebst es, in großen Runden zusammenzusitzen, für deine Freunde iranisch zu kochen, Musik zu hören und bis in die Nacht zu tanzen. Ich denke über dich, dass wir so viele Gemeinsamkeiten haben und doch so verschieden sind. Ich denke über dich, dass du gar nicht weißt, wie schön du bist. Ich weiß ganz sicher von dir, dass du manchmal nachts ein bisschen schnarchst. Aber ich weiß auch, dass mir das gar nicht so viel ausmacht, da ich ja sofort einschlafe, wenn du neben mir liegst. Dein Musikgeschmack hat Luft nach oben, aber mach dir keine Sorgen deswegen. Den Part übernehme ich.«

»Hey, so eine Lüge«, protestierte Anahita lautstark. »Ich schnarche überhaupt nicht. Kein bisschen schnarche ich. Pah! So eine dreiste Behauptung. Ich verlange Beweise, Mister. Das höre ich gerade zum ersten Mal. Und außerdem habe ich einen guten Musikgeschmack.«

»Darüber wollen wir jetzt nicht streiten«, lachte ich. »Er ist einfach, hmm, welches Wort wähle ich jetzt, ah ja, dein Musikgeschmack ist gewöhnlich.«

»Frechheit«, lachte Anahita und verschränkte ihre Arme vor der Brust. »Ich nehme alles zurück, was ich vorhin über dich gesagt habe.«

»Wir haben noch eine letzte Frage«, sagte ich und trommelte auf den Tisch. »Also, bringen wir's hinter uns. Frage Nummer 5: Wenn du an mich denkst, was fühlst du dabei?«

»Da muss ich gar nicht auf mein Blatt gucken«, grinste Anahita. »Das kann ich dir auswendig sagen: ›Beurk!‹«

»Hahaha, ich liebe es, wenn du ›Beurk‹ sagst. Sag's noch mal!«

»Beurk!«

Ich beugte mich zu ihr rüber, und sie gab mir einen Kuss.

»Ich verzeihe dir noch mal«, sagte sie und raschelte mit ihren Blättern. »Aber nur noch dieses Mal. Ich und schnarchen. So ein Affengeschwätz. Wie lautet die letzte Frage noch?«

»Und wenn du an mich denkst, liebe Ana, was fühlst du dabei?«

Sie musterte mich, als wollte sie ihr Geschriebenes noch ein letztes Mal überprüfen, und sagte schließlich: »Wenn ich an dich denke, fühle ich mich sicher, geliebt und friedlich. Ich fühle mich gesehen. Ich denke ganz oft, dass dich mein Licht weder blendet noch erschreckt, sondern dass du dich freust, je mehr ich strahle. Je größer ich wachse, es bedroht dich nie. Du bist sogar richtig stolz auf deine Sonnenblume. Ich fühle Dankbarkeit, dass wir Seite an Seite unseren Weg gehen.«

»Und du nennst *mich* kitschig!«, sagte ich.

»Okay, überredet. Ich bleibe bei ›Beurk‹. Jetzt du!«

Ich blickte auf meinen Zettel und las den einzigen Satz vor, den ich zu dieser Frage aufgeschrieben hatte: »Wenn ich an dich denke, fühle ich kein krasses Herzklopfen, sondern Frieden.«

»Ihhhh, ist das kitschig. Ich meine schön, aber ihhhh.«

»Ich weiß, voll schön, oder?«, zwinkerte ich Anahita zu, und wir lachten zusammen über unseren kleinen Kitschkrieg. »Du musst wissen, an dem Satz habe ich lange gefeilt.«

»Uhhh, du solltest echt Schriftsteller werden. Groschenromanautor vielleicht.«

»Beste Idee der Welt, hahaha. Aber weißt du, es war wirklich so. Als ich dich in Köln zum ersten Mal gesehen habe und die beiden Tage danach und auch jetzt, die letzten Wochen, ich hatte nie Herzklopfen, war nie nervös oder aufgeregt, sondern war immer ganz bei mir, ganz im Hier und Jetzt. Über uns lag irgendwie von der ersten Sekunde eine Aura des Friedens.«

»Vielleicht ist es ja wie bei Osho?«, grinste sie.

»Was meinst du?«, fragte ich.

»Osho hat gesagt, dass es nicht darum geht, in jemanden verliebt zu sein, sondern darum, Liebe zu sein. Das ist genau das, was du mit Frieden meinst. Oder wie Gandhi sagte: Frieden ist nicht das Ziel, sondern der Weg.«

»Ana, du bist eine Friedensbringerin«, sagte ich.

»Nicht begriffen!«, rollte sie mit den Augen. »Du *bist* Frieden, du *bist* Liebe. Es ist nicht im Außen.«

»Ich weiß, ich weiß«, lachte ich. »Ich brauche einfach etwas länger, Frau Lehrerin.«

»Jetzt reicht's aber«, grinste Anahita, knüllte ihre Zettel zusammen und bewarf mich damit. »Was hältst du davon: Wir gehen jetzt rüber ins Schlafzimmer und kämpfen eine Runde. Dabei hältst du wenigstens deinen Mund, du Lump.«

Geben

Eines Morgens kam Anahita mit einer Schale Weintrauben ins Wohnzimmer, stellte sie neben mir ab, streichelte mir kurz über die Schulter und setzte sich dann kommentarlos aufs Sofa, um weiter in ihrer Decke eingekuschelt in ihrem Buch zu lesen. Normalerweise wäre sie um diese Uhrzeit längst in der Schule gewesen, um zu arbeiten, aber die Schulen waren ja, wie das halbe Land auch, bis auf Weiteres noch immer geschlossen. Ich hatte sie einmal gefragt, warum sie »nur« Grundschullehrerin geworden und nicht weiter ans Gymnasium gegangen sei. Schließlich würde man dort für die gleiche Arbeit wesentlich mehr Geld verdienen. Anahita war nach dem Abitur das beste Mädchen ihres Jahrganges und hätte sich die Jobs und Studiengänge aussuchen können, aber »nur« an eine Grundschule zu gehen, war eine bewusste Entscheidung von ihr. »Ich liebe es, Kinder zu unterrichten«, erklärte sie mir. »Ihnen gehört mein Herz. Es ist nicht mein Fehler, wenn der deutsche Staat der Meinung ist, dass die Arbeit mit Kindern weniger wert sei als die Arbeit mit jungen Erwachsenen. Klar, als Juristin, Professorin oder Zahnärztin wäre ich gesellschaftlich höher angesehen. So werden wir alle erzogen. Ich bin aber nicht des Geldes wegen Grundschullehrerin geworden, sondern weil ich mit den Kindern am besten kann. Warum sollte ich etwas tun, was ich nicht liebe? Das überlasse ich gern denen, die es lieben.« Ich sah für einen kurzen Moment zu ihr rüber, ließ meine Gedanken kreisen, klappte meinen Laptop auf und begann zu schreiben:

Ich glaube, ein Grund, warum manche Menschen mit ihrem Leben unzufrieden sind, liegt darin, dass wir ein fehlerhaftes Konzept von Arbeit in unseren Köpfen haben. Viele machen sie letztlich doch nur wegen des Geldes und nicht wegen der Liebe zu dieser Tätigkeit. Sie denken sich: »Jetzt arbeiten, jetzt Geld verdienen, um es später gut zu haben. Jetzt einer Arbeit nachgehen, die mir zwar keine Erfüllung bringt, keinen Seelenfrieden, mir aber in dreißig Jahren wenigstens eine angenehme Rente beschert.« Oder sie denken gar nicht weiter, und diese latente Unzufriedenheit ist damit ein immerwährender Teil ihres Lebens. Warum ist das so? Vielleicht, weil das Nachdenken darüber, was wir wirklich wollen und damit auch gut können, eine Menge Mut erfordert und einen Schritt raus aus unserer wohligen Komfortzone nach sich zieht, den wir häufig einfach nicht bereit sind zu gehen. Im Hier und Jetzt bedeutet diese Denkweise, dass wir an fünf von sieben Wochentagen unerfüllt, deprimiert, schlecht gelaunt oder genervt sind. Es bedeutet, am Montag schon an Freitag zu denken und bereits am Samstagabend nervös zu werden, weil das Wochenende viel zu schnell vorbei ist und der nächste nicht ganz so magische Montag mit all seinen unangenehmen Aufgaben wieder wartet. Was für ein unausgewogenes Konzept, sein Leben zu leben. Es bricht mir das Herz. So kommt man nie an den Punkt, die Tage zwischen Montag und Freitag wahrhaftig genießen zu können, weil alle Hoffnungen stets auf eine weit entfernte Zukunft verlagert wurden oder weil gar nicht die Möglichkeit in den Köpfen besteht, diese Tage wahrhaft genießen zu können. Wirft man nun völlig wertfrei, sachlich und objektiv einen Blick auf diese Situation, dann stellt man fest, dass es sich hierbei um 70 Prozent unseres Lebens handelt. Kein guter Deal, oder? Dennoch gilt dieser Lebensentwurf in unserem kranken System als normal.

Und dann gibt es noch all jene, die ihr ganzes Leben in ihren Traum investiert haben: Künstler, Live-Musiker, Café- und Ladenbesitzer, Kinobetreiber, Schauspieler – ganz oft Menschen, die in ihrem Beruf darauf angewiesen sind, mit anderen Menschen direkten Kontakt zu haben. Viele dieser Menschen, die ihre Arbeit nie nur des Geldes wegen gemacht haben, sondern über Jahre aus vollster Überzeugung Tag für Tag über sich hinausgewachsen sind, müssen jetzt dabei zusehen, wie in nur wenigen Monaten ihr Lebenswerk zerbricht. Auch diese Vorstellung bricht mir das Herz. Es ist an der Zeit, dass wir als Gesellschaft unsere Idee von Arbeit und wie wir zukünftig leben wollen, neu denken. Dabei spielt es gar keine Rolle, worin genau die Tätigkeit besteht, der wir nachgehen, sondern mit welchem Gefühl wir das tun. Und welche Geschichte wir erzählen wollen, wenn Corona vorbei ist. Vielleicht kann die erzwungene Stilllegung des Alltages bei dem ein oder anderen Menschen ja ein Licht in diese trüben Gedanken bringen. Das wünsche ich mir. Was es dann noch braucht, ist der Mut, es auch zu leben.

»Was schreibst du da eigentlich die ganze Zeit auf?«

Anahita lag immer noch auf dem Sofa, eingemummelt in ihre Tagesdecke, und sah mich an. Ich nahm meinen Laptop und setzte mich zu ihr.

»Nur ein paar Gedanken, die mir so durch den Kopf gehen. Vielleicht verwende ich sie für mein neues Buch. Vielleicht sind sie aber auch nur großer Mist. Es ist ein schmaler Grat. Wie so oft im Leben. Ich würde sie dir gern vorlesen. Also, wenn du sie hören willst. Du musst nur kurz die Magie von Oscar Wilde vergessen, die du gerade durch sein Buch eingeatmet hast. Ich weiß, von einem der Größten aller Zeiten zu mir, einem kleinen Lump mit Löchern in seinem T-Shirt, das ist schon ein harter Bruch.«

»Ich werd's schon verkraften«, lächelte Anahita, und ich begann, ihr meinen letzten Text bis zu der Stelle vorzulesen, an der sie mich unterbrochen hatte. Als ich fertig war, gab sie mir eine der süßen Weintrauben ab, die sie geschickt durch ihre Finger gleiten ließ, und sagte: »Das erinnert mich an eine Geschichte, die ich selbst vor langer Zeit für meine Schüler geschrieben habe. Nur ist meine Geschichte eben für Kinder, nicht für Erwachsene. Aber im Prinzip kommen die gleichen Elemente darin vor: wir Menschen, die Gesellschaft und die Arbeit, die wir verrichten. Soll ich sie holen und dir vorlesen?«

Ohne auf meine Antwort zu warten, war Anahita auch schon aufgesprungen und ins Schlafzimmer, das gleichzeitig ihr Arbeitszimmer war, gegangen. Ich hob die Schüssel vom Boden auf, aß die letzten fünf Weintrauben, die sich darin befanden, und dachte über meine geschriebenen Worte nach. Ein Zitat von Sylvester Stallone schob sich dabei in mein Bewusstsein, der einmal sagte: »Ich glaube, es gibt eine innere Kraft, die Gewinner oder Verlierer macht. Und die Gewinner sind diejenigen, die wirklich auf die Wahrheit ihres Herzens hören.« Dieser Satz fasste alles, was ich zuvor zu Papier gebracht hatte, in nur wenigen Worten zusammen: Wenn du liebst, was du tust, ist letztlich nichts anderes von Bedeutung. Anahita kam mit einem gelben Schnellhefter mit Klarsichtfolie zurück und setzte sich neben mich aufs Sofa.

»Also du musstest es eben mit keinem Geringeren als Oscar Wilde aufnehmen, aber der Berg, den ich jetzt erklimmen muss, ist noch höher: Oscar Wilde *und* Lars Amend. Phhhhh. Weiß nicht, ob ich da nicht einfach gleich das Handtuch werfen soll.«

Anahita lachte.

»Also, ich würde mein Geld auf dich setzen«, erwiderte ich, »also die ganzen fünf Euro, die sich in meiner Hosentasche befinden. Gib alles, Baby!«

Anahita legte ihre Beine auf meine Oberschenkel und begann vorzulesen: »Mathildas Reise – eine Geschichte über Bedingungslosigkeit und Hingabe.«

»Guter Titel«, unterbrach ich sie. »Könnte auch von meinem Freund Sergio Bambaren stammen. In seinen Kinderbüchern haben die Heldinnen auch nur Vornamen: Stella, Samantha …«

»Pssst«, sagte Anahita und schlug mit ihrem Hefter nach mir. »Du hast ja nur Angst, gegen meine Geschichte zu verlieren, deswegen versuchst du jetzt, mich mit deinen unfairen Mitteln abzulenken. Schaffst du nicht, mein Freund. Schaffst du nicht!«

»Bin schon still«, grinste ich, schloss meinen Mund mit einem unsichtbaren Schlüssel ab und ließ mich wieder nach hinten ins Sofa fallen. Anahita nickte zufrieden und widmete sich erneut ihrer Geschichte.

»Mathilda ist ein Brunnen auf dem Dorfplatz. Sie wurde einst mit viel Liebe gebaut, sie hat rote Steine in ihrem Brunnenkleid und ein sanftes Gemüt. Seit Jahrzehnten gibt sie Wasser. Dem Bäcker, dem Wirt, der Haushälterin, den Vögeln. Alle, die sonst noch durstig sind, dürfen auch von Mathilda trinken.

Eines Tages blickt der Bäcker Mathilda lange an, und weil ihm selbst das Mehl ausgegangen ist, stellt er Mathilda eine Frage: ›Mathilda, wirst du denn gar nie müde, so viel Wasser zu geben? Hast du denn genug, um es mit allen zu teilen?‹ Mathilda steht einfach ruhig auf dem Platz, und als Antwort gibt sie weiterhin Wasser. Mathilda ist sehr glücklich dabei.

Eines Tages kommt der Wirt, der müde ist von einem langen Arbeitstag, an dem er viel Essen serviert hat, und fragt: ›Mathilda, die Leute bedanken sich nicht mal bei dir. Sie sehen dein Wasser als selbstverständlich an. Bist du nicht erschöpft davon, so viel zu geben?‹ Mathilda steht einfach ruhig auf dem Platz, und als Antwort gibt sie weiterhin Wasser. Mathilda ist sehr glücklich dabei.

Eines Tages kommt die Haushälterin. Nach einem langen Tag, an dem sie geputzt, gekocht und die Kinder der Herrschaften versorgt hat, setzt sie sich erschöpft auf Mathildas Brunnenrand und fragt: ›Mathilda, niemals wirst du von jemandem zu trinken bekommen, wie alle Leute von dir trinken. Du bist ein Brunnen und kannst den Dorfplatz nie verlassen. Macht es dich nicht traurig, dass du nicht das bekommst, was du selber gibst?‹

Mathilda steht einfach ruhig auf dem Platz, und als Antwort gibt sie weiterhin Wasser. Mathilda ist sehr glücklich dabei.

Eines Tages kommt ein Vogel, er ist besonders schön und ein klein wenig eitel. Er trinkt von Mathilda, und als sich ein gewöhnlicher Spatz auch auf den Brunnenrand setzt, um etwas zu trinken, sagt der Eitle zum Brunnen gewandt: ›Mathilda, es muss doch einen Unterschied für dich machen, ob ich als schöner Vogel von dir trinke oder ob nur dieser gewöhnliche Spatz von dir trinkt. Ich bin sicher, du gibst mir viel lieber dein Wasser als ihm. Das stimmt doch, oder?‹ Mathilda steht einfach ruhig auf dem Platz, und als Antwort gibt sie allen Wasser.

Es vergeht viel Zeit, die Fragen häufen sich, aber die Fragenden verstehen Mathildas stumme Antwort einfach nicht. So entschließt sie sich eines Tages, alle Fragenden auf dem Dorfplatz zu versammeln. Sie ruft die Vögel, Käfer, Hunde, Menschen und alle, die sonst noch lauschen wollen. Alle hören gespannt auf das, was Mathilda endlich sagen wird. Mathilda begrüßt die Versammelten, dann beginnt sie mit sanfter Stimme zu sprechen: ›Ihr habt alle viele Fragen gestellt und meine Antwort bisher nicht verstanden. Ich will versuchen, eure Fragen zu beantworten.‹

Alle sind sehr gespannt, was Mathilda nun sagen wird.

›Wasser zu geben ist wie atmen. Wenn ich eines Tages zu geizig, erwartungsvoll, erschöpft oder eitel wäre und kein Wasser mehr geben würde, dann wäre es so, als würde ich aufhören zu atmen. Bevor ich euch schaden würde, würde ich doch am meisten mir selbst schaden. Ich gebe euch zwar einen Teil von mir ab, aber ich tue es nicht allein für euch. Ich tue es für mich, denn mein Leben besteht aus dem Geben. Dafür bin ich einst gebaut worden, deswegen bin ich auf dieser Welt. Ich denke, ich bin so glücklich, weil ich die Antwort auf eine geheimnisvolle Frage kenne.‹ Mathilda verstummt. Alle sind erstaunt und rufen: ›Mathilda, wie heißt diese geheimnisvolle Frage?‹ Da holt Mathilda tief Luft, um dann zu sprechen: ›Was kannst du anderen geben, während du es aber vor allem wegen dir selbst tust? Hast du schon mal etwas gegeben und nichts dafür zurückverlangt?‹

Mathilda wird still, und das Publikum zerstreut sich langsam. Die meisten denken über Mathildas geheimnisvolle Fragen nach. Zu welchen Antworten sie wohl kommen werden?«

Anahita klappte ihren Schnellhefter zu und lächelte mich an.

»Ich gebe mich geschlagen«, lächelte ich zurück. »Der Sieg geht eindeutig an dich. Was für eine schöne Geschichte, Ana. Drölf von drölf Punkten.«

»Dankeschön«, sagte Anahita und kuschelte sich an mich. »Meinen Kindern in der Schule gefällt sie dann hoffentlich auch. Und, kennst du die Antwort?«

»Na klar«, sagte ich. »Die Antwort ist Liebe. Wenn du gibst, ohne dabei einen Hintergedanken zu haben, dann kannst du nur gewinnen im Leben. Den Menschen zu dienen. Das ist Liebe. Nichts zu fordern und genau deshalb alles zu bekommen. Zu geben und sich dabei selbst als Nehmender, als Gewinnender zu fühlen. Das ist Liebe.«

Anahita nickte und umarmte mich. »Manche Kinder sagen, dass sie Fußballstunden geben wollen, andere sagen, dass sie ein Bild für die Klasse malen oder einen Kuchen für ihre Familie backen wollen, aber hinter allem steckt die Liebe. Wenn es mit Liebe gemacht wird, tut man es für andere, vor allem aber für sich selbst.« Anahita machte eine kurze Pause und sah mich an.

»Hör nicht auf mit dem, was du die letzten Jahre getan hast«, sagte sie. »Du hast mit deiner Arbeit schon so viel bewirkt. Du bist Mathilda. Meine Mama ist auch Mathilda. Wir alle können Mathilda sein.«

»So wie du in deiner Welt Mathilda bist.«

Eine ganze Zeit lang lagen wir einfach so da. Ich streichelte Anahitas Hinterkopf und küsste sie ab und zu auf die Stirn. Sie lächelte mit geschlossenen Augen. Dann schliefen wir ein.

»Weißt du noch, was du mir in Köln über Osho erzählt hast?«, fragte ich sie am Nachmittag, als wir wieder aufgewacht waren.

Sie schüttelte ihren Kopf.

»Du kannst dein ganzes Leben verpasst haben. Wenn du aber während deines letzten Atemzuges, deines letzten Moments auf der Erde Liebe sein kannst, dann hast du nichts verpasst – weil es keinen Unterschied zwischen einem einzigen Moment an Liebe und einer Ewigkeit an Liebe gibt. Wenn du also nur eine Sekunde deines Lebens bedingungslose Liebe bist, hast du alles richtig gemacht.«

»Ja, das habe ich dir erzählt«, lächelte sie.

Wir wurden wieder still. Ich richtete mich schließlich etwas auf und flüsterte dann in ihr Ohr: »Diese eine Sekunde ist genau jetzt.«

* * *

Danke

Du hältst gerade mein Leben in deinen Händen. Wirklich, mein ganzes Herz steckt in diesem Buch, und die Vorstellung, dass du es gelesen hast oder noch lesen wirst, erfüllt mich mit Freude und Dankbarkeit. Was für ein Geschenk! Ich wünschte, wir könnten uns jetzt umarmen, einen Espresso trinken und unsere Gedanken austauschen. Eines Tages machen wir das, okay? Schön, dass wir gerade diesen Moment miteinander teilen. Das bedeutet mir etwas.

Bei meinen früheren Büchern habe ich allen gedankt, die mir wichtig sind: meiner Familie, meinen Freunden, meinen Unterstützern, meinen Weggefährten. Einen Menschen habe ich bei all den Danksagungen der vergangenen zwölf Jahre als Autor stets übersehen. Dabei wäre ohne ihn nichts davon möglich gewesen. Wie blind man sein kann. Danke, dass du immer an mich glaubst. Danke, dass du auch in schwierigen Zeiten niemals die Hoffnung verlierst. Danke, dass du mir aufhilfst, wenn ich kurz davor bin aufzugeben. Danke, dass du mich immer wieder motivierst, meine wahren Ziele nicht aus den Augen zu verlieren. Danke, dass du mir beigebracht hast, dass Seelenfrieden die größtmögliche Form von Erfolg bedeutet. Danke, dass du mir die Weisheit mitgegeben hast, zwischen den wichtigen und nicht ganz so wichtigen Dingen des Lebens zu unterscheiden. Danke für deinen Musikgeschmack, der schon so oft mein Leben gerettet hat. Danke, dass du mir in schweren Momenten Leichtigkeit schenkst. Danke, dass du mir jeden Morgen den besten Espresso der Welt kochst. Danke, dass ich diese Welt durch deine Augen sehen darf. Danke, dass du immer für mich da bist. Es ist so schön, dass es dich gibt. Du weißt, wer du bist.

Nur Liebe.
Dein Lars

Du willst mehr von mir?

Der Magic Monday Newsletter

Jeden Montag verschicke ich einen persönlichen Brief, um dich zu motivieren und positiv in die neue Woche zu starten. Manchmal geschieht das in Form einer schönen Geschichte, manchmal ist es nur eine kleine Anekdote, die dich zum Nachdenken anregt. Du kannst dich auf meiner Homepage jederzeit dafür anmelden. Für dich ist das sogar kostenlos. Hier der Link: www.lars-amend.de

Auf einen Espresso mit Lars Amend

Kennst du schon meinen Podcast *Auf einen Espresso mit Lars Amend?* Wenn nein, dann freue ich mich sehr darüber, wenn du ihn abonnierst. Hör einfach mal rein. Du findest ihn auf allen gängigen Plattformen. Wie der Magic Monday Newsletter ist auch mein Podcast für dich kostenlos.

Poster, Kaffee, Hoodies und mehr

Ich möchte dich ebenfalls einladen, bei Gelegenheit einen Blick in meinen kleinen Onlineshop zu werfen. Du findest dort superschöne Poster und T-Shirts, die besten Organic-Hoodies der Welt und meine eigene limitierte Espresso-Edition. Es gibt natürlich noch mehr, aber ich will ja nicht zu viel verraten. Du bekommst zu jeder Bestellung eine signierte Autogrammkarte und ein kleines Geschenk. Wenn du magst, komm einfach vorbei und sag mir hallo: www.lars-amend-shop.de

Meine wichtigsten Social Media-Kanäle

YouTube: www.youtube.com/larsamendcoaching
Facebook: www.facebook.com/ichbinlarsamend
Instagram: www.instagram.com/larsamend
Twitter: www.twitter.com/larsamend

One Love, One Dream, One Team!

Lebst du schon
oder grübelst du noch?

320 Seiten. ISBN 978-3-424-63183-8

Das Leben, von dem wir alle träumen, ist gar nicht so weit
weg. Es liegt direkt vor unseren Füßen. Wir müssen seine
Schönheit nur wieder in all ihren Facetten erkennen. Lars
Amend möchte zu diesem Perspektivwechsel aufrufen.
It's All Good ist eine Liebeserklärung an den Augenblick,
ein Appell, sich einfach mal aus der Jammerspirale aus-
zuklinken. Ein Plädoyer, sich wieder auf Werte zu besinnen,
wie z. B. Wertschätzung der Familie oder Mut für seinen
Traum einzustehen. Zahlreiche kreative Impulse helfen dabei
zu erkennen: Du brauchst nichts und musst nichts sein,
außer du selbst. Es ist alles nur eine Frage der Perspektive.
Alles ist gut so, wie es ist.

Überall, wo es Bücher gibt, und unter www.kailash-verlag.de